W0086354

DON BOSCO
VERLAG

In der Stille hört man, was wesentlich ist.

Frauen

**Basina Kloos
(Hrsg.)**

Klosterführer

Gott und sich selber finden

Mit einer Einführung von Aurelia Spendel OP

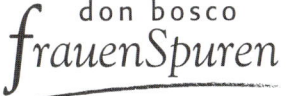
don bosco
frauenSpuren

Die Deutsche Bibliothek – CIP-Einheitsaufnahme

Ein Datensatz für diese Publikation ist bei
Der Deutschen Bibliothek erhältlich.

1. Auflage 2001 / ISBN 3-7698-1291-3
© 2001 Don Bosco Verlag, München
Umschlag und Layout: Margret Russer
Fotos: Peter Friebe (Seite 157),
Peter Laufs (Seite 31, 59, 73, 115),
Andreas Pohl SCJ (Seite 101, 129),
Peter Santor (Seite 45), alle übrigen privat
Produktion: Don Bosco Grafischer Betrieb, Ensdorf

Gedruckt auf umweltfreundlichem Papier.

Inhalt

6

Zum Geleit

Viele Menschen suchen heute Orte der Stille, die neue Kräfte wecken, Orte, an denen sie tief durchatmen können, ohne dass jemand nach Nutzen oder Leistung fragt.

SR. M. BASINA KLOOS

Klöster sind solche Orte, offen für Menschen, die nach dem fragen, was mehr ist als die Hektik des Alltags.

In ihrer Gastfreundschaft bieten klösterliche Gemeinschaften Orte der Stille:
• Orte, die ein Zuhause sind,
• Orte für ein gutes Alleinsein,
• Orte für ein Gemeinsam-Miteinander-Dasein.

Sie fragen nicht nach Konfession oder Religion, nicht nach der Vergangenheit und auch nicht nach der Zukunft. Solche Gemeinschaften, die in vielfältiger Ausprägung existieren, entdecken und näher kennen zu lernen, ermöglichen die Autorinnen dieses Frauenklosterführers mit der konkreten Beschreibung von Frauenklöstern, die sich für andere öffnen und für eine Zeit ein Zuhause bieten.

Ich danke allen, die sich daran beteiligt haben. Ein besonderer Dank gilt Pater Oliver J. Kaftan OSB, Kornelimünster, für die Literaturempfehlung und dem Don Bosco Verlag für die Unterstützung bei der Erstellung des Werkes.

Sr. M Basina Kloos OFM

Klöster: Orte der Stille – Orte der Gastfreundschaft

Stille, die neue Kräfte weckt, Ruhe, die aufbaut, sich hinsetzen und schauen und durchatmen, ohne dass jemand nach Nutzen oder Leistung fragt – einen Ort finden, an dem so etwas möglich ist, das wäre gut!

Klöster sind solche Orte, offen für Menschen, die nach dem suchen, was mehr als »alles« ist. Klöster sind Orte der Stille, in denen die Hektik des Alltags vor der Tür bleiben kann. Klöster sind Orte des ungehinderten Heute, des Jetzt, der ungeteilten Gegenwart.

Das Klosterleben und die Zeit

In Klöstern leben Menschen, denen das Evangelium, die Botschaft des Jesus von Nazaret, die Zeit erschließt als einen dauernden Anfang. Dort heißt es: »Heute ist diesem Haus Heil widerfahren.« – Ein Heute, das jetzt ist, nicht vorher, nicht nachher, jetzt, also: zur rechten Zeit.

Klöster sind geprägt von Zeitenlosigkeit, von einer Atmosphäre, die die Kräfte des Lebens anzieht und loslässt, was dem Leben entgegensteht: Die Last und die Lust der Vergangenheit dürfen abfallen, die Atemlosigkeit der Zukunft darf zur Ruhe kommen.

»Ich nehme Urlaub ... Tauche ein zum Meditieren in die stille, geordnete Welt eines Frauenklosters in der Nähe des Bodensees. Die Gäste sind in einem kleinen Haus neben dem Kloster ... untergebracht. Es sind Zimmer mit der Schlichtheit von Zellen. Dort schreibe ich, meditiere, bete, schlafe, esse, denke, schweige, gehe manchmal an die frische Luft. Noch liegt Neuschnee auf der Anhöhe ... Dieses federleichte Weiß, in das die Landschaft um die Türme des Frauenklosters eingetaucht ist, puffert die Atemlosigkeit ab, die ich mitgebracht habe aus der anderen Welt.«[1]

Und doch: Klöster sind Orte der peinlich genauen Verwaltung von Zeit, Orte penibelster Pünktlichkeit. Die 24 Stunden des Tages und der Nacht sind präzise eingeteilt, aufgeteilt zwischen Gebet und Arbeit, zwischen Erholung und Studium, Alleinsein und Gemeinschaft, Stille und Gespräch. Manche Novizin, manchen Postulanten hat dieser konsequente Umgang mit der Zeit schier zur Verzweiflung gebracht. Es ist nicht einfach, auszubrechen aus der Gleitzeit im Büro, dem sonntäglichen Ausschlafen, der atemlosen Verwendung der kostbaren Urlaubstage und dem dauernden Termindruck, der das Jetzt so unkontrollierbar macht: »Ich komme später. Warte nicht auf mich.« Wo ist das Gefühl geblieben, dass es gut so ist, wie es jetzt ist? Wo ist die Freiheit der Zeit geblieben, die weiß, dass der Moment des Glücks und der Moment der Trauer kommen dürfen, wenn es an der Zeit, *ihrer* Zeit, ist? Wer lässt zu, dass Zeit und Ewigkeit ihre je eigene Kraft entfalten, damit sie zum Samen für neues Leben werden? Wer weiß noch etwas von der geheimen Absprache zwischen der Zeit und dem Menschen, die sich gegenseitig nur dann nicht totschlagen, wenn sie sich lassen, loslassen, verlassen, aufeinander verlassen können?

KLÖSTER VERMITTELN ZEITLOSIGKEIT UND EINE ATMOSPHÄRE DER STILLE.

»Es ist ein ganz neuer, ungewohnter Takt, in dem ich mitschwinge: der Rhythmus einer Gemeinschaft von alten und jungen Frauen, die nur beten und arbeiten, nach einer Ruhepause wieder beten und arbeiten, ein Leben lang.« [2]

Klosterleben lehrt, mit der Zeit – und es lehrt es mit der Zeit – anders umzugehen: Auf der einen Seite wird die Zeit belanglos. Wen scheren Tage und Stunden, Jahre und Jahrzehnte, wenn die Ewigkeit auf Schritt und Tritt mitgeht und der Lauf der Zeit verwandelt wird in ein stetiges Fließen? Auf der anderen Seite wird Zeit radikal, von der Wurzel her bedeutungsvoll: Wer könnte es wagen, auch nur eine Sekunde davon zu verschwenden, wenn jede davon genutzt werden soll, um dem einzigen Ziel näher zu kommen, das das Klosterleben rechtfertigt, dem Ziel, Gott zu suchen? »Suchet zuerst das Reich Gottes und alles andere wird euch dazu gegeben werden.« – Dieser Zentralsatz der Gottsuche steht über allem, was getan und was gelassen werden muss.

»Die Tagesordnung ... wird von einer Regel bestimmt, die 1400 Jahre alt ist. Sechsmal am Tag unterbricht ein Läuten ihre Arbeit. Egal, was sie gerade tun; sechsmal am Tag ziehen die 42 schwarzweiß gekleideten Nonnen in einem festgelegten Ritual zum Stundengebet in ihre Kirche ein, angeführt von der Äbtissin mit dem großen goldenen Kreuz vor der Brust. Ich spüre die Kraft der Disziplin und zugleich die pastellfarbene Heiterkeit dieses sakralen Raumes, der in einer lichten Kuppel nach oben mündet.« [3]

Spiritualität

Die Wiederentdeckung von Spiritualität [4] ist ein markantes Zeichen unserer Zeit. Regalbretterlang bieten Bücher und Aufsätze aus sehr unterschiedlichen Federn und Köpfen Überlegungen und Übungen zu diesem für manche mysteriösen Thema an. Spiritualität lässt sich nicht definieren, so wie man einen beliebigen anderen theoretischen Begriff definiert; Spiritualität ist vom Leben erfüllte, vom Leben geprägte und vom Leben immer wieder neu irritierte Form geistlichen Suchens. Spiritualität hat eine Wandlungsqualität, die keine engen Grenzen verträgt. Spiritualität ereignet sich und kann nur zurückschauend beschrieben werden.

»Meist sitze ich in einer der halbrunden Bankreihen in der Apsis hinter dem Altar, der auf einer leicht erhöhten, achteckigen Insel aus aprikotfarbigem Marmor steht. Die Marmorinsel ist eingefasst von bunten Pflanzenornamenten und Medaillons mit Einlegearten aus farbigen Steinen. Von dort aus kann ich die Rückseite des großen Altarkreuzes sehen, aus dem Blätter wachsen, kann die lautlos in Zweierreihen einziehenden Non-

*nen sehen, die sich erst vor dem Kreuz verneigen und dann mit
der traumwandlerischen Sicherheit jahrzehntelanger Übung
ihren Platz im Chorgestühl einnehmen.«* [5]

Nach der Überzeugung des Christentums ist jeder Mensch –
Frauen und Männer, Alte und Junge, Angehörige aller Epochen
und aller Kulturen – ein geistliches Wesen. Geistlich meint dabei
nicht den weltabgewandten Blick zu den Sternen, nicht die
gedankenverlorene Geste, die sich absetzt von den Niederungen
des Alltäglichen. Der Mensch als geistliches Wesen ist erd- und
weltverbunden und handfest dazu in der Lage, den Horizont
seiner begrenzten Existenz zu überschreiten, Ausschau zu halten
nach dem, was außerhalb seiner selbst existiert. Der Mensch ist
geistlich tätig, wenn er versucht, dem Ursprung zu begegnen,
dem Ungebrochenen, dem Unverletzten, Unverletzlichen, dem,
was ihn und sie wie selbstverständlich und doch wunderbar und
unverfügbar am Leben hält.

*»Manchmal schließe ich die Augen, um mich von der Orgel-
musik und den alten Choralmelodien wiegen zu lassen. Wie
ein Kind lasse ich mich in Sicherheit wiegen, einhüllen in eine
Geborgenheit, die ich an diesem Kraftort immer währender
Gebete annehmen kann, ohne sie zu hinterfragen.«* [6]

Neugierde und Entdeckerlust trieben Menschen immer wieder
auf neue, bislang unbetretene Wege, die sie zu bis dahin uner-
forschten Ufern brachten. Was im wortwörtlichen Sinn geschah,
geschieht in der geistlichen Suche im übertragenen Sinn:
Menschen geben sich nicht damit zufrieden, in den Tag hinein
zu leben. Ihnen ist es zu wenig, einen vollen Magen und ein
schützendes Dach über dem Kopf zu haben. Sie werden mit den
Erscheinungen der Natur – mit Wasserfluten und Sturm-
attacken, Hitzewellen und Schneemassen, Schlammlawinen und
tödlichen Erdbeben, mit Krankheit und Tod und auch mit dem
Wunder jeder Geburt, mit der Pracht des Sternenhimmels und
mit der schier unerschöpflichen Fülle von Farben und Formen –
nicht fertig, indem sie sie nur zur Kenntnis nehmen und dann
ungerührt zur Tagesordnung übergehen. Menschen suchen nach
dem, was Sinn gibt, was dauerhaft und verlässlich ist – jenseits

ihrer beschränkten Kraft. Sie fragen auch in unserer Zeit und oft unter den verwirrenden Gewändern merkwürdiger Sätze und Gesten versteckt: Wo komme ich her, wo gehe ich hin? Was ist gut und was ist böse? Was soll ich tun, was soll ich lassen? Was ist Glück, was ist Liebe? Was hält und was vergeht?

»›Unsre Seele ist wie ein Spatz dem Netz des Jägers entkommen; das Netz ist zerrissen, und wir sind frei‹, höre ich die Nonnen zu Mittag singen. ›Des Menschen Tage sind wie Gras, er blüht wie die Blume des Feldes. Fährt der Wind darüber, ist sie dahin; der Ort, wo sie stand, weiß von ihr nichts mehr‹, singen sie zum Abendlob. ›Er lässt deinen Fuß nicht wanken; er, der dich behütet, schläft nicht‹, singen sie zur Nacht.« [7]

Tod und Teufel sind nicht zu packen mit dem nüchternen Verstand allein.
Menschen greifen nicht nur nach den Sternen, sondern über die Sterne hinaus. Menschen suchen Orte und Zeiten, die ihrer Sehnsucht nach dem ganz Großen, dem ganz Reinen, dem ganz Lebendigen einen Rahmen, einen Ort, ein Zuhause geben.

Klostergeschichte

Klöster gibt es seit den ersten Jahrzehnten christlichen Lebens. Wie zufällig, unabhängig von jeder kirchlich-verwaltenden Planung, sind sie entstanden und sind zu Unruhefaktoren geworden für ein Christentum, das sich eingerichtet hatte in dem, was es als »die Welt« umgab.

Die erste richtungweisende Gestalt des christlichen Mönchtums war im 3. und 4. Jahrhundert nach den bewusst arm und ehelos lebenden Frauen und Männern der ersten Christengemeinden der Ägypter Antonius, der kompromisslos die Nachfolge des Jesus von Nazaret leben wollte, indem er arm wurde wie er – ohne jede Einschränkung und ohne jede Rückversicherung. Antonius fand sich in dieser Suche nach »Verarmung« gestört, ja sogar ernsthaft behindert durch eine lärmende Welt und ein sich materiell und institutionell bereicherndes Christentum. Deshalb ging er in die anspruchsvolle Stille der Wüste; hier konnte er sich als Eremit dem Wort Gottes in Tat und Gedanken aussetzen. Antonius quälenden geistlichen Auseinandersetzungen mit Gott, mit der Welt und mit der Seele hat der Maler Matthias Grünewald in der Gestalt schauriger Un-Wesen im Isenheimer Altar dargestellt, der in Colmar im ehemaligen Kloster der Dominikanerinnen Unterlinden zu betrachten ist.

DIE ANSPRUCHSVOLLE STILLE DES KLOSTERS ERMÖGLICHT DIE AUSEINANDERSETZUNG MIT GOTT UND DER WELT.

Antonius blieb nicht unbehelligt von den Nachstellungen der ihn verehrenden Frauen und Männer. Deshalb floh er weiter in die Wüste hinein und gründete auf Drängen seiner Anhänger, die leben wollten wie er, eine Einsiedlergemeinschaft, in der jeder einsam und zugleich in Gemeinschaft Gott suchen konnte.

Der Weggang aus der »Welt« beschert den Mönchen die Welt jedoch erst recht. Sie können der Tatsache nicht ausweichen, dass sie selber »Kinder der Welt« sind, dass sie die Welt unauslöschlich in sich tragen als Geschöpfe aus Fleisch und Blut, sterblich und sehnsüchtig, heilig und sündig. Ihr Leben ist der Versuch, den Himmel auf die Erde herabzuholen und alles zu verwandeln, was noch nicht vom Himmlischem bestimmt ist, der Versuch, sich selber Gott als Wohnung anzubieten.

Schon früh differenziert sich das mönchische Leben. Regelwerke entstehen, die das geistliche und das Gemeinschaftsleben in geordnete Bahnen lenken und die bis heute brauchbare Instrumente zur Konfliktvermeidung bzw. Konfliktminimierung und zur Konfliktlösung [8] sind.

Das Erbe der Wüstenväter und -mütter erreicht Europa, fließt ein in die Regel des heiligen Benedikt von Nursia (480–543), der der Vater des abendländischen Mönchtums wird, das sich nun einbinden lässt in die feudale Herrschaftsstruktur und in die agrarische Ausrichtung der Gesellschaft. Das Ideal des Eremitentums verschwindet dabei nicht, ständige Reformen sind nötig, neue Formen und Anbindung des Mönchtums entwickeln sich.

Im 13. Jahrhundert entsteht aufgrund neuer gesellschaftlicher Herausforderungen und aufgrund neuer Gesellschaftsformen, die mit den aufblühenden Städten des Mittelalters und dem erstarkenden Bürgertum aufkommenden, ein neuer Typ von Orden – die Bettelorden. Franziskus von Assisi (1182–1226), Klara und Dominikus Guzman aus Caleruega (1170–1221) sind die großen Gestalten der neuen Ordensgründungen.

Die Welt gerät in den folgenden Jahrhunderten in anscheinend nicht enden wollende Turbulenzen: Renaissance und Reformation sind hier zwei entscheidende Stichwörter.
Die Weltmission wird durch die Entdeckung unbekannter Ecken und Enden der Erde zum Thema, die Verkündigung des Evangeliums durch den Buchdruck neu und ganz anders als bislang möglich. Priestergemeinschaften wie die der Jesuiten entstehen, die die damalige Auseinandersetzung der Welt mit der Kirche führen und begleiten.

Die »Welt« lässt die Orden nicht los und das Ordensleben nicht die Welt. Ihre Nöte in der Zeit der Industrialisierung, der sich formierenden Massengesellschaften geht nicht spurlos an Menschen vorbei, die auf Grund ihrer christlichen Prägung dem Elend von Millionen von Armen und Entrechteten nicht ausweichen wollen und die dies ausdrücklich als Nachfolge Jesu verstehen. Das Klosterleben gerät in ein neues Fahrwasser, das auch neue Formen des Zusammenlebens und der Arbeit von Ordensfrauen und -männern mit sich bringt: Klausurfreiheit, Arbeit in Fabriken, Bildungsarbeit. Gerade Frauen drängt es, sich für die Armen und Leidenden, die Benachteiligten und Hilflosen einzusetzen und dabei die mit der Gründung von neuen klösterlichen Gemeinschaften gegeben Entwicklungsmöglichkeiten ihrer eigenen Begabungen zu nutzen.

Nach dem Zweiten Vatikanischen Konzil (1962–1965) sind Orden und klösterliche Gemeinschaften, sind Menschen mit dem Wunsch nach ungeteilter Nachfolge Jesu nach den »evangelischen Räten« – Armut, Gehorsam, Ehelosigkeit – auf neuen Wegen unterwegs. Sie suchen nicht nur nach neuen äußeren und nach neuen rechtlichen Formen des geistlichen und gemeinschaftlichen Lebens. Sie suchen nach einem zeitgemäßen, modernen, heute überzeugenden Ausdruck ihres je eigenen, unverwechselbaren Ordenscharismas. Was wollte ein

Franziskus, was wollte Klara? Was ein Dominikus, was ein Benedikt, was Angela Merici, was Mary Ward, was Ignatius von Loyola, was Johanna von Chantal, was Vinzenz von Paul und was Louise von Marillac?

Über allem und zuerst steht jedoch die Frage: Was will Gott heute von mir, was will er jetzt von uns?

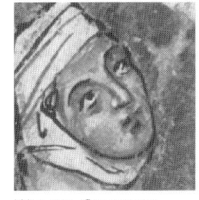

WAS WILL GOTT HEUTE VON MIR?

»Anbetung sei die Grundhaltung in ihrem Leben, sagt die Nonne. Nicht die Bitte, sondern die absichtslose Anbetung Gottes. Wenn sie aus der Kerzenwerkstatt in ihre Zelle zurück-komme, lege sie sich erst einmal bäuchlings auf den Boden, achte auf den gleichmäßigen Rhythmus ihres Atems, strecke dann die leeren Hände nach vorne, um sich in Demut daran zu erinnern, dass sie ein Geschöpf des Schöpfers ist.« [9]

Kloster heute

Ein Klosterführer heute macht mit den Klöstern heute bekannt. Keine Nostalgie, keine Romantik, kein beschauliches Leben von damals, als Welt und Kirche noch in Ordnung zu sein schienen. Hier geht es um das Leben pur, wie es sich hier und jetzt ereig-net; es geht um die Realität des 21. Jahrhunderts, um die Herausforderungen, Probleme, Schwierigkeiten, um das Glück und um die Liebe an diesem Tag, an diesem Ort, mit diesem Menschen. Schwelgen in der Vergangenheit, das: »Ach, schau doch mal, was für ein entzückender Kreuzgang!«, der Blick in die verlassene Kartause, um zu sehen, wie es »damals« war – wie unangemessen! Wie langweilig, nett für den Urlaub, aber keine Quelle, um daraus die Ehescheidung nach jahrelangem Kampf zu bewältigen, den Unfalltod der Tochter, die zerbrochene Liebe, um der beginnenden Alkoholsucht ins Auge zu sehen, dem ver-lorenen Glauben, der Schuld, der tiefen Sehnsucht; keine Chance, die verschütteten, eigenen Kräfte wieder zum Leben zu wecken, den neuen Weg zu sehen, den ersten, neugierigen Schritt zu tun.

»Manchmal habe ich Sehnsucht nach einem entschiedenen Rückzug, nach einem klösterlichen Leben. Sehnsucht nach

Tugend, nach Abgeschiedenheit und Ruhe, weit weg von den Menschen und von der Sehnsucht nach Menschen und der Wut und den Verwüstungen der Liebe, nach der wir uns so sehnen und die unsere einzige Erlösung ist oder zu sein scheint. In diesem klösterlichen Leben würde ich endlich beruhigt sein, nicht mehr so erregt und aufgeregt, ich würde viel lesen und nachdenken und ein bißchen die Erde bebauen und Gemüse anpflanzen, damit ich abends müde bin, und das Einzige, was ich jemals mit ins Bett nehmen würde, wäre höchstens mal ein Buch. Lach nur!« [10]

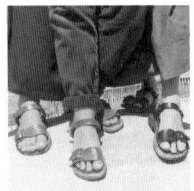

In Klöstern, in den Orden geht es um Menschen, die nach ihren Wurzeln suchen, nach geistlichen Erfahrungen hungern, sich nach einem erfüllten Leben sehnen, nach Gott Ausschau halten, wie auch immer sie ihn verstehen. Tage im Kloster, Tage der Besinnung, Wüstentage, Orientierungstage führen in die Stille hinein, weil sie Menschen und Probleme aus dem Alltagsgeschäft heraus nehmen. Stärkung quillt aus Quellen, die älter sind als der aktuelle Tag im Kalender, als die Zeitung von heute. Tage im Kloster sind kein Happening, kein Event, das nur so lange glitzert, wie es sich ereignet. Zu Tagen im Kloster passt das Tagebuch, das festhält, was über den Tag hinaus genau diesen einen Tag so unverwechselbar und wichtig macht, das Gebete und Worte der Trauer festhält, Fragen, die endlich gestellt werden dürfen, das Ja und das Nein, den Versuch des Verstehens und die heilende Leere gleichermaßen.

Frauen-Klosterführer praktisch

Ein Frauen-Klosterführer führt Frauen zu klösterlichen Gemeinschaften von Frauen. In vielen dieser Klöster sind auch Männer als Gäste willkommen – Frauen sind hier jedoch bevorzugt als Adressatinnen angesprochen und als Gastgeberinnen ausschließlich vertreten.

Die Vielfalt und die große Zahl der Gemeinschaften zeigt: Frauen leben in vielfältigen Formen von (Ordens-) Spiritualität, die einander freundschaftlich-bereichernd begegnen. Jede Frau kann und soll die ihr gemäße und die ihr gut tuende Form eines

geistlichen Weges finden, sei es für ein Leben lang, sei es
für ein paar Tage oder Wochen. Eine sorgfältige Auswahl
des Hauses und der Gemeinschaft steht deshalb am Anfang
der Suche.
Auch die Landschaft, die Tradition, das spezifische Charisma
des Ordens oder einer Gemeinschaft, bekannte Gesichter, gute
Erfahrungen von Freundinnen oder Freunden, besondere Angebote zu besonderen Zeiten, die speziellen Bedürfnisse der Einzelnen wie Nähe und Vertrautheit oder Neugier auf das Fremde
reden bei der Auswahl des Hauses ein gewichtiges Wort mit.

Bei manchem gilt: Versuchen Sie es erst gar nicht! Wenn Sie auf
Zeit zu Gast in einem Kloster sind, sind Sie Gast, aber keine
Ordensfrau. Ihr Aufenthalt hat seine eigenen Regeln und darf
sie auch haben. Suchen Sie in Ruhe das für sich aus, was Ihnen
zusagt. Kein Aufstehen um 5 Uhr am Morgen, wenn es nur
Ihren Kreislauf durcheinander bringt! Kein Singen eines Chorals,
wenn jeder falsche Ton Sie und die Gemeinschaft aus dem
Konzept bringt. Keine Mitfeier der Eucharistie, nur weil es alle
anderen so machen, Sie selber jedoch nur an nicht so gute
Kindheitserlebnisse erinnert.

*»Gesunde Spiritualität führt zu einer Gelassenheit, die nicht
nur das Tun, sondern auch das Lassen im Blick hat. Solche
Gelassenheit gewinnt Gestalt im Spiel mit der Tradition ...
Indem sie spielend bei der Sache ist, ist ihr nichts so heilig,
dass es unantastbar wäre ... Gesunde Spiritualität traut sich
in den Raum der Freiheit, der aufrechten Gang erfordert.«* [11]

Planen Sie die Tage im Kloster so, wie es Ihrer aktuellen
Situation und Ihrem Temperament entspricht.
Brauchen Sie Lektüre, um zu entspannen oder wollen Sie sich
frei von jedem Buch, jeder Ablenkung von außen auf das kon-
zentrieren, was aus Ihrem eigenen Inneren aufsteigen möchte?
Im ersten Fall wählen Sie aus, was Ihnen jetzt an Lektüre
wichtig ist – die Psalmen, ein Tagebuch, die Benediktusregel,
eine (Heiligen-)Biografie. Im zweiten Fall bleiben Bücher
und Handy, Laptop und vielleicht sogar das Strickzeug zu
Hause.

Möchten Sie bei Ihrer Suche nach geistlicher Erfrischung und nach spiritueller Herausforderung begleitet werden oder brauchen Sie das Alleinsein? Möchten Sie in einer Gruppe nach neuen Schritten für Ihr Leben suchen oder sagt Ihnen eher eine Einzelbegleitung zu?

Wenn Sie Zurückgezogenheit suchen, fragen Sie, ob Sie Ihre Mahlzeiten auch alleine einnehmen können oder ob es für Gäste des Klosters ausschließlich gemeinsame Verpflegung gibt. Sprechen Sie frühzeitig mit der Ansprechpartnerin des Hauses, die für jede Gemeinschaft namentlich angegeben ist.

Überlegen Sie, wie Sie Ihre Tage und Nächte zeitlich einteilen möchten: Nehmen Sie Teil an der Tagzeitenliturgie der Gemeinschaft, am Stundengebet? Brauchen Sie Zeit für Spaziergänge, für eine Siesta nach dem Mittagessen? Wie viel Nachtruhe brauchen Sie?

Wie soll die Sorge für Ihren Leib aussehen? »Tu jeden Tag etwas für die Füße, für das Herz und für den Kopf« – das ist nicht die schlechteste Regel für ein ausgewogenes Miteinander von Leib, Seele und Geist.

Möchten Sie sich unabhängig von einer besonderen Zeit wie der Karwoche, dem Weihnachtsfest oder dem Jahreswechsel zurückziehen oder suchen Sie gerade für diese Tage einen geistlichen Rückhalt?

Niemand andere als Sie selber können aus den Tagen im Kloster, in einer klösterlichen Gemeinschaft etwas »machen«. Auch wenn Sie eine gute Begleitung haben – Sie stehen mit Ihren Fragen und Ihrem Sein unvertretbar und unersetzlich im Mittelpunkt. Sie schauen sich an; Sie lassen sich anschauen. Offenheit dem gegenüber, was in Ihrer Seele aufbrechen will, was Gott Ihnen sagen will, kann von niemand anderer her kommen als von Ihnen allein. Das Weitere sind nur die Rahmenbedingungen für das Kommen, das Bleiben, das Wieder-in-den-Alltag-einsteigen und für das Geben und Nehmen.

Was Sie in den einzelnen Klöster erwartet, was Sie erwarten können und was von Ihnen erwartet wird, umreißen die einzelnen Angebote und die Auskünfte zu Kostenerstattung und Gebräuchen.

In manchen Häusern existiert ein schriftliches Programm, das Sie zu Ihrer näheren Information anfordern können.

Wie Sie die Häuser erreichen, geben die Wegbeschreibungen an.

Auf welche Geschichte – und Geschichten – Sie stoßen, wenn Sie ein bestimmtes Haus aussuchen, skizzieren die Angaben zur Entstehung, zur Tradition und zum heutigen Auftrag von Kloster und Gemeinschaft. Register sollen Ihnen die Suche nach einem Haus erleichtern und eine erste Orientierung anbieten.

Zum Schluss

»Es fällt mir schwer, das Kloster zu verlassen. ... Bevor wir uns verabschieden, holt sie (die Gastschwester, A.S.) aus einer kleinen, vom vielen Waschen geschrumpften Stofftasche eine Dose Ringelblumentee mit getrockneten Holunderblüten aus dem Klostergarten hervor. Und einen Apfel, an dem sie mit rotem Faden ein Papierröllchen festgebunden und in kunstvoller Tuscheschrift einen Spruch geschrieben hat, der mich auf dem Weg begleiten soll. Auf der Heimfahrt im Zug esse ich erst den Apfel und wickle dann das Papierröllchen aus. Ein Satz der Dichterin Rose Ausländer steht darauf: ›Ich höre das Herz des Himmels pochen in meinem Herzen.‹« [12]

Aurelia Spendel OP

Anmerkungen

1. Ursula Goldmann-Posch, Der Knoten über meinem Herzen, München 2000, 237.
2. U. Goldmann-Posch, Knoten, 238.
3. U. Goldmann-Posch, Knoten, ebd.
4. »Der Begriff Spiritualität stammt aus der französischen Ordenstheologie des 17. Jahrhunderts. Im nicht-römisch-katholischen Teil der Christenheit feierte er seinen Durchbruch auf der 5. Vollversammlung des Ökumenischen Rates der Kirche in Nairobi 1975, wo es hieß: ›Wir sehnen uns nach einer neuen Spiritualität, die unser Planen, Denken und Handeln durchdringt.‹« Harald Schroeter Wittke, Erlebnis Spiritualität: meditation. Zeitschrift für christliche Spiritualität und Lebensgestaltung 26 (2000) 7-11, hier 7.
5. U. Goldmann-Posch, Knoten, ebd.
6. U. Goldmann-Posch, Knoten, ebd.
7. U. Goldmann-Posch, Knoten, ebd.
8. Vgl. dazu Ingrid Brunner, Managen und Mensch bleiben. Weibliche Führungskräfte besinnen sich im Kloster auf die Ethik ihrer Arbeit: Süddeutsche Zeitung Nr. 284, S. V1/1, Sa/So 10./11.12.2000.
9. U. Goldmann-Posch, Knoten, 239.
10. Barbara Honigmann, Alles, alles Liebe!, München Wien 2000, 12.
11. Harald Schroeter-Wittke, Erlebnis Spiritualität: Meditation 26 (2000), Heft 4, 7–11, hier 10.
12. U. Goldmann-Posch, Knoten, 241 f.

Klöster und Gemeinschaften

Arme Dienstmägde Jesu Christi (Dernbacher Schwestern)

◉ Wir über uns

Die Gemeinschaft wurde am 15. August 1851 von Katharina Kasper in Dernbach gegründet zur »Ausbreitung des christlichen Lebens durch Beispiel, Belehrung und Gebet«. Die Schwestern engagieren sich in der Sorge um kranke, alte und behinderte Menschen, in Erziehung und Unterricht, in Bildungsarbeit und pastoralen Aufgaben, für Obdachlose und in ehrenamtlichen Diensten. So wie das Mutterhaus mitten im Ort liegt, so will die Gemeinschaft da sein unter den Menschen.
Zur deutschen Provinz gehören ca. 500 Schwestern, weltweit sind es ca. 900.
In der Klosterkirche ist die letzte Ruhestätte Katharina Kaspers, die 1978 von Papst Paul VI. selig gesprochen wurde.

A Unsere Adresse

Kloster Maria Hilf
Katharina-Kasper-Str. 10
56428 Dernbach/Montabaur
Tel. 0 26 02 / 6 83-0
Fax 0 26 02 / 6 83-194
E-mail: adjcprov@rz-online.de

ℜ So finden Sie uns

Mit der DB: Hbf Limburg, dort umsteigen Richtung Montabaur-Siershahn, Bahnstation Dernbach; oder Hbf Koblenz, mit dem Bus bis Montabaur, dort umsteigen in Bus oder Bahn bis Dernbach.
Mit dem Auto: Aus Richtung Köln A3, Ausfahrt Ransbach-Baumbach links, an der Stopstelle links Richtung Ebernhahn, durch Ebernhahn, am Ortseingang Wirges die Vorfahrtsstraße rechts verlassen in Richtung Dernbach, gegenüber der Pfarrkirche rechts abbiegen zum Kloster. Aus Richtung Frankfurt A3 Ausfahrt Montabaur, auf die B255, Richtung Wirges, links abbiegen Richtung Staudt, dort letzte Straße links Richtung Dernbach, im Ort Schild »Kloster Maria Hilf«.

☞ Was wir Ihnen anbieten können

- Tage der Stille
- Einkehrtage
- Mitfeier von Stundengebet und Eucharistie
- Teilnahme an den Hausarbeiten nach Absprache

◗ Was wir von Ihnen erwarten / Kostenbeitrag

Kostenerstattung Tagessatz VP DM 40, Nichtraucherhaus;
ab 21 Uhr Schweigen.

⋙ Ihre Ansprechpartnerinnen bei uns sind

Sr. Patricia Stümper, Tel. 0 26 02/6 83-175;
Sr. Petricia Pitzl, Tel. 0 26 02/6 83-174.
Wenn beide nicht erreichbar sind, bitte eine Nachricht an der
Zentrale hinterlassen, Tel. 0 26 02/68 30, Rückruf erfolgt.

Arme Dienstmägde Jesu Christi
Haus Maria Katharina

◎ Wir über uns

Unsere Gemeinschaft übernahm das Erholungshaus der
Kreuzschwestern im August 1998. Zum Konvent gehören vier
Schwestern. Drei Schwestern sind für Haus und Gäste da, eine
arbeitet außerhalb des Ortes. Das Haus lädt Einzelne wie
Gruppen ein zu Zeiten der Erholung mit allen Sinnen für Leib
und Seele.

A Unsere Adresse

Haus Maria Katharina
Hochstraße 13
61389 Schmitten – Oberreifenberg
Tel. 0 60 82/28 34
Fax 0 60 82/93 04 53

⅃ So finden Sie uns

Mit der S-Bahn: von Frankfurt-Hbf nach Oberursel, dann mit
der U-Bahn von Oberursel nach Hohenmark, von dort mit dem
Bus nach Oberreifenberg – Kirche.

Mit der DB: Von Frankfurt über Höchst nach Königstein, von dort mit dem Bus nach Oberreifenberg – Kirche.

Mit dem Auto: Über die A3 zur Ausfahrt Bad Camberg, dort auf der B8 in Richtung Königstein, die linke Abfahrt Feldberg-Niederreifenberg nehmen, an der Ampel rechts nach Oberreifenberg – Königsteinerstraße, an der Kirche vorbei in Richtung Oberursel rechts in die Hochstraße.

Über die A66 aus Richtung Frankfurt – Wiesbaden in Richtung Königstein, am Königsteiner Kreisel auf die B8 in Richtung Limburg, Abfahrt Feldberg, Niederreifenberg, an der ersten Ampel rechts auf die Königsteinerstraße, an der Kirche vorbei die dritte Straße rechts bis zur Hochstraße.

Was wir Ihnen anbieten

- Exerzitien für Einzelgäste und für Gruppen
- Tage der Stille
- Einkehrtage
- Mitfeier von Stundengebet und Eucharistie (in der Gemeinde)
- Teilnahme am Gemeinschaftsleben
- *Weitere Angebote:* Erholungs-, Orientierungs- und Wüstentage, meditatives Töpfern und Musikmeditation, Wandern mit der Bibel im Taunus, Schneewandern im Winter.

Wir haben ein Programm für Sie!

Was wir von Ihnen erwarten

Tagessatz Vollverpflegung 50 DM, bei Doppelbelegung der Zimmer 45 DM. Sondervereinbarungen sind möglich.

Ihre Ansprechpartnerin bei uns ist

Sr. M. Johannette Stoßberg.

Arme Dienstmägde Jesu Christi
Kloster Tiefenthal

Wir über uns

Die ehemalige Zisterzienserinnen-Abtei (1163-1803) gehört seit 1898 der Gemeinschaft der Armen Dienstmägde Jesu Christi.

Zuvor lebte eine irische Familie hier, die nach wechselnden Privatbesitzern Haus und Gelände seiner alten Bestimmung, ein Kloster zu sein, wieder zuführte. 1945 Zerstörung und Wiederaufbau. Die Schwestern nutzten es bis 1991 als eigenes Exerzitien- und Erholungshaus, als Provinzhaus, als Altenheim und als Haushaltungsschule. Seit 1991 ist es Exerzitien- und Bildungshaus mit eigenem Kursprogramm und Beleghaus für Gruppen, ein Ort für Menschen, die Ruhe und Stille suchen und an den Gebetszeiten teilnehmen wollen.

Die Fatimafeier am 13. jeden Monats hat eine 50-jährige Tradition. Sie findet am 13. Mai und am 13. Oktober mit Prozession statt.

A Unsere Adresse

Bildungshaus Kloster Tiefenthal
Schlangenbader Straße 22
65344 Eltville-Martinsthal
Tel. 0 61 23/7 96-0
Fax 0 61 23/7 96-143

So finden Sie uns

Mit der DB: Bis Bahnhof Eltville, von dort Bus Linie 5493 in Richtung Schlangenbad bzw. Taxi oder Abholdienst nach Vereinbarung. Oder bis Hbf Wiesbaden, von dort Bus Linie 5484 in Richtung Schlangbad bis Martinsthal, dann noch 500 m Fußweg.
Mit dem Auto: Über die A66 Frankfurt–Wiesbaden und die B42 in Richtung Rüdesheim zur Abfahrt Schlangenbad/Bad Schwalbach, dort auf die B260 bis Martinsthal. Die Zufahrt zum Kloster befindet sich ca. 500 m nach dem Ortsausgang in einer Kurve.

Was wir Ihnen anbieten

- Exerzitien für Einzelgäste
- Exerzitien für Gruppen
- Tage der Stille
- Geistliche Begleitung in Einzelgesprächen
- Mitfeier von Stundengebet und Eucharistie
- *Weitere Angebote:* Meditationswochenenden, Tanz als Gebet, Supervision, Geistliche Begleitung, Feiern in der Gemeinschaft (Ostern, Weihnachten), Erholungsaufenthalt

Wir haben ein Programm für Sie!

◪ Was wir von Ihnen erwarten

Kostenerstattung je nach Kursprogramm. Nichtraucherhaus.
Haustiere können nicht mitgebracht werden. Das Haus ist für
Familien und Kinder- bzw. Jugendgruppen nicht geeignet.
Eine Atmosphäre der Stille soll gewährleistet sein.

⋙ Ihre Ansprechpartnerinnen bei uns sind

Sr. Christel Reiter, Organisation/Planung/Leitung;
Sr. Salesiana Bach, Einzelexerzitien/Geistliche
Begleitung/Supervision.

Arme Schulschwestern von
Unserer Lieben Frau – Kloster Brede

◉ Wir über uns

Die selige Maria Theresia Gerhardinger und Bischof Michael
Wittmann gründeten die apostolische Ordensgemeinschaft 1833
in Regensburg mit dem Ziel, Erziehung von Menschen zur vollen
Entfaltung als Abbild Gottes zu leisten. Heute arbeiten ca. 5000
Schwestern weltweit in 34 Ländern entsprechend den gesell-
schaftlichen Bedürfnissen mit unterschiedlichen konkreten
Ansätzen, um dieses Ziel zu erreichen. In der Westfälischen
Provinz leben 71 Schwestern. Die tätigen Schwestern tun ihren
Dienst in Schulen, Kindergärten und Heimen, in der
Pfarrseelsorge, in geistlicher Begleitung, Einzelexerzitien,
Glaubensorientierung, in der Pflege der alten und kranken
Mitschwestern sowie in der Hauswirtschaft.

Das Kloster Brede ist 1483 entstanden. Augustinessen von
Herford übernahmen es als Stiftung, Waisenanstalt und
Freischule für Arme von den Grafen von Bocholtz-Asseburg.
Nach der Säkularisation führten die Armen Schulschwestern
diese Stiftung ab 1850 weiter und entwickelten Schulen zur
Ausbildung von Mädchen und Frauen. Ab 1975 ist das
Schulangebot koedukativ. Seit 1994 verwaltet das Erzbistum
Paderborn die »Stiftung Gymnasium und Berufskolleg für
Wirtschaft und Verwaltung Brede«.

Die Klostergebäude und die Klosterkirche sind mit einfachem westfälischem Barock ausgestattet.

A Unsere Adresse

Provinzialat der Westfälischen Ordensprovinz der Armen Schulschwestern von Unserer Lieben Frau – Kloster Brede
Im Winkel 24
33034 Brakel
Tel. 0 52 72/6 03-0
Fax 0 52 72/6 03-240
E-mail: Schulschwestern.Brede@t-online.de

So finden Sie uns

Mit der DB: Brakel liegt als Haltepunkt auf der Strecke Paderborn–Bad Driburg-Brakel-Ottbergen-Höxter, von dort 10 Gehminuten zum Kloster.

Mit dem Auto: Aus Kassel kommend auf der A44 Richtung Paderborn – Dortmund bis zur Ausfahrt Warburg/Brakel/Beverungen, dort auf die B252 in Richtung Brakel bis zur dritten Ausfahrt Brakel, dann in die Nieheimer Straße, an der nächsten Kreuzung links in den Bredenweg. Aus Dortmund kommend auf der A44 Richtung Kassel–Paderborn – wie oben oder von Paderborn kommend auf die B1 – B64 – B252 nach Brakel.

Was wir Ihnen anbieten

- Ferien im Kloster für Erwachsene
- Exerzitien für Einzelgäste
- Tage der Stille
- Einkehrtage
- Geistliche Begleitung in Einzelgesprächen
- Mitfeier von Stundengebet und Eucharistie
- Teilnahme am Gemeinschaftsleben
- *Weitere Angebote:* In einem kleinen Gästehaus ist Selbstverpflegung möglich, Halb- oder Vollverpflegung wird im Kloster angeboten.
  Spaziergänge und Wanderungen ins Weserbergland müssen selbst organisiert werden.
  Termine für alle Angebote nach persönlicher Absprache.

Wir haben einen Prospekt für Sie, den wir Ihnen gerne zuschicken!

Was wir von Ihnen erwarten

Übernachtung mit Vollpension DM 64; Übernachtung mit
Selbstverpflegung DM 35,
Geistliche Begleitung DM 35 pro Tag.
Unsere Gäste suchen Stille, psychisch-physische Erholung,
wollen »Atemholen«.
Tourismus unterstützen wir durch unser Gästehaus nicht.

Ihre Ansprechpartnerinnen bei uns sind

Sr. Therese Marie Everts
Kloster Brede
33043 Brakel
PF 1162
33026 Brakel
Tel. 0 52 72/6 03-232 (Durchwahl), Zentrale: 0 52 72/6 03-0;
Vertretung: Sr. M. Hildegardis Schulte
(Oberin des Mutterhauses),
Tel. 0 52 72/6 03-211 (Durchwahl), Zentrale 0 52 72/6 03-0.

Augustiner Chorfrauen der Congregatio Beatae Mariae Virginis, Essen

Wir über uns

1597 gründeten die selige Alix Le Clerc und der heilige Pierre
Fourier den Orden in Lothringen. Das Kloster in Essen besteht
seit 1652, ist autonom und gehört einer Föderation von sechs
Klöstern an. Das der Augustinusregel gemäße Charisma der pastoralen Sendung verwirklichen derzeit 28 Schwestern durch
erzieherische Tätigkeit als Lehrerinnen oder in den anderen vielfältigen Aufgabenbereichen unseres Mädchengymnasium mit
ca. 1550 Schülerinnen und im Kloster. Zu diesem Apostolat verpflichtet sich jede Schwester durch ein viertes Gelübde. Das
augustinische Ordensideal legt besonderen Wert auf das
gemeinsame Stundengebet – wir beten es nach dem römischen
Brevier – und auf das Gemeinschaftsleben.
Unsere Gemeinschaft will in der heutigen Zeit Zeugnis geben
für unseren Glauben an das Leben, an die Menschen und an die

Möglichkeit des Zusammenlebens. Das Gymnasium wird bewusst als Mädchenschule geführt, um den Schülerinnen eine bessere Chance zu geben, ihre Identität zu finden. Dies entspricht der Tradition der Ordensgründerin und des Ordensgründers, die die Bedeutung der Frau für Familie und Gesellschaft in Gegenwart und Zukunft erkannten. Unser Ziel ist es, die Jugendlichen durch Erziehung und Bildung in christlichem Geist ihre soziale, ethische und religiöse Verantwortung erkennen zu lassen.

A Unsere Adresse

Augustiner Chorfrauen
Kloster B.M.V.
Bardelebenstraße 9
45147 Essen
Tel. 02 01/87 02-0
Fax 02 01/87 02-222
E-mail: cbmvessen@aol.com

So finden Sie uns

Mit der DB: Zum Hbf Essen, dort mit der U17 in Richtung Margaretenhöhe zur Haltestelle Gemarkenplatz (4 Minuten.); in Fahrtrichtung weitergehen (5 Minuten) zur Bardeleben-straße links.
Mit dem Auto: Von Süden auf der A3 zur Ausfahrt Bredeney/Margarethenhöhe, von Westen auf der A40 zur Ausfahrt Holsterhausen, von Osten auf der A40 zur Ausfahrt Zentrum, Richtung Holsterhausen, von Norden auf der A43 zur Ausfahrt Bochum/Essen, dann auf die A40, Ausfahrt wie oben.

Was wir Ihnen anbieten

• Mitfeier von Stundengebet und Eucharistie.
• Interessierte junge Frauen ab 16 können mit uns feiern von Mittwoch vor Ostern bis Ostersonntag, volle Teilnahme am Leben der Gemeinschaft. Außerdem kann jeweils am zweiten Sonntag des Monats (außerhalb der Schulferien in NRW) ein Tag mit der Klostergemeinschaft verbracht werden.
• Nach Absprache ggf. auch Tage der Stille

Was wir von Ihnen erwarten

Anpassung an die Tagesordnung und Beachtung der Atmosphäre der Stille und Ruhe im Klausurbereich. Ggf. kleiner Unkostenbeitrag.

Ihre Ansprechpartnerinnen bei uns sind

M. Heriburg Schwering; M. Mathilde Belker.

Augustiner Chorfrauen C.B.M.V, Offenburg

Wir über uns

Der Orden entstand aus der kirchlichen Erneuerungsbewegung des 16. Jahrhunderts. P. Fourier und Alix le Clerc erkannten die Erziehung von Mädchen als die besondere Aufgabe der neuen Gemeinschaft. Auch heute sind Unwissenheit und Glaubensabfall verbreitet. Deshalb bemühen wird an uns unseren Schulen um ein alternatives, wertorientiertes und qualifiziertes Bildungsangebot. Die für unseren Orden verbindliche Augustinus-Regel strebt den Zusammenklang von Kontemplation und Aktion an. Wir Schwestern setzen durch das Leben in Gemeinschaft ein Zeichen gegen wachsende Beziehungslosigkeit, Vereinsamung und egoistisches Konsumdenken. »Zuallererst sollt ihr einmütig zusammenwohnen, wie ein Herz und eine Seele auf dem Weg zu Gott.« (Augustinus-Regel)
Die »Herzkammer« der restaurierten Klosteranlage aus dem 13. Jahrhundert mit seiner barocken Kirche und dem Speisesaal aus dem 18. Jahrhundert ist die spätgotische Kapelle. Besonderen Wert legen die Schwestern als Chorfrauen auf die Feier des Chorgebets, aus dem sie Kraft für ihre apostolische Tätigkeit schöpfen.

A Unsere Adresse

Augustiner Chorfrauen
Lange Straße 9
77652 Offenburg
Tel. 07 81 / 94 87 69-0
Fax 07 81 / 94 87 69-33

So finden Sie uns
Mit der DB (ICE-Anschluss) *oder dem Auto* auf der Strecke Karlsruhe – Freiburg nach Offenburg. Das Kloster liegt 15 Gehminuten vom Hbf entfernt in der Stadtmitte.

Was wir Ihnen anbieten
- Exerzitien für Einzelgäste, einmal im Jahr, meistens im Februar
- Tage der Stille
- Mitfeier von Stundengebet und Eucharistie
- Teilnahme am Gemeinschaftsleben
- evtl. Teilnahme an den Hausarbeiten
- Gerne nehmen wir Gäste auf, die unser Leben kennen lernen wollen.

Was wir von Ihnen erwarten
Beitrag für Übernachtung und Verpflegung, religiöse Offenheit, Teilnahme am Chorgebet und der Heiligen Messe, Kennenlernenwollen des alternativen Lebensstils. Was wir nicht wünschen: Das Kloster soll kein »Absteigequartier« für Ausflüge sein.

Ihre Ansprechpartnerin bei uns ist
Sr. M. Martina Merkle.

Augustiner Chorfrauen C.B.M.V., Paderborn

Wir über uns
Bei der Gemeinschaft der Augustiner Chorfrauen handelt es sich um einen kontemplativ ausgerichteten Orden mit einem aktiven Akzent. Seit 1658 besteht die Gemeinschaft in Paderborn. Das klösterliche Leben orientiert sich an der Augustinus-Regel und den darauf basierenden neuen Konstitutionen aus dem Jahr 1986. Die apostolische Tätigkeit umfasst das kirchliche Stundengebet sowie Mädchenbildung, die in Realschule und Gymnasium erfolgt.
In der autonomen Gemeinschaft, das heißt, es gibt keine Versetzungen, leben und arbeiten derzeit 22 Schwestern als

Lehrerinnen oder in verschiedenen schulischen bzw. klösterlichen Arbeitsbereichen. Die Pflege des gregorianischen Chorals
ist uns ein Anliegen.

Fassade und Portal der Kirche entsprechen dem flämischen
Barock.

A Unsere Adresse
Augustiner Chorfrauen
Michaelskloster
Michaelstraße 17
33098 Paderborn
Tel. 0 52 51/2 90 63-0
Fax 0 52 51/2 90 63-31
E-mail: michaelskloster@t-online.de

So finden Sie uns
Mit der DB: Hbf Paderborn, Bus Linie 5 (vor dem Hbf) bis zur
Michaelstraße
Mit dem Auto: A33 Ausfahrt Paderborn-Zentrum in Richtung
Innenstadt bis zum inneren Ring, links abbiegen bis Parkplatz
Paderhalle, einbiegen in die Hathumarstraße, an deren Ende
rechts abbiegen in die Mühlenstraße, dann zweite Straße links.

Was wir Ihnen anbieten
• Tage der Stille
• Geistliche Begleitung in Einzelgesprächen
• Mitfeier von Stundengebet und Eucharistie
• Teilnahme an Arbeiten in Haus und Garten bedingt möglich
• *Weitere Angebote:* Taizé-Gebet an jedem ersten Mittwoch im
  Monat; Mitfeier der Kar- und Osterliturgie; Mitarbeit im
  Freundeskreis St. Michael; Frauenchor: canta voce;
  Schulpraktikum.
  An jedem dritten Samstag/Sonntag im Monat Mitleben in der
  Gemeinschaft für am klösterlichen Leben interessierte Frauen.

Was wir von Ihnen erwarten
Akzeptanz der klösterlichen Lebensweise, Bereitschaft zur
Anpassung an den klösterlichen (Gebets-) Rhythmus
Die Kostenbeteiligung wird individuell geregelt und ist abhängig
von Mithilfe bzw. Verdienst.

W Ihre Ansprechpartnerinnen bei uns sind

Sr. M. Ancilla Ernstberger; Sr. M. Ulrike Brand.

Barmherzige Schwestern nach der Regel des hl. Augustinus, Mutterhaus Neuss

⑤ Wir über uns

Unsere Gemeinschaft wurde 1844 von Johanna Etienne zur Linderung der allgemeinen Not in Neuss gegründet. Ihr schlossen sich trotz – oder wegen – ihrer großen materiellen Armut schnell junge Frauen an. Auf die Eröffnung des ersten Hauses der Gemeinschaft, einer »Anstalt für Geisteskranke« 1858 in Neuss, folgten Krankenhäuser, Waisenhäuser, Kindergärten und zwei Missionsstationen in Burundi. Nach dem Zweiten Weltkrieg bestanden 62 eigene und kirchliche Filialen. Heute hat die Gemeinschaft drei Krankenhäuser, vier Altenheime, ein Erholungs- und Tagungshaus in Bad Münstereifel, ein Hospiz, ein geronto-physiatrisches Pflegeheim, zwei Häuser für betreutes Wohnen, das Mutterhaus in eigener und ein Etagenkloster in kirchlicher Trägerschaft.

A Unsere Adresse

Mutterhaus Kloster Immaculata
Augustinusstraße 46
41464 Neuss
Tel. 0 21 31 / 91 68-0
Fax 0 21 31 / 91 68-68

⋔ So finden Sie uns

Mit dem Auto: Auf der A57 bis zur Ausfahrt Neuss-Süd, weiter auf der B9 bis zur Augustinusstraße, oder auf der A46 bis zur Ausfahrt Neuss-Üdesheim, weiter auf der B9 wie oben, oder über die Südbrücke in Richtung Neuss Hafen; vor der Neusser Stadthalle geht es links in die Augustinusstraße.

⌒ Was wir Ihnen anbieten

• Exerzitien für Einzelgäste und für Gruppen
• Tage der Stille

- Einkehrtage
- Geistliche Begleitung in Einzelgesprächen
- Mitfeier von Stundengebet und Eucharistie
- Teilnahme am Gemeinschaftsleben und an den Hausarbeiten

Alles nach vorheriger Absprache.

Bald können wir Ihnen ein Programm anbieten für unser Erholungshaus in Bad Münstereifel.

⋙ Ihre Ansprechpartnerinnen bei uns sind

Sr. Praxedis, Sr. Veronika und Sr. Beatrix,
alle im St. Josef Krankenhaus, Augustinusstraße 23,
41464 Neuss;
Sr. Hildegard im Augustinushaus, Krefelder Straße 80,
41539 Dormagen.

Barmherzige Schwestern vom heiligen Karl Borromäus, Trier

⑥ Wir über uns

1652 in Nancy/Lothringen gegründet, wirken die Schwestern seit 1810 in Deutschland und seit 1985 in der Mission in Tansania. Seit 1849 besteht das Mutterhaus in Trier. Die Schwestern wissen sich von Christus berufen zu einem Leben in der Nachfolge des Herrn in den Gelübden der Armut, des Gehorsams, der Ehelosigkeit und der beständigen Barmherzigkeit. Der Dienst am Menschen geschieht in Krankenhäusern und Krankenpflegeschulen, in Altenheimen und Sozialstationen, in Kindergärten und Kindertagesstätten, in der Seelsorge und im hauswirtschaftlichen Bereich kirchlicher Einrichtungen sowie im fürbittenden Gebet. Tagesmittelpunkt sind Eucharistiefeier, Betrachtung und Stundengebet.

Im Reliquienschrein der Mutterhauskirche befindet sich das Bußkleid der heiligen Elisabeth von Thüringen, das den Schwestern 1850 von Weihbischof Dr. Godehard Braun übereignet wurde. Es erinnert an das Beispiel der Gottes- und Nächstenliebe, das die heiligen Elisabeth gegeben hat.

A Unsere Adresse

Mutterhaus der Borromäerinnen
Krahnenstraße 8–12
54290 Trier
Tel. 06 51 / 9 47-2523
Fax 06 51 / 9 47-2215

So finden Sie uns

Mit der DB: Hbf Trier, dort mit Bus Linie 3 oder 81 zur Haltestelle Karl-Marx-Haus. Ca. 100 m zurückgehen zur Kreuzung, links in die Johannisstraße und geradeaus in die Krahnenstraße. Der Klostereingang ist ein hölzernes Tor.
Mit dem Auto: Autobahndreieck Moseltal über die A602/E44 geradeaus in die neue Zurmaiener Straße, an der Kaiser-Wilhelm-Brücke in der Mitte einordnen, Martinsufer, Katharinenufer, dann links einordnen Irminenfreihof, dann rechts in die Windmühlenstraße und wieder rechts in die Krahnenstraße.

Was wir Ihnen anbieten

- Tage der Stille
- Einkehrtage
- Mitfeier von Stundengebet und Eucharistie
- *Weitere Angebote:* Tage im Kloster nur nach vorherigem Kennenlernen und Vorgespräch möglich.

Wir haben ein Programm für Sie!

Was wir von Ihnen erwarten

Die Angebote gelten für Frauen im Alter von 18 bis 40 Jahre. Kostenerstattung auf Spendenbasis (für die Mission in Tansania).

Ihre Ansprechpartnerin bei uns ist

Sr. Lioba Jakoby.

Barmherzige Schwestern vom Heiligen Kreuz, Hegne

Wir über uns

1856 wurde die Gemeinschaft der Barmherzigen Schwestern vom Heiligen Kreuz vom Kapuzinerpater Theodosius Florentini in Ingenbohl/Schweiz gegründet. Weltweit zählt sie 17 Provinzen und vier Vikariate mit 4500 Schwestern. Im Provinzhaus der Provinz Baden-Württemberg in Hegne leben 240 Schwestern. Sie richten sich nach dem Wahlspruch des Gründers: »Was Bedürfnis der Zeit, ist der Wille Gottes.« Aus diesem Auftrag heraus entstand 1991 das Haus St. Franziskus, in dem Jugendliche und junge Erwachsene Wegbegleitung finden. Weitere Aufgaben liegen im sozial-caritativen Bereich, in Schule und Seelsorge.

1987 wurde Schwester Ulrika Nisch, eine Kreuzschwester aus der Provinz Baden-Württemberg, in Rom seliggesprochen. Viele Menschen kommen mit ihren Anliegen zu ihrem Sarkophag in der Krypta der Klosterkirche, um sie um Fürsprache zu bitten.

A Unsere Adresse

Haus Franziskus
Konradistraße 2
78476 Allensbach-Hegne
Tel. 0 75 33/8 07-381
Fax 0 75 33/8 07-383
E-mail: haus.franziskus@kloster-hegne.de
Internet: http://www.kloster-hegne.de

So finden Sie uns

Mit der DB: Auf der Strecke Singen-Radolfzell-Hegne (eigene Bahnstation), von dort ca. sieben Gehminuten zum Kloster.
Mit dem Auto: Auf der AB Stuttgart – Konstanz bis zur Ausfahrt Allensbach-Hegne.

Was wir Ihnen anbieten

- Exerzitien für Einzelgäste
- Exerzitien für Gruppen
- Tage der Stille

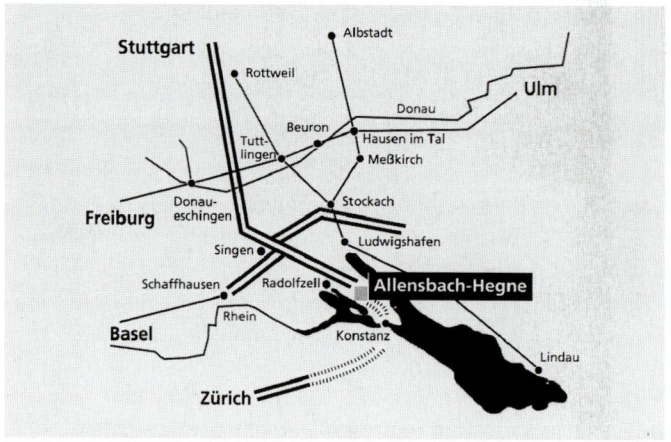

- Einkehrtage
- Geistliche Begleitung in Einzelgesprächen
- Mitfeier von Stundengebet und Eucharistie
- Teilnahme an den Hausarbeiten
- *Weitere Angebote:* Kennenlernen der Lebensform

Wir haben ein Programm für Sie!

Was wir von Ihnen erwarten
Kostenerstattung im Franziskushaus DM 30/pro Tag,
bei Mitarbeit DM 10.

Ihre Ansprechpartnerin bei uns ist
Sr. Maria Magdalena Schlageter.

Barmherzige Schwestern vom Heiligen Kreuz – Provinz Bayern

Wir über uns
1856 wurde die internationale Gemeinschaft in Ingenbohl/
Schweiz gegründet. Sie umfasst 17 Provinzen und 4 Vikariate in
8 Ländern. Die Schwestern möchten wie ihre Gründerin und ihr

Gründer, Sr. Maria Theresia Scherer und P. Theodosius Florentini, die Sorgen und Nöte der Menschen teilen und Wege zum Gelingen des Lebens suchen in Erziehung und Bildung, bei Alten und Kranken, in Seelsorge und Weggemeinschaften. 1945 aus dem Sudetenland mit dem Provinzhaus in Eger vertrieben, gründeten die Schwestern 1947 in Gemünden die bayerische Provinz. Der Sitz der Provinz Bayern ist seit 1958 in Gemünden a. Main. Heute zählt die Provinz 200 Schwestern in 10 Niederlassungen.

Große Frauengestalten der Gemeinschaft sind die selige Sr. Maria Theresia Scherer, die mit Pater Theodosius Florentini die Kongregation gründete, sowie die selige Sr. Ulrika Nisch von Hegne.

A Unsere Adresse

Barmherzige Schwestern vom Heiligen Kreuz
Kreuzstraße 3
97737 Gemünden/Main
Tel. 0 93 51/8 05-11 52

So finden Sie uns

Mit der DB: Gemünden liegt auf der Bahnlinie Frankfurt-Würzburg bzw. Würzburg-Frankfurt.
Mit dem Auto: AB Nürnberg–Würzburg: Biebelrieder Kreuz Richtung Kassel, Ausfahrt Hammelburg oder AB Frankfurt–Würzburg, Ausfahrt Weibersbrunn, über Lohr nach Gemünden.

Was wir Ihnen anbieten

- Besinnungswochen
- Tage der Stille
- Geistliche Begleitung
- Mitleben im Kloster auf Anfrage
- Mitfeier von Stundengebet und Eucharistie

Wir haben ein Programm für Sie!

Was wir von Ihnen erwarten

Kostenerstattung Tagessatz DM 40, nach Absprache, Ermäßigung möglich.
Bei Mitleben im Kloster DM 10 und Mitarbeit im Haus.

Ihre Ansprechpartnerin bei uns ist

Sr. Elfriede Winkler, Tel. 0 93 51/8 05-280.

Barmherzige Schwestern vom heiligen Vinzenz von Paul, Mutterhaus Augsburg

⑥ Wir über uns

Wir Barmherzige Schwestern leben nach dem Geist des heiligen Vinzenz von Paul und der heiligen Louise von Marillac. Im Gründungsjahr 1633 sagte Vinzenz von Paul zu den ersten Schwestern: »Ihr seid berufen, die Güte Gottes sichtbar zu machen.«
Wir wollen das Evangelium verwirklichen, indem wir unser Beten mit dem Dienst an den Armen in unserer Gesellschaft und Zeit verbinden. Die Aufgabenschwerpunkte liegen derzeit in pflegenden und heilenden Berufen sowie in der Kinder- und Jugendpastoral. So entsteht eine bunte Gemeinschaft von Schwestern mit vielfältigen Berufen und Aufgaben.

A Unsere Adresse

Mutterhaus der Barmherzigen Schwestern
vom heiligen Vinzenz von Paul
Gögginger Straße 94
86199 Augsburg
Tel. 08 21 / 57 40 77
Fax 08 21 / 59 34 41
E-mail: sr.reinholda@gmx.de

⫚ So finden Sie uns

Mit der DB: Hbf Augsburg. Das Mutterhaus ist ab Hbf mit der Tram Linie 2 in Richtung Königsplatz, umsteigen in die Tram Linie 1 Richtung Göggingen, Haltestelle Burgfrieden zu erreichen.

⫍ Was wir Ihnen anbieten

- Exerzitien für Einzelgäste
- Exerzitien für Gruppen
- Tage der Stille
- Geistliche Begleitung in Einzelgesprächen
- Mitfeier von Stundengebet und Eucharistie
- Teilnahme am Gemeinschaftsleben
- *Weitere Angebote:* »Kloster auf Zeit« für junge Frauen ab 17 Jahren, die ein sinnerfülltes Leben suchen, die mit den

Schwestern leben, beten, arbeiten und die sich mit ihrer persönlichen Berufung auseinandersetzen wollen; Vinzentinischer Kreis für Frauen ab 20 Jahren (regelmäßige Treffen), die sich von der Spiritualität des heiligen Vinzenz prägen lassen wollen, die aus dem christlichen Glauben leben und handeln und für Menschen in Not Gutes tun wollen.

Wir haben ein Programm für Sie!

Was wir von Ihnen erwarten

Erwartet werden ehrlich suchende, am christlichen Glauben interessierte Frauen, die sich auf die Begegnung mit Gott und mit der Gemeinschaft einlassen wollen.
Kostenerstattung für das jeweilige Angebot auf Anfrage.

Ihre Ansprechpartnerin bei uns ist

Sr. M. Reinholda Rast.

Barmherzige Schwestern vom heiligen Vinzenz von Paul, Freiburg

Wir über uns

1633 gründeten Vinzenz von Paul und Louise von Marillac in Paris die Gemeinschaft der Barmherzigen Schwestern. Sie wollten besonders Armen und Hilfsbedürftigen die Liebe und Barmherzigkeit Gottes bringen. Die vinzentinische Spiritualität wurde zu einer Spiritualität der Tat. 1846 kamen die ersten Barmherzigen Schwestern von Straßburg nach Freiburg. Auch heute versuchen wir in der Nachfolge Jesu und im vinzentinischen Geist für die Menschen da zu sein und in unserem Tun die Güte Gottes sichtbar zu machen.

A Unsere Adresse

Orden der Barmherzigen Schwestern
vom heiligen Vinzenz von Paul
Mutterhaus
Habsburgerstraße 120
79104 Freiburg i. Br.

Tel. 07 61 / 27 11-02
Fax 07 61 / 27 11-30 02

### So finden Sie uns
Mit der DB: Hbf Freiburg, dort in die Straßenbahn Linie 5 oder 6 Richtung Zähringen bis zur Haltestelle Tennenbacher Straße.
Mit dem Auto: Autobahn Freiburg, Abfahrt Freiburg Nord, dort in Richtung Stadtmitte.

Was wir Ihnen anbieten
- Mitfeier der Eucharistiefeier und Teilnahme am Stundengebet
- Tage der Stille
- Meditation, Schriftgespräch, kreative Einheiten
- Möglichkeit zum Gespräch
- Teilnahme am Gemeinschaftsleben
- Wenn gewünscht, Mitarbeit im Haus

Was wir von Ihnen erwarten
Interesse an unserem Leben und Offenheit für alles, was wir Ihnen anbieten wollen.
Unkostenbeitrag pro Tag.

Ihre Ansprechpartnerin bei uns ist
Sr. Gerlanda Jäger Tel. 07 61/27 11-30 04.

Barmherzige Schwestern – Haus Mamre

Wir über uns
Das Haus Mamre im Glottertal gehört dem Orden der Barmherzigen Schwestern vom Heiligen Vinzenz von Paul in Freiburg. Die Schwestern, die hier leben, möchten Gastfreundschaft schenken und mit den Gästen Leben und Glauben teilen.

A Unsere Adresse
Barmherzige Schwestern
vom hl. Vinzenz von Paul
Haus Mamre
Borromäweg 2
79286 Glottertal
Tel. 07684/309

So finden Sie uns

Mit der DB: Hbf Freiburg, umsteigen nach Denzlingen, weiter mit Bus Linie 7205 nach Glottertal bis Haltestelle Gasthaus Linde.
Mit dem Auto: AB-Ausfahrt Freiburg-Nord, Richtung Waldkirch. Von Donaueschingen: Über Hinterzarten – St. Märgen – St. Peter – Glottertal.

Was wir Ihnen anbieten

- Tage der Stille
- Teilnahme am Stundengebet
- an der Eucharistiefeier in der Pfarrkirche
- an Meditation, Bibelgespräch
- am Gemeinschaftsleben, Wanderungen
- an Haus- und Gartenarbeit, wenn gewünscht

Was wir von Ihnen erwarten

Offenheit für das, was wir Ihnen anbieten wollen.
Kosten pro Tag nach Vereinbarung.

Ihre Ansprechpartnerin bei uns ist

Sr. Irene Gersitz.

Barmherzige Schwestern vom heiligen Vinzenz von Paul, Mutterhaus Fulda

Wir über uns

1734 von Kardinal de Rohan in Straßburg gegründet, erfuhren die »Soeurs de la Charité« 1757 ihre Ausprägung im Geist des Vinzenz von Paul. 1834 kamen die ersten Schwestern auf Bitten des Fuldaer Bischofs Leonhard Pfaff nach Fulda. Heute erfüllen die 242 Schwestern der Fuldaer Gemeinschaft ihren vinzentinischen Dienst in Krankenhäusern, Altenheimen, Gemeindekrankenpflegestationen, Kindertagesstätten, Heimen für Kinder und Jugendliche, für geistig und körperlich Behinderte, in der Krankenpflegeausbildung und Suchtkrankenhilfe. Im Mutterhaus hat die Generalleitung und –verwaltung ihren Sitz. Das Mutterhaus unterhält in räumlicher Nähe ein Kinderhaus für

Tageskinder von 0,5 bis 6 Jahre, beherbergt einige pensionierte Geistliche und unterhält eine Armenküche.

Die Stadt Fulda weist etliche Sehenswürdigkeiten auf: den Dom mit dem Grab des heiligen Bonifatius und Domschatz, die Kirchen St. Michael und St. Lioba, das Stadtschloss mit Museum und die Franziskanerkirche auf dem Frauenberg.

A Unsere Adresse

Mutterhaus der Barmherzigen Schwestern
vom heiligen Vinzenz von Paul
Kanalstraße 22
36037 Fulda
Tel. 06 61 / 2 85-0
Fax 06 61 / 2 85-201
Internet: www.barmherzige-schwestern-fulda.de
E-mail: info@mutterhaus-fd.de

So finden Sie uns

Mit der DB: Auf den Strecken Kassel-Frankfurt oder Göttingen-Würzburg zum Hbf Fulda (ICE Halt).
Mit dem Auto: Über die A7 Kassel – Würzburg zur nördlichen Ausfahrt Fulda-Stadtmitte oder zur südlichen Ausfahrt Fulda-Süd; Frankfurter Straße, Dom, Kanalstraße.

Was wir Ihnen anbieten

• Exerzitien für Einzelgäste
• Tage der Stille
• Einkehrtage
• Geistliche Begleitung in Einzelgesprächen
• Mitfeier von Stundengebet und Eucharistie
• Teilnahme am Gemeinschaftsleben
• *Weitere Angebote:* Fastenexerzitien
  in der Gruppe

Wir haben ein Programm für Sie!

Was wir von Ihnen erwarten

Kostenerstattung nach Absprache

Ihre Ansprechpartnerin bei uns ist

Sr. Dominika Krönung, Tel. 06 61 / 2 85-134,

E-mail: sr.dominika@mutterhaus-fd.de oder
info@mutterhaus-fd.de.

Barmherzige Schwestern vom heiligen Vinzenz von Paul, Paderborn

Wir über uns

Der heilige Vinzenz von Paul gründete im Jahre 1633 die Gemeinschaft der Filles de la Charité in Paris; 1734 Gründung der Barmherzigen Schwestern in Strasbourg. Von dort holte Bischof Friedrich Clemens von Ledebur 1841 Schwestern nach Paderborn. Nach dem Motto »Seid gut, und man wird euch glauben!« des heiligen Vinzenz werden Menschen in Krankenhäusern und Altenheimen, in der Psychiatrie, im Hospiz und Behindertenheim, in Kindergärten und Kinderheimen, im Kurheim, im Bildungs- und Jugendhaus, in der Sozialarbeit und im Besuchdienst für Einsame betreut.

A Unsere Adresse

Kongregation der Barmherzigen Schwestern
vom heiligen Vinzenz von Paul
Am Busdorf 4
33098 Paderborn
Tel. 0 52 51 / 10 20
Fax 0 52 51 / 10 22 90
Internet: www.barmherzige-schwestern.de

So finden Sie uns

Mit der DB: Bis Paderborn Hbf; das Kloster liegt nahe bei Dom und Kolpinghaus im Zentrum.
Mit dem Auto: Aus Dortmund oder Kassel A44 entweder über die Ausfahrt Büren zur Umgehungsstraße nach Paderborn-Zentrum, oder am AB-Kreuz Wünnenberg–Haaren Wechsel zur A33, Ausfahrt Paderborn–Zentrum. Parkplätze vor dem Haus vorhanden.

Was wir Ihnen anbieten
- Geistliche Begleitung in Einzelgesprächen
- »Kloster auf Zeit« (4 Wochen vor Ostern)
- Besinnungstage
- Bibelteilen

Nähere Informationen und Termine per Internet oder auf schriftliche Anfrage.

Was wir von Ihnen erwarten
Bereitschaft zur grundsätzlichen Akzeptanz des Lebens in der Gemeinschaft und zum Mitleben aus religiösen Motiven. Kostenerstattung nach individueller Absprache;

Ihre Ansprechpartnerinnen bei uns sind
Sr. M. Hiltrude Worring; Sr. Gabriele Pieper.

Barmherzige Schwestern vom heiligen Vinzenz von Paul, Untermarchtal

Wir über uns
Seit 1891 ist in Untermarchtal der Sitz des Mutterhauses. In unserem Bildungshaus ist die religiöse Bildungsarbeit fest verankert. Dies wird den Ordensheiligen Vinzenz von Paul und Louise von Marillac gerecht, die neben der materiellen und sozialen auch die spirituelle Armut ihrer Zeit erkannten.

Das Bildungshaus Untermarchtal, eingebunden in die liebliche Landschaft des Donautals, bietet mit einem vielfältigen Programm Antwort auf Glaubensnot und Sinnsuche in der Gegenwart für Jugendliche und Erwachsene, Familien und Schulklassen, Kommunion- und Firmgruppen.
Gasttagungen sind möglich.

A Unsere Adresse
Mutterhaus und Bildungshaus der Barmherzigen Schwestern vom heiligen Vinzenz von Paul

Margarita-Linder-Straße 8
89617 Untermarchtal
Tel. 0 73 93/3 02 50
Fax 0 73 91/3 05 64
E-mail: Untermarchtal@aol.com
Internet: http://www.untermarchtal.de

So finden Sie uns

Mit der DB: Auf der Strecke Ulm-Sigmaringen zum Bahnhof
Munderkingen. Von dort mit dem Taxi zum Kloster.
Mit dem Auto: Aus Ulm auf der B311, aus Reutlingen bzw.
Biberach auf der B312, aus Ravensburg auf der B32 nach
Untermarchtal.

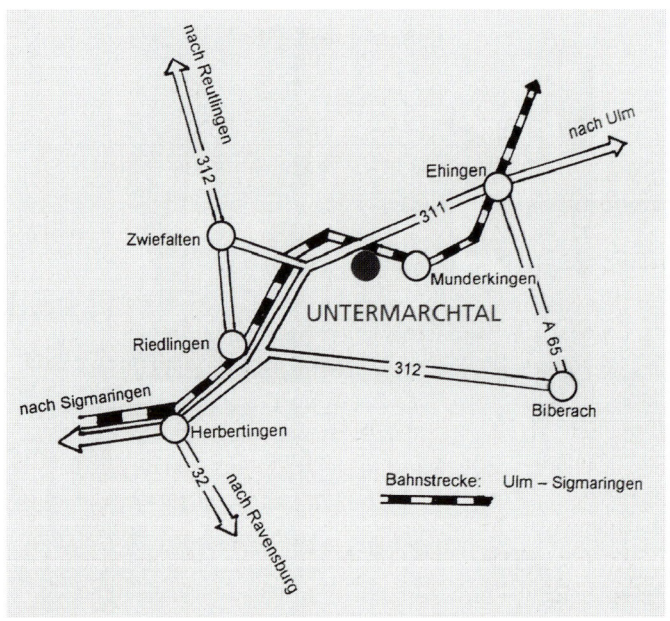

Was wir Ihnen anbieten

• Exerzitien für Einzelgäste
• Exerzitien für Gruppen
• Tage der Stille
• Einkehrtage
• Geistliche Begleitung in Einzelgesprächen

- Mitfeier von Stundengebet und Eucharistie
- *Weitere Angebote:* Teilnahme am Gemeinschaftsleben und an den Hausarbeiten nur bei »Leben mit den Schwestern« (siehe Programm)

Wir haben ein Programm für Sie!

🔖 Was wir von Ihnen erwarten
Kostenerstattung je nach Programmangebot auf Anfrage.

〰️ Ihre Ansprechpartnerinnen bei uns sind
Für junge Erwachsene und für das Leben mit den Schwestern
für Frauen bis 35 Jahre Sr. Elisabeth Halbmann;
für das Bildungshaus und die Programmanforderung
Sr. Pia Maria Huber, Tel. 0 73 93 / 3 02 50.

Benediktinerinnenabtei Kloster Engelthal

🌀 Wir über uns
Kloster Engelthal wurde 1268 als Zisterzienserinnenabtei gestiftet. Im 30-jährigen Krieg völlig zerstört, ist es in einfachem Barockstil wieder aufgebaut worden; die Kirche wurde 1730/31 vollendet. 1803 kam es im Rahmen der Säkularisation zur Aufhebung des Klosters; von den neuen Besitzern wurde es als landwirtschaftliches Hofgut weiter bewirtschaftet.
1952 und 1961 erwarb das Bistum Mainz die Gebäude und das Gartenland innerhalb der alten Klausurmauern und stellte es der Benediktinerinnenabtei vom Heiligen Kreuz zu Herstelle/Weser für eine Neugründung zur Verfügung. Am 1. Mai 1962 zogen 20 Schwestern von Herstelle nach Engelthal und besiedelten es neu mit klösterlichem Leben. 1965 wurde das junge Kloster zur selbständigen Abtei erhoben und in die Beuroner Benediktinerkongregation inkorporiert.

Heute leben 35 Schwestern in Kloster Engelthal. Sie führen ein Gästehaus mit 30 Zimmern (1999/2000 von Grund auf saniert), eine Buch- und Kunsthandlung sowie eine Werkstatt zur Restaurierung von Gemälden und Skulpturen. Das Gästehaus steht allen offen, die in einem vom benediktinischen Lebensrhythmus geprägten Raum Ruhe, Besinnung und Erholung, Begegnung mit Gott und mit anderen Menschen suchen. Es gibt ein von Schwestern geleitetes Kursangebot: »Tage der Besinnung und Begegnung« zu biblischen, geistlichen und liturgischen Themen. Die Gäste sind zu allen Gottesdiensten herzlich eingeladen. Die Eucharistie wird mit Gregorianischem Choral gefeiert, die Psalmen des Stundengebetes deutsch oder an Festtagen in Latein gesungen. Die Lage des Klosters am Waldrand abseits des Ortes Altenstadt, ca. 30 km nordöstlich von Frankfurt/Main mitten in der Wetterau zwischen Taunus und Vogelsberg lädt ein zum Wandern und zu Ausflügen z.B. nach Frankfurt, Mainz oder Wetzlar.

A Unsere Adresse

Benediktinerinnenabtei Kloster Engelthal
Gästehaus
63674 Altenstadt/Hessen
Tel. Kloster: 0 60 47/96 36-0
Tel. Gästehaus für Gastanfragen
Mo–Sa 10 Uhr–11.45 Uhr: 0 60 47/9 87 90-305
Fax 0 60 47/6 88 08
E-mail: Gaestehaus.Engelthal@t-online.de

So finden Sie uns

Mit der DB: Nach Frankfurt, dann Nahverkehrszug Richtung Bad Vilbel-Stockheim bis Bahnstation Altenstadt. Von dort mit dem Taxi zum Kloster (2,5 km). An Samstagen, Sonn- und Feiertagen fährt die DB nur bis Bad Vilbel, von dort besteht eine Busverbindung nach Altenstadt, von dort weiter mit dem Taxi.
Mit dem Auto: Auf der A45 Gießen–Hanau–Würzburg zur Ausfahrt Altenstadt, ab dort der Beschilderung folgen.
Oder auf der A5 Gießen/Kassel–Frankfurt zur Ausfahrt Friedberg, von dort Weiterfahrt Richtung Friedberg – Florstadt – Altenstadt (bis kurz vor Altenstadt der Beschilderung nach Büdingen folgen).

Was wir Ihnen anbieten

• Exerzitien und Besinnungstage für Einzelgäste und Gruppen

- Tage der Stille, besinnliche Urlaubstage
- Einkehrtage
- Geistliche Begleitung in Einzelgesprächen
- Mitfeier von Stundengebet und Eucharistie
- *Weitere Angebote:* Au-pair-Aufenthalt für junge Frauen ab 16 Jahren im Sommerhalbjahr mit begleitenden Gesprächen und Mitarbeit vor allem im Garten

Wir haben ein Programm für Sie!

Was wir von Ihnen erwarten

Wir nehmen in unserem Gästehaus sowohl Frauen als auch Männer auf, andere Konfessionen und Weltanschauungen sind kein Hindernis. Wir erwarten, dass unsere Gäste sich auf den von unserem benediktinischen Lebensstil geprägten Raum und die davon geordnete Zeit (z.B. von den Gottesdiensten geprägter Tagesrhythmus, feste Zeiten für die Mahlzeiten, Stille am Abend) einlassen können.
Der Tagessatz für ein EZ mit Du/WC für Unterkunft und Verpflegung (drei Mahlzeiten) beträgt DM 75, für ein EZ mit Waschbecken DM 55. Für Geringverdienende, Auszubildende, Studierende und Nichtverdienende ist nach Absprache Ermäßigung möglich.

Ihre Ansprechpartnerin bei uns ist

Sr. Maria Magdalena Hörter OSB.

Benediktinerinnenabtei St. Erentraud – Kellenried

Wir über uns

Unsere Abtei St. Erentraud in Kellenried liegt auf einer Anhöhe über dem Schussental gegenüber der Abtei Weingarten. Das Kloster wurde erst 1924 gegründet. Seine Wurzeln reichen aber bis auf das älteste Benediktinerinnenkloster Nonnberg in Salzburg zurück, das Bischof Rupert um 700 für seine Nichte

Erentraud errichtete. Von dort aus wurde 1890 das Priorat St. Hemma in Gurk/Kärnten gegründet als Neubesiedlung einer bereits im 11. Jahrhundert vorübergehend bestehenden Nonnberger Stiftung. Nach dem Ersten Weltkrieg erzwangen die Verhältnisse eine Verlegung des Klosters. 1924 übersiedelten die 22 Benediktinerinnen aus Gurk zusammen mit sechs Ordensfrauen des ersten Beuroner Frauenklosters St. Gabriel nach Kellenried in das von dem Beuroner Erzabt Raphael Walzer für sie neu erbaute Kloster. 1926 erfolgte die Erhebung zur Abtei unter der ersten Äbtissin Frau Scholastica von Riccabona. Heute leben 39 Schwestern im Kloster. Sie haben täglich eine Eucharistiefeier und singen fünfmal am Tag das Gotteslob. Die Abteikirche ist von Elmar Hillebrand gestaltet. Das Kloster besitzt eine barocke Krippe mit 80 cm hohen Figuren, die viel besucht wird. Es gibt einen Klosterladen, wo als kunstgewerbliche Arbeiten selbst hergestellte Krippenfiguren und zu liturgischen Anlässen verzierte Kerzen verkauft werden.

A Unsere Adresse

Benediktinerinnenabtei St. Erentraud
Kellenried 3
88276 Berg
Tel. 0 75 05 / 9 56 60 (Kloster) oder
0 75 05 / 12 61 (Gästehaus)
Fax 0 75 05 / 16 20
E-mail: info@abtei-kellenried.de

So finden Sie uns

Mit der DB: Auf der Strecke Ulm – Friedrichshafen bis Ravensburg, dort mit dem Taxi oder mit dem Bus ab Busbahnhof Halteplatz 13 Linie 10 bis Bedarfshalt Dietenhofen-Kellenried (nur Mo–Sa).
Mit dem Auto: Auf der B30 Ulm – Friedrichshafen bis Weingarten, dort auf die B32 in Richtung Altshausen; nach Blitzenreute links abbiegen, nach weiteren 3 km in Baienbach nochmals links bis zur Abtei.

Was wir Ihnen anbieten

• Exerzitien für Einzelgäste und Gruppen
• Tage der Stille

- Einkehrtage
- Geistliche Begleitung in Einzelgesprächen
- Mitfeier von Stundengebet und Eucharistie
- *Weitere Angebote:* Regelmäßige Liturgieeinführungen. Au-pair-Aufenthalt für junge Frauen, die den Rhythmus des klösterlichen Lebens mitleben wollen; auf Wunsch dabei Gesprächsbegleitung durch eine Schwester

Sie können ein Programm anfordern!

Was wir von Ihnen erwarten
Wir erheben einen Tagessatz. Kein TV im Gästehaus.

Ihre Ansprechpartnerin bei uns ist
Sr. Magdalena Geigle OSB.

Benediktinerinnenabtei vom Heiligen Kreuz Herstelle, Beverungen

Wir über uns
An der Stelle der heutigen Benediktinerinnenabtei auf dem Hersteller Burgberg stand seit dem frühen Mittelalter die Pfarrkirche, vielleicht schon bald nach der Gründung des Ortes durch Karl den Großen (797). 1657 übernahmen Minoriten nach ihrer Vertreibung aus Höxter den Seelsorge- und Schuldienst in der Gemeinde. Klosterkirche (1734) und Altbau erinnern in ihrer Einfachheit an die franziskanische Vergangenheit.
Nach der zwangsweisen Auflösung des Minoritenkonvents 1824 wurden die verfallenden Gebäude 1899 von Benediktinerinnen der Ewigen Anbetung aus Peppingen/Luxemburg erworben. Nach harten Anfangsjahren festigte sich das Leben der Kommunität und sie richtete sich mehr und mehr am Geist des benediktinischen Ursprungs und der Liturgie aus. 1924 erfolgte die Erhebung zur Abtei (Beuroner Kongregation).

Eucharistie und Chorgebet bilden die Mitte des Lebens der Hersteller Klostergemeinschaft und die Quelle ihrer Einheit. Sie sind Ort des Dankes, des Lobpreises und der Fürbitte. In diesem Dienst vor Gott und für die Welt sehen die Schwestern ihre vorrangige Aufgabe.

Die Klosterkirche steht allen offen, die am Gebet der Schwestern teilnehmen wollen, zu dem sie sich sechsmal am Tag versammeln.

A Unsere Adresse

Abtei vom Heiligen Kreuz
Herstelle
Postfach 1553
37679 Beverungen
Tel. 0 52 73/8 04-114 (Pforte)
Fax 0 52 73/8 04-314

So finden Sie uns

Mit der DB: Auf der Strecke Göttingen-Paderborn zum Bahnhof Bad Karlshafen oder Lauenförde; auf Wunsch wird dort ein Taxi besorgt.
Mit dem Auto: Über die B80 oder B83.

Was wir Ihnen anbieten

• Exerzitien für Einzelgäste
• Exerzitien für Gruppen
• Tage der Stille
• Einkehrtage
• Geistliche Begleitung in Einzelgesprächen
• Mitfeier von Stundengebet
• Mitfeier Eucharistie

Wir haben ein Programm für Sie!

Was wir von Ihnen erwarten

Kostenerstattung bei VP 55 DM (EZ) bzw. 50 DM (DZ). Ermäßigung auf Anfrage.

Ihre Ansprechpartnerin bei uns ist

Sr. Irene Cimiotti OSB,
Klosterpforte Tel. 0 52 73/8 04-114,
Fax 0 52 73/8 04-314

Kloster der Benediktinerinnen –
Abtei St. Walburg, Eichstätt

 Wir über uns

Die Abtei St. Walburg wurde 1035 am Grab der heiligen Walburga durch den Eichstätter Bischof Heribert und den Stifter Leodegar von Lechsgmünd und Graisbach errichtet. Dank der einmütigen Treue der Schwestern wurde das Kloster bei der Säkularisation 1806 nicht aufgelöst; somit ist das Gotteslob an diesem Ort seit der Gründung nie unterbrochen worden.
Der klösterliche Tagesablauf gliedert sich nach der Weisung Benedikts in Chorgebet, geistliche Lesung und Arbeit. Die Schwestern sind in den verschiedensten Diensten tätig: in Haus und Garten, in Paramentik und Buchbinderei, bei der Likörherstellung, in Kindergarten, Schule und Gästebetreuung, in Bibliothek und Archiv und bei wissenschaftlichen Arbeiten.

In der Grabkapelle von St. Walburg ruhen die Reliquien der großen angelsächsischen Missionarin und Äbtissin Walburga. Das ganze Jahr über suchen Pilgernde diese Gnadenstätte auf. In der so genannten Oberen Gruft können sie an der kunstvollen Balustrade ganz nah am Heiligengrab verweilen. Der Dienst an den Pilgernden ist seit alters her ein ganz besonderes Apostolat der Benediktinerinnen von St. Walburg. Im neu renovierten klösterlichen Gästehaus finden sie Unterkunft und, wenn gewünscht, geistliche Betreuung durch die Schwestern.

A Unsere Adresse

Abtei St. Walburg
Walburgiberg 6
85072 Eichstätt
Postfach 1142
85065 Eichstätt
Tel. 0 84 21 / 98 87-0
Fax 0 84 21 / 98 87-40

⚜ So finden Sie uns

Mit der DB: Zum Bahnhof Eichstätt, dort umsteigen nach Eichstätt Stadt (ca. 5 km lange Bahnstrecke), 10 Gehminuten zur Abtei.

Mit dem Auto: Über die A9 München–Nürnberg bis zur Ausfahrt Altmühltal/Eichstätt, dort nach Eichstätt.

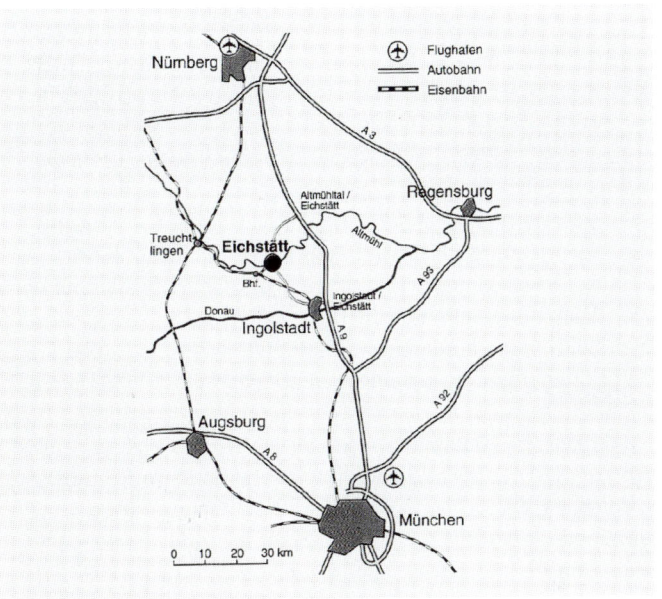

🌰 Was wir Ihnen anbieten

- Tage der Besinnung
- Geistliche Begleitung in Einzelgesprächen
- Mitfeier von Stundengebet und Eucharistie
- Mitarbeit im Garten und im Gästehaus
- *Weitere Angebote:* »Kloster auf Zeit« und Au-pair-Aufenthalte für 1–2 Wochen; Teilnahme an der Kar- und Osterliturgie

⚜ Was wir von Ihnen erwarten

Kostenerstattung nach Vereinbarung bzw. freiwillige Spende; Respektierung der klösterlichen Gepflogenheiten (z.B. bezüglich Stille und Klausur);
Die Haltung der Ehrfurcht und der Gottsuche sind Voraussetzung für einen fruchtbaren Aufenthalt.

ᗰ Ihre Ansprechpartnerinnen bei uns sind
M. Franziska Kloos OSB, Äbtissin;
Sr. Therese Ferstl OSB, Gastschwester und Betreuerin der
Au-pair-Gäste;
Sr. Maria Magdalena Zunker OSB, Geistliche Begleitung
in Einzelgesprächen.

Benediktinerinnen-Abtei Frauenwörth im Chiemsee

ⓖ Wir über uns

Der Überlieferung nach wurde das Kloster 772 vom Bayern-
herzog Tassilo III. gegründet; erste urkundliche Erwähnung von
782. Nach der Säkularisation 1803 wurde das Kloster aufgehoben, 1837 durch König Ludwig I. wieder errichtet; 1901 erfolgte
erneut die Erhebung zur Abtei. Neben dem Kloster Nonnberg/
Salzburg ist es das älteste bestehende deutschsprachige
Frauenkloster nördlich der Alpen. 1994 Gründung des »Verein
der Freunde der Benediktinerinnen-Abtei Frauenwörth im
Chiemsee e.V.«.
Das Seminar besteht seit 1995. Derzeit leben 36 Schwestern
hier.

Die selige Irmengard (✝ 866), unter der das Kloster seine größte
Blüte erlebte, ist die erste namentlich bekannte Äbtissin. Sie
war eine Tochter König Ludwig des Deutschen und Urenkelin
Karls des Großen. Irmengard ist Patronin des Chiemgaus. Das
Irmengardfest ist am 16. Juli. Ihre Gebeine ruhen in der
Irmengardkapelle im Münster zu Frauenwörth und werden sehr
verehrt (Wallfahrt, Reliquienverehrung).
Der Klosterladen verkauft Bücher und in reichlicher Auswahl
klostereigene Produkte wie Likör, Lebkuchen, Marzipan etc.

A Unsere Adresse
Abtei Frauenwörth
83256 Frauenchiemsee
Tel. 0 80 54 / 90 70

Fax 0 80 54/79 67
Internet: www.frauenwoerth.de
E-mail: Frauenwoerth@t-online.de

So finden Sie uns

Mit der DB: Auf der Strecke München-Salzburg stündlich
(IC/IR/RE) bis Bahnhof Prien am Chiemsee, von dort 20
Gehminuten oder mit dem Bus bzw. Taxi zum Schiffhafen Stock.
Die Überfahrt dauert 25 bis 35 Minuten.
Mit dem Auto: Auf der A8 München–Salzburg bis zur Ausfahrt
Bernau, von dort über Prien in Richtung Rimsting/Breitbrunn
nach Gstadt (Parkmöglichkeit). Die Überfahrt mit dem Schiff
dauert ca. 10 Minuten.

Was wir Ihnen anbieten

• Exerzitien für Gruppen
• Tage der Stille
• Geistliche Begleitung in Einzelgesprächen
• Mitfeier von Stundengebet und Eucharistie
• Teilnahme an den Hausarbeiten
• *Weitere Angebote:* u.a. Ayurveda-Kurse

Wir haben ein Programm für Sie!

Was wir von Ihnen erwarten

Kostenerstattung nach Absprache.

Ihre Ansprechpartnerin bei uns ist

Sr. Clara Jung OSB, Tel. 0 80 54/9 07-145, Fax 0 80 54/79 67.

Benediktinerinnenabtei
zur Heiligen Maria, Fulda

Wir über uns

1626 gründete Fürstabt Johann Bernhard Schenk zu Schweins-
berg das Kloster. 1802 wurde es nicht aufgehoben, jedoch
musste bis 1875 der Schuldienst übernommen werden.

1875–1887 Exil nahe Nancy/Lothringen (Preußischer Kultur-kampf). 1899 wurde das Priorat zur Abtei erhoben, seit 1982 Mitglied der Beuroner Benediktinerkongregation. Die Schwestern setzen sich durch praktische Arbeit, mit Schriften und Vorträgen für biologischen Gartenbau ein und sind kunsthandwerklich tätig. Sie betreuen die Weltoblat/innen-Gemeinschaft sowie Meditations- und Kontemplationsgruppen. Ein kleines Gästehaus steht Einzelgästen zur Verfügung, die an der Liturgie teilnehmen möchten und Besinnung suchen. Die architektonisch interessante Kirche ist aus dem 17. Jahrhundert (Grundsteinlegung 1626, Weihe 1678) in spätgotisch-frühbarockem Stil, mit Flügelretabel und Triumphkreuz in Senk-emailarbeit der zeitgenössischen Künstlerin Lioba Munz OSB (✝ 1997).

Das Chorgebet des zur Zeit 36 Schwestern zählenden Konventes wird überwiegend in deutscher Gregorianik, die Messe lateinisch gesungen.
Es gibt einen Klosterladen.

A Unsere Adresse
Benediktinerinnenabtei zur Heiligen Maria
Nonnengasse 16
36037 Fulda
Tel. 0661/90245-0
Fax 0661/90245-45
E-mail: benedikt.abtei.fulda@t-online.de

So finden Sie uns
Mit der DB: Fulda Hbf, von dort 10 Gehminuten Richtung Innenstadt/Universitätsplatz.
Mit dem Auto: Autobahnabfahrt Fulda/Nord, Richtung Innenstadt/Dom, am Dom vorbei Richtung Stadtpfarrkirche, davor links zur Nonnengasse.

Was wir Ihnen anbieten
• Exerzitien für Einzelgäste
• Tage der Stille
• Geistliche Begleitung
• Mitfeier von Stundengebet und Eucharistie

- *Weitere Angebote:* In den Sommermonaten (April – Oktober) für jüngere Interessierte Mitarbeit im Klostergarten möglich.

Wir haben ein Programm für Sie!

◣ Was wir von Ihnen erwarten
Tagessatz bei VP DM 50 ohne Mitarbeit, bei Mitarbeit im Garten Aufenthalt frei, Ermäßigung für junge, auszubildende Gäste.

∿ Ihre Ansprechpartnerin bei uns ist
Die Gastschwester

Kloster Marienrode – Benediktinerinnenpriorat

◉ Wir über uns
Das Kloster wurde 1125 von Augustiner Chorherren errichtet und 1259 von Zisterziensermönchen aus Isenhagen übernommen. Die Aufhebung erfolgte 1806 (Säkularisation). Bis 1986 wurde das Kloster als landwirtschaftliches Gut der Klosterkammer Hannover genutzt. Das Bistum Hildesheim nahm 1986–1989 die Renovierung vor. 1988 zogen Benediktinerinnen aus der Abtei St. Hildegard in Rüdesheim-Eibingen ein. Seit 1998 selbständiges Priorat. Heute leben 11 Schwestern hier. Sie führen das Exerzitienhaus und die Buch- und Kunsthandlung und versehen Küster- und Organistendienste in der Pfarr- und Klosterkirche.

A Unsere Adresse
Kloster Marienrode
Auf dem Gutshof
31139 Hildesheim-Marienrode
Tel. 0 52 51/9 30 41-0, Durchwahl der Buchhandlung: -32,
des Exerzitienhauses -40.
Fax 0 52 51/9 30 41-60
Internet: www.Kloster.Marienrode.de
E-mail: Buchhandlung.Marienrode@t-online.de
E-mail: benedikt.Marienrode@t-online.de

So finden Sie uns

Mit der DB: Hildesheim Hbf, dort mit Bus Linie 3 bis Hildesheimer Wald, dann ca. 15 Gehminuten.

Mit dem Auto: A7 Hannover–Kassel, Ausfahrt Hildesheim, auf die B1 in Stadtrichtung über den Kreisel hinweg. Nach ca. 2 km Stadtdurchfahrt Abfahrt: Alfeld, Seesen, Hildesheim-Ochtersum (B243). An der zweiten Ampel hinter der Aral-Tankstelle rechts in Richtung Bosch-Blaupunkt, Neuhof, Marienrode. Nach ca. 2 km Hinweisschild: Neuhof links einbiegen und zweite Straße links Richtung Marienrode. An der alten Scheune rechts ab nach Marienrode.

Der Eingang zu Kloster und Exerzitienhaus ist auf dem Gutshof, d.h. die Zisterzienserstraße am See entlang fahren bis auf das Klostergelände (trotz Sackgasse).

Was wir Ihnen anbieten

- Exerzitien für Einzelgäste und Gruppen
- Tage der Stille
- Einkehrtage
- Geistliche Begleitung in Einzelgesprächen
- Mitfeier von Stundengebet und Eucharistie
- *Weitere Angebote:* Teilnahme an Gartenarbeiten nach Absprache

Wir haben ein Programm für Sie!

Was wir von Ihnen erwarten

Kostenerstattung auf Anfrage; Kloster und Klostergelände sollen als Ort der Stille geschützt werden.

Ihre Ansprechpartnerin bei uns ist

Sr. Maria Elisabeth Bücker OSB oder ihre Vertretung.

Benediktinerinnen-Abtei Maria Heimsuchung, Steinfeld/Eifel

🔊 Wir über uns

Unsere Abtei ist eine Gründung des belgischen Priorates Notre Dame/Ermeton. Fünf deutsche Schwestern kamen 1951 von dort nach Deutschland, um einen geeigneten Ort für eine Neugründung zu suchen. 1954 konnte in Steinfeld – auf einem Höhenzug der Nordeifel gelegen, 520 m ü. M – mit dem Aufbau des Klosters begonnen werden.
Heute (2001) zählt der Konvent 18 Schwestern.
An der täglichen Feier der Heiligen Messe und des Stundengebetes – im Gregorianischen Choral gesungen – teilzunehmen, sind Gäste herzlich eingeladen.
20 Gästezimmer stehen Einzelnen und kleinen Gruppen, die Besinnung und Vertiefung oder Orientierung im Glauben suchen, offen.
Den Gästen sollen Raum und Zeit geschenkt werden, in denen sie neu der Wirklichkeit des gegenwärtigen Gottes inne werden können – im mitfeiernden Vollzug der Liturgie, im stillen Gebet und Verweilen in der Abteikirche oder auch im begleitenden Gespräch mit einer der Schwestern.
Kloster und Kirche wurden 1958/59 durch Architekt Emil Steffann erbaut, der Gästebereich 1982/86 durch Architekt Prof. Gisberth Hülsmann – einem Schüler Emil Steffanns – erneuert und ergänzt.
Kreuz und Tabernakel sind Werke der Bildhauerin Hildegard Domizlaff (1898–1987). Die Orgel (14 Register) schuf Winfried Albiez, Lindau (1977). Die Muttergottesstatue ist böhmischen Ursprungs (15./16. Jh.).
Die Schwestern bereiten Weihrauch für die Liturgie.

A Unsere Adresse

Benediktinerinnenabtei Maria Heimsuchung
Hermann-Josef-Straße 6
53925 Kall-Steinfeld
Tel. 0 24 41/43 40 oder 52 62
Fax 0 24 41/77 02 05

▓ So finden Sie uns

Mit der DB: Strecke Köln – Trier bis Station Urft (2km) oder Kall (7km);

Mit dem Auto: Aus Richtung Köln auf der A1 Richtung Euskirchen/Trier bis zur Ausfahrt Nettersheim, dann Wegweiser Richtung Kall bis zur Linksabbiegung nach Urft/Steinfeld.

✐ Was wir Ihnen anbieten

- Exerzitien für Einzelgäste
- Exerzitien für Gruppen
- Tage der Stille
- Einkehrtage
- Geistliche Begleitung in Einzelgesprächen
- Mitfeier von Stundengebet und Eucharistie
- Teilnahme an den Hausarbeiten und an der Gartenarbeit
- *Weitere Angebote:* Gruppen mit Referenten oder Exerzitienbegleitern sind willkommen.

▓ Was wir von Ihnen erwarten

Richtsatz DM 63, Ermäßigung nach Absprache möglich.

𝗪 Ihre Ansprechpartnerinnen bei uns sind

Sr. Gertrudis Ehrtmann OSB; Sr. Monika Klehr OSB.

Benediktinerinnen-Abtei Mariendonk, Kempen

⊚ Wir über uns

Das Kloster Mariendonk wurde 1899 von Driebergen bei Utrecht (Holland) aus gegründet als Kloster der Benediktinerinnen der Ewigen Anbetung. Auf Wunsch der Schwestern kehrte man 1948 zur altmonastischen Lebensform zurück; im selben Jahr wurde Mariendonk zur Abtei erhoben unter der ersten Äbtissin Felicitas Berg. In den Jahren 1950 bis 1960 wurden die Landwirtschaft, die Paramentenwerkstätten mit Seidenweberei und die Handstickerei aufgebaut und ein Gästetrakt errichtet. 1964–1985 erfolgte die Neugestaltung des Chorgebetes entsprechend den Möglichkeiten, die das II. Vatikanische Konzil

eröffnet hatte. 1982 Weihe der zweiten Äbtissin Luitgardis
Hecker. Seit 1985 intensive wissenschaftliche Beschäftigung mit
der Theologie der Kirchenväter und Weitergabe in Biblisch-
Patristischen Seminaren, im Dienst der Seelsorge und in geist-
licher Begleitung.
Der gregorianische Choral wird in deutscher Sprache gesungen.
Heute leben 39 Schwestern in Mariendonk. Sie arbeiten in der
Hostienbäckerei, in der Landwirtschaft (Weidewirtschaft, Obst- und
Gemüseanbau), in den Paramentenwerkstätten, im Kerzenatelier, in
der Seelsorge, in der wissenschaftlichen theologischen Forschung
und in der Erwachsenenbildung, in den Arbeitsbereichen in Haus
und Küche, im Dienst der Mitschwestern und der Gäste.

A Unsere Adresse

Abtei Mariendonk
Niederfeld 11
47906 Kempen
Tel. 0 21 52/91 54-0
Fax 0 21 52/91 54-53 (für Anfragen bzgl. Gastaufenthalte
eigene Tel.- und Fax-Nr. siehe unten)
E-mail: mariendonk@t-online.de
http://www.mariendonk.de
http://www.paramenta.de

So finden Sie uns

Mit der DB: Hbf Köln, dort umsteigen in Richtung Kleve
bis Bahnhof Kempen. Von dort mit dem Taxi weiter
(60 Gehminuten), keine öffentlichen Nahverkehrsmittel!
Mit dem Auto: Über die A40 bis Ausfahrt Wankum/Grefrath,
dort rechts, Richtung Grefrath, nach 2 km links ab in Richtung
Kempen, hinter der Niersbrücke links zur Abtei.
Über die A61 bis Ausfahrt Viersen/Süchteln, dort Abfahrt rechts
und die zweite Ampel links, durch Hagenbroich. Rechts ab in die
B509 Richtung Kempen. In Mülhausen an der ersten Ampel links
(!), nicht geradeaus nach Kempen (!), an der zweiten Ampel
geradeaus; kurz hinter der Kirche am Kloster in der abbiegenden Vorfahrtsstraße geradeaus, nicht rechts ab nach Kempen(!).
Durch die Allee immer geradeaus, an der Abfahrt nach Kempen
geradeaus vorbeifahren (nicht rechts!), noch ca. 200 Meter bis
zur Abtei.

Über die A57 am AB-Kreuz Kaarst auf die A52, am AB-Kreuz Willich/Neersen auf die A44 bis zur Abfahrt Willich/Neersen, dort auf die B7, Anrath, Oedt, in Mülhausen immer geradeaus, kurz hinter der Kirche am Kloster vorbei in der abbiegenden Vorfahrtsstraße geradeaus, nicht rechts nach Kempen(!), und weiter wie oben.

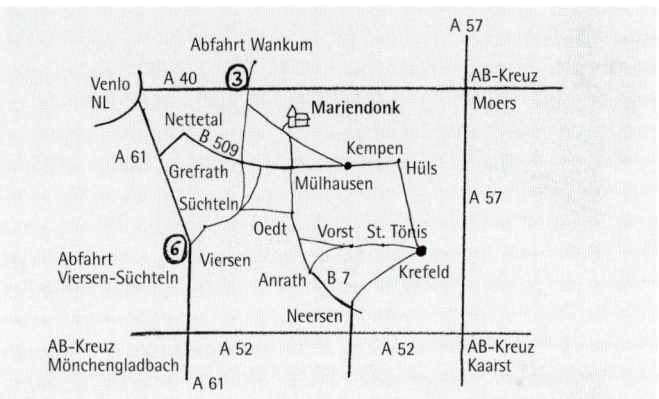

Was wir Ihnen anbieten
- Exerzitien für Einzelgäste und für Gruppen
- Tage der Stille (Besinnungswochenenden) mit Gesprächen und Zeiten des Schweigens
- Einkehrtage
- Geistliche Begleitung in Einzelgesprächen
- Mitfeier von Stundengebet und Eucharistie
- Teilnahme an den Haus- und Gartenarbeiten
- *Weitere Angebote:* »Kloster auf Zeit«, Biblisch-patristische Seminare, z.B. Wunder Jesu, Das Buch Exodus, Psalmen, Patriarchenerzählungen, jeweils im Frühjahr und im Herbst; Bibelwochenenden jeweils am ersten Wochenende im Monat von Freitag bis Sonntag; Bibelgespräche, Vorträge zur Theologie der Kirchenväter.

Wir haben ein Programm für Sie!

Was wir von Ihnen erwarten
Einfügung in den klösterlichen Tagesablauf und die häusliche Ordnung.

Im Gästetrakt des Klosters stehen 20 Gastzimmer zur Verfügung.

⚡ Ihre Ansprechpartnerin bei uns ist
Sr. Theresia Heither OSB, Tel. und Fax: 0 21 54/91 54-12;
E-mail: mariendonk@t-online.de

Benediktinerinnenpriorat Habsthal, Ostrach

🔎 Wir über uns

Von der Mitte des 13. Jahrhundert bis 1841 lebte an der Stelle des heutigen Benediktinerinnenpriorates ein Dominikanerinnen-konvent. Beginen aus dem nahe gelegenen Mengen übernah-men 1259 die Regel des heiligen Dominikus und führten ein kontemplatives Leben in Habsthal. 1892 besiedelten Benediktinerinnen aus Hermetschwil/Aargau das leer stehende Haus. Das Kloster ist seit 1986 selbständiges Konventualpriorat. Die Schwestern fertigen u.a. Paramente, Altar- und Kirchenwäsche an; ökologische Schaf- und Ziegenhaltung.

Die Barockkirche gehört zur oberschwäbischen Barockstraße und ist kunstvoll ausgestattet von Bernhard-Gottfried Götz und Matthäus Zehenter. Einzigartige Stuckaturen von Josef Anton Feuchtmeir und Hans Jörg Grießer.

A Unsere Adresse

Benediktinerinnenpriorat
Habsthal 20
88356 Ostrach
Tel. 0 75 85/6 56
Fax 0 75 85/93 58 45

🕌 So finden Sie uns

Mit der DB: Strecke Sigmaringen–Ulm am Bahnstation Mengen.
Per Abholdienst oder Taxi (7 km zum Kloster).

🌀 Was wir Ihnen anbieten

• Tage der Stille
• Geistliche Begleitung in Einzelgesprächen

- Mitfeier von Stundengebet und Eucharistie
- Teilnahme am Gemeinschaftsleben
- Teilnahme an den Hausarbeiten
- *Weitere Angebote:* Unterkunft im Klostergebäude; Gartenarbeit, Obsternte

◈ Was wir von Ihnen erwarten

Anpassung an die Gepflogenheiten des Hauses (Pünktlichkeit, Stille);
Hausordnung: 6.00 Matutin, 7.00 Eucharistiefeier mit Laudes, 12.15 Mittagshore, 17.30 Vesper, 19.30 Komplet.
Freitag 19.30 und Sonntag 10.00 Eucharistiefeier mit der Pfarrgemeinde in der Pfarr- und Klosterkirche.
Das Offizium wird deutsch gesungen.

⋙ Ihre Ansprechpartnerinnen bei uns sind

Sr. Kornelia; Sr. Walburga (in Vertretung).

Benediktinerinnen-Abtei
Unserer Lieben Frau Varensell

◉ Wir über uns

Benediktinerinnen von der Ewigen Anbetung aus Maria Hamicolt bei Dülmen gründeten 1902 das Kloster. 1948 wurde es zur Abtei erhoben, 1982 Anschluss an die Beuroner Benediktinerkongregation. Heute gehören 58 Schwestern zur Gemeinschaft. Im Mittelpunkt steht das Chorgebet (sechsmal tägl.) zum Lobpreis Gottes und für die Not der Menschen. Im Gebet öffnet sich das Leben auf Gott hin und gewinnt Weite. Die Arbeitsbereiche umfassen: Garten, Land- und Hauswirtschaft, Verwaltung, Paramentenwerkstatt und Hostienbäckerei, künstlerische und wissenschaftliche Tätigkeiten sowie die Arbeit im Klosterladen und in der Pastoral.

Gastfreundschaft ist für die Schwestern vorrangig. Im Gästehaus finden Suchende Begegnung, Stille und Schweigen. Sie können am Chorgebet teilnehmen und Gemeinschaft erfahren. Eine Oblatengemeinschaft versucht, das Leben in Familie und Beruf aus der Spiritualität des heiligen Benedikt zu gestalten. Auch die »Weggemeinschaft« bietet ein Forum der Begegnung, des Austausches und der gegenseitigen Hilfe.

A Unsere Adresse

Benediktinerinnen-Abtei Varensell
Hauptstraße 53
33397 Rietberg
Tel. 0 52 44 / 52 97
Fax 0 52 44 / 18 76
E-mail: Abtei Varensell@t-online.de

So finden Sie uns

Mit der DB: Nach Gütersloh, dann mit Bus Linie 77 (gegenüber dem Bahnhof, Steig E) nach Rietberg über Kloster. *Mit dem Auto:* Auf der A2 bis zur Ausfahrt 24 Gütersloh/Verl, dort in Richtung Verl nach Rietberg-Neuenkirchen, Abzweigung Varensell.

Was wir Ihnen anbieten

- Exerzitien für Einzelgäste
- Tage der Stille
- Einkehrtage
- Geistliche Begleitung in Einzelgesprächen
- Mitfeier von Stundengebet und Eucharistie
- Teilnahme an den Hausarbeiten
- *Weitere Angebote:* »Ora et labora«-Gäste können eine Zeitlang mit den Schwestern leben. Mitfeier der Kar- und Osterliturgie, Wüstentage, Familienwochenenden.

Wir haben ein Programm für Sie!

Was wir von Ihnen erwarten

VP für Einzelgäste DM 55, für »Ora-et-labora«-Gäste ist der Aufenthalt bei 4 Stunden Mitarbeit pro Tag unentgeltlich.

Ihre Ansprechpartnerin bei uns ist

Sr. Gisela Kleimann OSB.

Benediktinerinnen-Abtei
St. Gertrud, Tettenweis / Ndb.

⑤ Wir über uns

Die Abtei wurde 1899 von der Abtei Frauenchiemsee gegründet.
Die Schwestern arbeiten in der Steppdeckennäherei, im Wachs-
atelier, in der Paramentenstickerei und der Gärtnerei. Neuer-
dings produzieren sie Nudeln. Sie führen den örtlichen Kindergarten und ein Gästehaus. Inmitten des niederbayerischen
Bäderdreiecks gelegen (Bad Füssing-Bad Griesbach und Bad
Birnbach) wohnen Einzelne, Familien und Gruppen (10–20
Personen) in unserem Gästehaus. Derzeit leben 37 Schwestern
im Kloster.

Die Patronin des Klosters ist die heilige Gertrud von Helfta.
Das Chorgebet wird vorwiegend deutsch gehalten nach dem
Münsterschwarzacher Stundenbuch. Es gibt einen Kloster-
laden.

A Unsere Adresse

Benediktinerinnenabtei St. Gertrud
Hauptstraße 1
94167 Tettenweis
Tel. 0 85 34 / 97 09-0
Fax 0 85 34 / 97 09-100
E-mail: Abtei-Tettenweis@t-online.de

ℝ So finden Sie uns

Mit der DB: München – Mühldorf – Pocking oder Regensburg –
Passau – Pocking, von dort mit dem Taxi 6 km.
Mit dem Auto: Von München über die B12 oder B388 bis
Pocking, von dort in Richtung Vilshofen; von Regensburg über
die A3 zur Ausfahrt Pocking, dann über Ruhstorf in Richtung
Pfarrkirchen-Landshut.

⊂ Was wir Ihnen anbieten

• Gastaufenthalte
• Einkehrtage
• Mitfeier von Stundengebet und Eucharistie

- *Weitere Angebote:* Möglichkeit zur ambulanten Badekur in Bad Griesbach (10 Autominuten) oder Bad Füssing (20 Autominuten); drei Massagepraxen am Ort.

Wir haben ein Programm für Sie! Bitte schriftlich anfordern!

❧ Was wir von Ihnen erwarten
EZ/DZ mit Du/WC DM 50/90; EZ mit Etagendusche DM 40 (VP pro Tag). Wäschezuschlag bei 1-2 Ü DM 5.
Au-pair-Aufenthalt 1-2 Wochen nach Rücksprache möglich; Kost und Wohnung frei bei 4 Stunden Arbeitszeit pro Tag.
Keine Diätküche. Keine Haustiere.
Mithilfe beim kleinen Abwasch an der Pforte erbeten.
Alle Anmeldungen bitte nur schriftlich oder per Fax.

⋙ Ihre Ansprechpartnerin bei uns ist
Sr. Teresa; Sr. Veronika; Frau Wolowski (Pforte).

Benediktinerinnenabtei Maria Frieden, Zapfendorf

☙ Wir über uns
M. Edeltraud Danner OSB, ehemalige Tutzinger Missions-benediktinerin, gründete das Kloster am 23. Juni 1953. Am 18. Dezember 1973 wurde es zur Abtei erhoben. Heute leben 20 Schwestern hier. Sie unterhalten ein Gästehaus mit 55 Betten, einen landwirtschaftlichen, seit Herbst 2000 ökologisch bewirtschafteten Betrieb, eine Wachswerkstatt und sind im Religionsunterricht tätig. Im Klosterladen werden selbst ver-zierte Kerzen verkauft.

Der Konvent ist »international«, mit Schwestern aus Deutschland (7), Japan (1) und den Philippinen(10).
Das Chorgebet wird ausschließlich in Deutsch gebetet.

A Unsere Adresse
Abtei Maria Frieden
Kirchschletten 30
96199 Zapfendorf

Tel. 0 95 47 / 92 23-0
Fax 0 95 47 / 92 23-30
E-mail: AbteiMariaFrieden@t-online.de

So finden Sie uns

Mit der DB: Nach Zapfendorf, dort 3 km zum Kloster;
Abholdienst ist möglich, da ungünstige Busverbindung
Zapfendorf – Kirchschletten.
Mit dem Auto: Auf der A73 Nürnberg – Bamberg – Lichtenfels bis
zur Ausfahrt Zapfendorf/Scheßlitz, von dort aus ist der Weg
beschildert.

Was wir Ihnen anbieten

• Exerzitien für Einzelgäste und Gruppen
• Tage der Stille
• Einkehrtage
• Geistliche Begleitung in Einzelgesprächen
• Mitfeier von Stundengebet und Eucharistie
• Teilnahme am Gemeinschaftsleben
• Teilnahme an den Hausarbeiten
• *Weitere Angebote:* Exerzitien für Einzelgäste oder Gruppen
  sind generell möglich; zur Zeit kann von Seiten des Klosters
  jedoch keine Exerzitienleiterin gestellt werden.

Was wir von Ihnen erwarten

Es stehen 3 Gästehäuser zur Verfügung (Rauchverbot in
den Zimmern und Häusern).
Kostenerstattung bei VP pro Tag im Haus Benedikt DM 50,
im Haus Edeltraud DM 40, im Schutzengelhaus DM 30; bei
Einkehrtagen ist der Tagessatz für Verpflegung DM 25.
Erwartet wird Aufgeschlossenheit gegenüber der klösterlichen
Lebensform.

Ihre Ansprechpartnerin bei uns ist

Priorin Sr. Myriam Schmitt OSB,
Tel. 0 95 47 / 92 23-11;
Gästeschwester Sr. Lioba Kuhnlein OSB,
Tel. 0 95 47 / 92 23-23.

Benediktinerinnen der Anbetung Neustift, Ortenburg

✆ Wir über uns

1851 gründete der Weltpriester Alois Faller die Kongregation der Benediktinerinnen der Anbetung in Bellemagny/Elsass. 1925 entstand die bayerische Provinz in Neustift bei Vilshofen (Ndb.). Nach der Regel des heiligen Benedikt lebend sehen die derzeit 110 Schwestern der bayerischen Provinz ihren Grundauftrag in der Verherrlichung Gottes durch die tägliche Feier der Eucharistie, in der Anbetung und im gemeinsamen Chorgebet. In Kindergärten, einer Mädchenrealschule mit Tagesheim, einer Heimvolksschule mit Hort und Mädcheninternat, einem Altenheim und in der Krankenpflege sind sie caritativ tätig.

A Unsere Adresse

Benediktinerinnen der Anbetung Neustift
Klosterberg 25
94496 Ortenburg
Tel. 0 85 42/96 00-0
Fax 0 85 42/27 65 (Verwaltung)
oder 0 85 42/96 00 55 (Priorat)
E-mail: Priorat.Kloster.Neustift@t-online.de

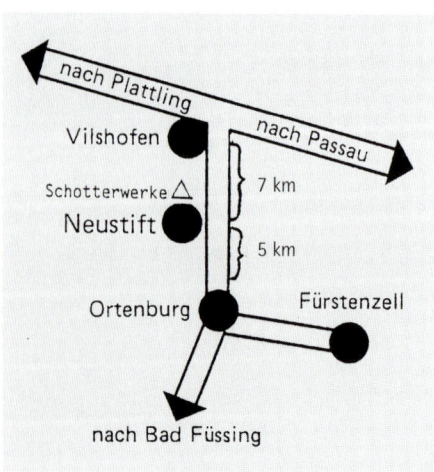

﷼ So finden Sie uns

Mit der DB: Auf der Strecke Regensburg–Passau bzw. München–Passau nach Vilshofen/Donau, von dort per Bus oder per Taxi (8 km) nach Neustift (Richtung Ortenburg). *Mit dem Auto:* Auf der B8 Regensburg–Passau oder der A3 bis zur Ausfahrt Garham-Vilshofen nach Neustift (Richtung Ortenburg).

Was wir Ihnen anbieten
- Exerzitien für Gruppen
- Tage der Stille
- Einkehrtage
- Geistliche Begleitung in Einzelgesprächen
- Mitfeier von Stundengebet und Eucharistie
- *Weitere Angebote:* Kontemplationskurse

Wir haben ein Programm für Sie!

Was wir von Ihnen erwarten
VP pro Tag EZ DM 50, DZ DM 45.
Ermäßigung für Jugendliche und Studierende.
Einhaltung der Tischzeiten und Beachtung der Hausordnung
(Stille, Rauchverbot).

Ihre Ansprechpartnerinnen bei uns sind
Sr. M. Siglinde Starnecker; Sr. Mirjam Hofbrückl;
Sr. M. Helene Binder.

Benediktinerinnen
vom Heiligsten Sakrament, Neuss

Wir über uns
Im 17. Jahrhundert, mitten in den Wirren des 30-jährigen
Krieges, gründete Mechthilde de Bar (1614-1698) auf der
Grundlage der Regel des heiligen Benedikt den Ordenszweig der
Benediktinerinnen vom Heiligsten Sakrament.
Neben dem feierlichen Chorgebet wissen sich die Schwestern in
besonderer Weise der eucharistischen Anbetung verpflichtet.

Das Kloster in Neuss wurde 1899 gegründet, 1943 fast völlig
zerstört, in den Jahren danach wieder aufgebaut.
Die heutigen Aufgaben umfassen Stickerei und Hostienbäckerei
und den Gästebetrieb.

A Unsere Adresse

Benediktinerinnen von Heiligsten Sakrament
Kloster Kreitz
Am Kreitz 1
41472 Neuss
Tel. 0 21 31 / 87 93
Fax 0 21 31 / 85 93 21

So finden Sie uns

Mit der DB: Bis Neuss-Holzheim, von dort ca. 15 Minuten
Fußweg; oder bis Neuss-Hbf, von dort mit dem Bus bis
Holzheim, Haltestelle Kreitzweg, dann ca. 5 Minuten Fußweg.
Mit dem Auto: Auf der A46 Neuss – Aachen Ausfahrt Holzheim;
am Ortseingang direkt links.

Was wir Ihnen anbieten

• Tage der Stille
• Einkehrtage
• Mitfeier von Stundengebet und Eucharistie
• Teilnahme an den Hausarbeiten

Termine nach Vereinbarung

Was wir von Ihnen erwarten

Der Aufenthalt ist kostenlos. Für eine Spende sind wir dankbar.

Ihre Ansprechpartnerin bei uns ist

Sr. Bernharda Wichmann OSB.

Benediktinerinnen vom Heiligsten Sakrament, Osnabrück

Wir über uns

Die französische Benediktinerin Mechthilde (Catherine) de Bar
gründete 1653 das Institut der Benediktinerinnen vom
Heiligsten Sakrament, 1854 entstand das Kloster Osnabrück.
Nachdem die Schwestern die ihnen übertragene Höhere
Töchterschule mit Pensionat an die Ursulinen abgeben konnten,
widmeten sie sich der Herstellung von Paramenten und Hostien.

Im Kulturkampf wurde der Konvent 1875 ausgewiesen. Die Rückkehr erfolgte 1898 in das neu erbaute und von einem großen Garten umgebene Kloster am Hasetorwall, wo derzeit 17 Schwestern leben. Mitte und Hauptaufgabe des kontemplativen Lebens des Konventes ist die Feier der Liturgie (Eucharistie und Stundengebet) und die eucharistische Anbetung.

Es bestehen eine Paramentenstickerei, eine Hostienbäckerei und eine Kerzenwerkstatt. An Umfang zugenommen hat das Briefapostolat per Internet und E-mail, das durch Telefonseelsorge im weitesten Sinn ergänzt wird. Das Wärmestübchen an der Klosterpforte bietet den »Brüdern von der Straße« Frühstück, Mittagsmahl und Nachmittagskaffee an.

A Unsere Adresse
Benediktinerinnen vom Heiligsten Sakrament
Hasetorwall 22
49076 Osnabrück
Tel. 05 41/6 38 19
Fax 05 41/6 10 35
Internet: www.benediktinerinnen-osnabrueck.de
E-mail: bene-o@tap.de

So finden Sie uns
Mit der DB: Hbf Osnabrück, von dort mit dem Bus oder zum Bahnhof Hasetor.
Mit dem Auto: Über die A1, A30 oder A33.

Was wir Ihnen anbieten
• Exerzitien für Einzelgäste
• Tage der Stille
• Einkehrtage
• Geistliche Begleitung in Einzelgesprächen
• Mitfeier von Stundengebet und Eucharistie
• Teilnahme an den Hausarbeiten

Ihre Ansprechpartnerin bei uns ist
Sr. Angelica Schmidt oder die jeweilige Gast- und Pfortenschwester.

Benediktinerinnen vom Heiligsten Sakrament – Kloster Bethanien, Trier

Wir über uns

Nach der Gründung im Jahre 1854 erfolgte 1922 der Umzug des Konventes nach Trier-Kürenz.
Neben dem Chorgebet und der Anbetung widmen sich die 14 Schwestern der Hostienbäckerei, der Paramentenstickerei und einer kleinen Landwirtschaft.

Unsere Adresse

Benediktinerinnen vom Heiligsten Sakrament
Domänenstraße 98
54295 Trier
Tel. 06 51/2 31 91
Fax 06 51/2 11 49
E-mail: Bethanien-Trier@t-online.de

So finden Sie uns

Mit der DB: Bis Hbf Trier, dann mit dem Stadtbus Linie 3 in Richtung Tarforst/Weidengraben/Irsch bis zur Haltestelle Arnoldistraße (7 Minuten). Das Kloster liegt oberhalb der Bonifatiuskirche (Wegweiser neben der Kirche).
Mit dem Auto: Auf der A1/48 Ausfahrt Trier/Verteilerring, am Ring dritte Einfahrt (Parkstraße) bis zur Kreuzung, dort links in die Avelsbacher Straße bis zur Tankstelle (rechts), die die Ecke der Domänenstraße bildet. Unmittelbar vor der Bonifatiuskirche links einbiegen. Diese Straße führt direkt zum Kloster hinauf, das hinter einem Wäldchen versteckt liegt.

Was wir Ihnen anbieten

• Tage der Stille
• Geistliche Begleitung in Einzelgesprächen
• Mitfeier von Stundengebet und Eucharistie
• Teilnahme an den Hausarbeiten

Was wir von Ihnen erwarten

Beteiligung an den Kosten für Unterkunft und Verpflegung nach den Möglichkeiten des Gastes in Form einer Spende.

Rücksicht auf die Atmosphäre der Stille (TV und Radio auf Zimmerlautstärke).
Fordern Sie einen Klosterprospekt an.

Ihre Ansprechpartnerinnen bei uns sind
Sr. Arnolda Michels; Sr. Mechthild Becker.

Benediktinerinnen vom Heiligsten Sakrament – Kloster Vinnenberg, Warendorf

Wir über uns

Im 13. Jahrhundert als Zisterzienserinnenabtei gegründet, wurde das Kloster 1465 mit Hilfe der Reformkräfte der Beersfelder Kongregation in eine Benediktinerinnenabtei umgewandelt. 1810 Aufhebung des Klosters auf Grund der Säkularisation, 1898 Wiederbesiedlung durch die Benediktinerinnen vom Heiligsten Sakrament. 1941 Beschlagnahmung des Klosters durch die Gestapo und auf Vermittlung durch Kardinal von Galen Ausweisung der Nonnen zur Burg Dinklage. 1945 Rückkehr der Schwestern und Wiederaufnahme des klösterlichen Lebens.
Die 12 Schwestern betreuen heute die Wallfahrtskirche, pflegen stellvertretend die Anbetung des Heiligsten Sakramentes, bieten Einzelexerzitien, Einkehrtage und »Kloster auf Zeit« an.
Die Geschichte des Klosters ist eng mit einer Darstellung Marias verbunden. Papst Bonifaz VIII. gewährte 1296 der kleinen Kirche als »Gnadenstätte« viele Ablassmöglichkeiten. Seit dem 17. Jahrhundert ist die Verehrung der »Mutter Gottes vom Himmelreich« weit verbreitet. Besonders in den Sommermonaten wallfahren viele Pilger zur Klosterkirche.

A Unsere Adresse

Benediktinerinnenkloster Vinnenberg
Beverstrang 37
48231 Warendorf
Tel. 0 25 84 / 10 07

So finden Sie uns

Mit DB oder Bus bis Warendorf; von dort mit Bus, Taxi oder dem Abholdienst des Klosters weiter.
Mit dem Auto: Über die B51 von Münster in Richtung Osnabrück nach Ostbevern, Abfahrt Warendorf-Vilbe. Von Osnabrück nimmt man die Abfahrt Glandorf.

Was wir Ihnen anbieten

- Exerzitien für Einzelgäste
- Tage der Stille
- Einkehrtage
- Geistliche Begleitung in Einzelgesprächen
- Mitfeier von Stundengebet und Eucharistie
- Teilnahme an den Hausarbeiten

Was wir von Ihnen erwarten

Kostenbeteiligung nach persönlicher Absprache

Ihre Ansprechpartnerin bei uns ist

Priorin Sr. Angela; Sr. Mirjam.

Benediktinerinnen von der heiligen Lioba Weggemeinschaft St. Placidus

Wir über uns

Am Epiphanietag, dem 6. Januar 1920 gründete Maria Benedikta Föhrenbach in Freiburg die Benediktinerinnen von der heiligen Lioba. Ihr Anliegen war es, benediktinisches Leben mit sozialer und seelsorgerischer Arbeit zu verbinden. Nach der kirchlichen Anerkennung als Kongregation von benediktinischen Schwestern 1927 erfolgte rasche Ausbreitung vor allem im Bistum Freiburg.
Tragende Kraft für den Einsatz in der Welt ist das benediktinische Chorgebet. Unter dem Wahlspruch »Von der Liebe nicht lassen« engagieren sich die Schwestern in den Nöten der Kirche, setzen sich ein besonders für Frauen und Kinder, z.B. im Kloster Wald (Gymnasium mit Internat), der Cella auf dem Petersberg/Fulda (Grab der heiligen Lioba), in der Weggemeinschaft

St. Placidus (Kloster zum Mitleben) und in Bophal/Indien und im Priorat in Kopenhagen/Dänemark.

Die Weggemeinschaft St. Placidus lädt zu einem offenen benediktinischen Klosterleben ein. Die Schwestern wollen mit den Frauen, die kommen, das Leben, den Glauben und die Arbeit teilen. Mittelpunkt ist die Eucharistie und die Suche nach Gott unter der Führung des Evangeliums. Eine geistliche Quelle im Kloster ist das Edith-Stein-Zimmer. Edith Stein war durch die Freundschaft mit einigen Schwestern im Haus St. Placidus öfter zu Besuch.

A Unsere Adresse

Weggemeinschaft St. Placidus im Kloster St. Lioba
Spitzackerstraße 16
79100 Freiburg
Tel. 07 61 / 2 90 97 24
Fax 07 61 / 2 92 94-39

So finden Sie uns

Mit der DB: Hbf Freiburg, dort mit der Tram Linie 4 in Richtung Günterstal zur Haltestelle Wiesenweg und dann zu Fuß den Wiesenweg hoch zur Riedbergstraße (erstes großes Gebäude links).

Mit dem Auto: Bis zur Autobahnausfahrt Freiburg-Mitte, von dort der Beschilderung in Richtung Stadtmitte folgen, an der rechts gelegenen Kirche St. Johann in Richtung Schauinsland bis Freiburg-Günterstal. Am Ortsanfang die erste Straße links in den Wiesenweg, der in die Riedbergstraße mündet.

Was wir Ihnen anbieten

- Exerzitien für Einzelgäste und Gruppen
- Tage der Stille
- Einkehrtage
- Geistliche Begleitung in Einzelgesprächen
- Mitfeier von Stundengebet und Eucharistie
- Teilnahme am Gemeinschaftsleben
- Teilnahme an den Hausarbeiten
- *Weitere Angebote:* Weggemeinschaft St. Placidus; Gästehaus St. Lioba, Riedbergstraße 3, 71900 Freiburg, Tel. 07 61/72 92 94-70.

Wir haben ein Programm für Sie!

🔖 Was wir von Ihnen erwarten

Kostenerstattung für Kurse sind aus dem Jahresprogramm, der aktuelle Tagessatz ist aus dem Prospekt »Gästehaus St. Lioba« ersichtlich. Bringen Sie bitte Bettwäsche, Handtücher und Hausschuhe mit.
Die »Weggemeinschaft St. Placidus« wird von unserer Gemeinschaft der Benediktinerinnen von der heiligen Lioba getragen. Durch Ihre Mitarbeit in Haus und Garten oder durch eine Spende können Sie sichtbar und spürbar einen Beitrag für die Bestreitung unserer Lebenskosten leisten.

〰️ Ihre Ansprechpartnerin bei uns ist

Sr. Maris Stella Voss OSB, Weggemeinschaft St. Placidus
im Kloster St. Lioba.

Kommunität Venio OSB, München

🄶 Wir über uns

Die Gemeinschaft entstand im Zusammenhang mit der Liturgischen Bewegung in den Jahren zwischen 1924 und 1926. Zur Kommunität des Stadtklosters gehören 23 Mitglieder und ein größerer Freundes- bzw. Oblatenkreis.

Die Schwestern sind Benediktinerinnen in einer spezifischen Ausprägung. Sie verbinden ihr benediktinisches Leben mit einer normalen Berufstätigkeit. Die Gottesdienste finden sowohl in streng geprägter Form (Choralamt, Stundengebet) als auch in offeneren Formen (Gebetskreis, Vigilien, Meditation) statt. Gäste können an allen Gebetszeiten teilnehmen.

A Unsere Adresse

Kommunität Venio OSB
Döllingerstraße 32
80639 München
Tel. 0 89 / 1 79 59 86
Fax 0 89 / 17 70 04
E-mail: Kommunitaet.Venio@t-online.de

So finden Sie uns

Mit der DB: Vom Münchner Hbf (Nord) mit der Tram Linie 16 oder 17 bis Haltestelle Romanplatz. Dort zu Fuß rechts in die Romanstraße, dann zweite Querstraße links in die Döllingerstraße.

Was wir Ihnen anbieten

- Exerzitien für Einzelgäste
- Tage der Stille
- Einkehrtage
- Geistliche Begleitung in Einzelgesprächen
- Mitfeier von Stundengebet und Eucharistie
- Zu bestimmten Zeiten Teilnahme am Gemeinschaftsleben

Wir haben ein Programm für Sie!

Ihre Ansprechpartnerinnen bei uns sind

Sr. Lucia Wagner OSB; Sr. Dorothee Lent OSB.

Missions-Benediktinerinnen, Bernried

Wir über uns

Im 1120 gegründeten ehemaligen Augustiner-Chorherrenstift leben seit 1949 die Missions-Benediktinerinnen mit heute 20 Schwestern. Sie führen ein Bildungshaus mit religiöser und sozialer Bildungsarbeit für Erwachsene, mit speziellen Angeboten für Familien und Frauen.

Das Kloster mit Hauskapelle und Meditationsraum, Bibliothek und Lesezimmer liegt in einem weitläufigen Garten direkt am Starnberger See und dem Bernrieder Nationalpark.

Unsere Adresse

Kloster der Missions-Benediktinerinnen
Klosterhof 8
82347 Bernried
Tel. 0 81 58/2 55-0
Fax 0 81 58/2 55-63
E-mail: kloster@bernried-obb.de

So finden Sie uns

Mit der DB: Auf der Strecke München – Kochel nach Bernried oder mit der S-Bahn S6 von München Hbf. nach Tutzing, dort umsteigen in die DB nach Bernried oder per Taxi (6 km) nach Bernried.

Mit dem Auto: Autobahn: München – Garmisch Ausfahrt Seeshaupt, dort der Beschilderung nach 6 km nordwestlich am See entlang. Kloster und Bildungshaus St. Martin liegen im Ortskern neben der Pfarrkirche.

Was wir Ihnen anbieten

- Exerzitien für Einzelgäste
- Exerzitien für Gruppen
- Tage der Stille
- Einkehrtage
- Geistliche Begleitung in Einzelgesprächen
- Mitfeier von Stundengebet und Eucharistie
- *Weitere Angebote:* Nach Vereinbarung

Wir haben ein Jahresprogramm mit Bildungsangeboten für Sie!

Was wir von Ihnen erwarten

Kostenerstattung Tagessatz VP DM 70;
Kontaktgespräch erforderlich
Aufgeschlossenheit und Suchbereitschaft werden erwartet.

Ihre Ansprechpartnerin bei uns ist

Sr. Irmengard Schoenen OSB.

Dienerinnen des Heiligen Geistes (Steyler Missionsschwestern), Aachen

Wir über uns

Arnold Janssen (1837-1909) gründete die »Dienerinnen des Heiligen Geistes«, die Steyler Missionsschwestern, im Jahre 1889 gemeinsam mit Helena Stollenwerk, Sr. Maria, und Hendrina Stenmans, Sr. Josefa, im niederländischen Grenzort Steyl als den ersten deutschen Missionsorden für Frauen. Er merkte, dass

ohne die Mitarbeit von Missionarinnen Frauen und Kinder in
Afrika, Asien, Amerika und Ozeanien nicht erreicht werden
konnten.
Die 3700 Schwestern aus vielen Ländern sind heute in ca.
40 Ländern der Erde in Pastoral- und Sozialarbeit, Kranken- und
Altenpflege, Erziehungs- und Bildungswesen vom Kindergarten
bis zur Universität und in der Medienarbeit tätig.

Die Schwestern in Aachen leben als kleine Kommunität in
einem kleineren Haus. Ihre Apostolate nehmen die Schwestern
größten Teils außerhalb des Hauses wahr. Die Eucharistie feiern
sie täglich in nahe gelegenen Pfarrkirchen mit. Zum
Stundengebet in der Hauskapelle sind Gäste willkommen.

A Unsere Adresse
Steyler Missionsschwestern
Hasselholzer Weg 16
52074 Aachen
Tel. 02 41 / 7 93 55
Fax 02 41 / 7 01 86 84

Wie Sie uns finden
Eine Wegbeschreibung wird Interessentinnen auf Anfrage
gerne zugeschickt.

Was wir Ihnen anbieten
• Tage der Stille nach Absprache
• Geistliche Begleitung in Einzelgesprächen nach Absprache
• *Weitere Angebote* können erfragt werden.

Was wir von Ihnen erwarten
Es werden ausschließlich Frauen aufgenommen, die bewusst
in einer religiösen Gemeinschaft Besinnung und Stille suchen
(kein Gäste- oder Erholungshaus).
Kostenerstattung nach Absprache

Ihre Ansprechpartnerin bei uns ist
Sr. Oberin.

Dienerinnen des Heiligen Geistes (Steyler Missionsschwestern) – Provinz Süddeutschland–Schweiz, Laupheim

Wir über uns

Der Dienst der Kongregation ist vorrangig die Verkündigung der Frohen Botschaft. Die Schwestern arbeiten in der Seelsorge, im Erziehungs- und Bildungswesen, in der Sozialarbeit und im caritativen Bereich. Sie setzen sich ein für Gerechtigkeit, Frieden und Bewahrung der Schöpfung und für missionarische Bewusstseinsbildung, Inkulturation, für die Rechte und die Würde der Frau.

A Unsere Adresse

Steyler Missionsschwestern
Dreifaltigkeitskloster
Albert-Magg-Straße 5
88471 Laupheim
Tel. 0 73 92 / 97 14-0
Fax 0 73 92 / 97 14-77
E-mail: SSpSLPH@online.de

So finden Sie uns

Mit der DB: Auf der Strecke Ulm – Friedrichshafen zur Bahnstation Laupheim-West oder durchgehend bis Laupheim-Stadt; bei Ausstieg Laupheim-West mit dem Bus bis ZOB (Zentraler Omnibus-Bahnhof), durch die Sebastianstraße zur Ulmer Straße, nach links zur Friedhofskapelle und Ampel, nächste Straße rechts zur Albert-Magg-Straße.
Mit dem Auto: Schnellstraße B30 Ulm – Friedrichshafen Ausfahrt Laupheim-Mitte, bei der Friedhofskapelle links in die Ulmer Straße, nächste Straße rechts.

Was wir Ihnen anbieten

• Exerzitien für Gruppen
• Tage der Stille
• Einkehrtage
• Geistliche Begleitung in Einzelgesprächen

- Mitfeier von Stundengebet und Eucharistie
- Teilnahme am Gemeinschaftsleben

Wir haben ein Programm für Sie!

⧄ Was wir von Ihnen erwarten
Die Kostenerstattung ist abhängig von der Art der Angebote und den finanziellen Möglichkeiten der Gäste.

⋙ Ihre Ansprechpartnerinnen bei uns sind
Sr. Oberin; Sr. Charlotte Irmler.

Steyler Missionsschwestern, Nettetal & Steyl

⟳ Wir über uns
Missionarinnen und Missionare aus aller Welt kommen alleine oder in Gruppen ins Herz-Jesu-Kloster, der Gründungs- und Begegnungsstätte einer weltweiten Gemeinschaft, um die Wurzeln ihrer Berufung neu zu entdecken und zu beleben. Das Kloster ist das spirituelle Zentrum für die »Missionarische Heilig-Geist-Gemeinschaft« (eine weltweite Gebets- und Apostolatsgemeinschaft) und für »Missionare und Missionarinnen auf Zeit« (MaZ). Es ist eine Pilgerstätte für diejenigen, die den Sarkophag der seligen Helena Stollenwerk aufsuchen wollen.

A Unsere Adressen
Dienerinnen des Heiligen Geistes
Steyler Missionsschwestern
Postfach 2308
41310 Nettetal;
Besuchsadresse: Herz-Jesu-Kloster Steyl
Zustersstraat 20
NL – 5935 BX Steyl-Tegelen
Tel. 00 31/77/3 76 42 00
Fax 00 31/77/3 74 02 24
E-mail: ssps.steyl@hetnet.nl (Herz-Jesu-Kloster);
M.keuck@hetnet.nl (Exerzitienabteilung)

⚏ So finden Sie uns

Mit der DB: DB-Strecke Mönchengladbach – Viersen – Venlo.
Von dort fährt bis 18 Uhr jede 1/2 Stunde der Bus Linie 30
»Reuver-Roermond« nach Steyl zur Haltestelle »Politiebureau«.
Das Kloster steht gut sichtbar rechts in 400 m Entfernung.
Das »Treintaxi« ab Bahnhof Venlo bis zur Zusterstraat kostet
7,50 Gulden.
Mit dem Auto: A61, Ausfahrt Kaldenkirchen/Straelen oder
A40 Duisburg – Venlo, Ausfahrt Straelen/Nettetal, dort weiter
über die B221 nach Kaldenkirchen, von dort nach Tegelen.
Der Beschilderung »Centrum« und »Steyl/Fähre Baarlo« folgen.

⌖ Was wir Ihnen anbieten

- Exerzitien für Gruppen
- Tage der Stille
- Einkehrtage
- Geistliche Begleitung in Einzelgesprächen
- Mitfeier von Stundengebet und Eucharistie
- Teilnahme am Gemeinschaftsleben nach Absprache
- Teilnahme an den Hausarbeiten nach Absprache
- *Weitere Angebote:* Mitfeier der kirchlichen Festzeiten an
  Weihnachten und Ostern

Wir haben ein Programm für Sie!

⚑ Was wir von Ihnen erwarten

Da die Klostergemeinschaft mit ihren Gästen unter einem Dach
lebt, wird die Bereitschaft erwartet, sich auf den geistlichen
Lebensrhythmus des Hauses einzulassen, um sich und anderen
die nötige Stille und Besinnung zu ermöglichen.
Kostenerstattung und evtl. Mitarbeit in Haus und Garten
nach Absprache.

⋙ Ihre Ansprechpartnerin bei uns

Sr. Margret Keuck, Tel. 00 31 / 77 / 3 76 42 41 (Durchwahl)

Arenberger Dominikanerinnen – Schwestern der hl. Katharina von Siena im III. Orden des hl. Dominikus in Arenberg, Koblenz

 Wir über uns

Verwurzelt in der Liebe des lebendigen GOTTES, ergriffen von Seinem Erbarmen zu uns Menschen wurde der hl. Dominikus (1170-1221) in einer Zeit tief greifender Verirrung zum befreienden Künder der Frohbotschaft. Das Heil des Menschen lag ihm am Herzen und drängte ihn an all die Orte, die gezeichnet waren von menschlicher Gebrochenheit und dem Hunger nach der Wahrheit. Sein Leben war Predigt, seine Predigt Leben.
Auf diesem Fundament begann Mutter M. Cherubine Willimann 1868 mit ihrer kleinen Gemeinschaft nach der Verwirklichung der »heilenden Liebe« im Hier und Jetzt zu suchen, da zu sein für alle, die nach dem Leben fragen. Dazu gab sie uns Katharina von Siena, die große Heilige des 14. Jahrhunderts zum Vorbild: Katharinas brennende Sehnsucht nach Gott in Jesus Christus, ihr leidenschaftliches Engagement für die Kirche und ihr kraftvolles Einstehen für die Wahrheit bleiben uns bis heute Ausrichtung auf unserem gemeinsamen Weg in Betrachtung, Gebet und Apostolat.

A Unsere Adresse

Kongregation der Arenberger Dominikanerinnen
Cherubine-Willimann-Weg 1
56077 Koblenz
Tel. 02 61 / 64 01-1
Fax 02 61 / 64 01-206
E-mail: Arenberger-Dominikanerinnen@t-online.de

So finden Sie uns

Mit der DB: Hbf Koblenz, dort mit dem Bus Linie 9 in Richtung Arenberg/Immendorf zur Haltestelle Pfarrer-Kraus-Straße
Mit dem Auto: A61/A48 zur Ausfahrt Bendorf/Neuwied, Richtung Vallendar, von dort in Richtung Koblenz-City bis Ehrenbreitstein, links ab in Richtung Montabaur, Niederberg;

in Arenberg vor der Pfarrkirche rechts ab (Ausschilderung: Mutterhaus der Dominikanerinnen). Oder A3, Ausfahrt Montabaur, auf die B49 in Richtung Koblenz/Bad Ems; ca. 1 km nach Neuhäusel rechts ab nach Arenberg, dort rechts Richtung Immendorf, weiter wie oben.

Was wir Ihnen anbieten
- Tage der Stille
- Geistliche Begleitung in Einzelgesprächen
- Mitfeier von Stundengebet und Eucharistie
- Teilnahme an den Hausarbeiten nach Absprache
- *Weitere Angebote:* »Zeit im Kloster« für Frauen, die die Gemeinschaft kennen lernen möchten, Hinführung zur Schriftmeditation. Das Haus steht für Exerzitiengruppen zur Verfügung.

Was wir von Ihnen erwarten
Offenheit für unser Leben.
Kostenerstattung nach Vereinbarung.

Ihre Ansprechpartnerin bei uns ist
Sr. M. Scholastika Jurt OP.

Dominikanerinnen St. Ursula, Augsburg

Wir über uns
1335 schlossen sich in Augsburg »Am Schwall« Frauen als Beginen zusammen, um ein gemeinsames religiöses Leben zu führen und den Armen und Kranken zu dienen. Diese Gemeinschaft bestand 60 Jahre als Beginenhof, bevor sie sich dem Predigerorden der Dominikaner anschloss. In der Zeit der Reformation mussten die Schwestern ihr Kloster verlassen. Nach der Säkularisation lebte das Kloster 1829 mit der Eröffnung einer Mädchenschule wieder auf. Es kam zu zahlreichen Neugründungen (Donauwörth, Landsberg a.L., Wettenhausen, Bad Wörishofen, King Williams Town/Südafrika) und zahlreichen neuen Aktivitäten, die erst der Nationalsozialismus unterband. Heute wirken die Schwestern in der Krankenpflege, im Kräuter-

verkauf, in der ordenseigenen Mädchenrealschule, im Musikunterricht, in der religiösen Frauenarbeit und Erwachsenenbildung und in der wissenschaftlichen Theologie.

Sie unterhalten ein Studentinnenwohnheim und ein Gästehaus für Einzelgäste; künstlerisch herausragende Paramente aus der ehemaligen ordenseigenen Werkstätte.

A Unsere Adresse
Dominikanerinnen Kloster St. Ursula
Bei St. Ursula 5
86150 Augsburg
Tel. 08 21 / 3 47 37-0
Fax 08 21 / 3 47 67-30
E-mail: kloster.st.ursula@t-online.de

So finden Sie uns
Mit der DB: Nach Augsburg, dort weiter per Taxi oder 20 Gehminuten.
Mit dem Auto: A8 Ausfahrt Augsburg-West, Richtung Innenstadt/Zentrum, Richtung Vogeltor, ab dort Informationen einholen, da z.Z. starke Veränderungen in der Verkehrsführung auf Grund einer Großbaustelle.

Was wir Ihnen anbieten
• Tage der Stille
• Mitfeier von Stundengebet und Eucharistie

Was wir von Ihnen erwarten
Kostenerstattung auf Anfrage.

Ihre Ansprechpartnerin bei uns ist
Priorin Sr. Emmanuela Freiwald OP.

Kloster der Dominikanerinnen, Wettenhausen

Wir über uns

Die Dominikanerinnen von St. Ursula in Augsburg gründeten das Kloster im Jahr 1865, um die weibliche Jugend zu unterrichten; im Laufe der Jahre entstanden verschiedene Schularten. Heute besteht ein Gymnasium mit einem musischen und einem wirtschaftswissenschaftlichen Zweig, das seit 1981 vom Schulwerk der Diözese Augsburg getragen wird. Die 20 Schwestern sind überdies in Haus und Garten, in der Bäckerei und an der Pforte tätig und betreuen Kranke.

Das von den Augustiner Chorherren erbaute barocke Kloster birgt reiche Kunstschätze.
Seit drei Jahren besteht ein monatlicher »Klostertreff« mit spirituellen und kulturellen Angeboten mit gemeinsamer Vesper.

A Unsere Adresse

Kloster der Dominikanerinnen
Ortsteil Wettenhausen
89358 Kammeltal
Tel. 0 82 23 / 40 04-0
Fax 0 82 23 / 40 04-44

So finden Sie uns

Mit der DB: Bahnstation Günzburg, von dort mit dem Taxi nach Wettenhausen.
Mit dem Auto: Auf der Autobahn München – Stuttgart bis zur Ausfahrt Burgau, von dort über Jettingen nach Wettenhausen; von Stuttgart kommend bis zur Ausfahrt Günzburg, von dort in Richtung Krumbach nach Wettenhausen.

Was wir Ihnen anbieten

• Tage der Stille
• Mitfeier von Stundengebet und Eucharistie
• Teilnahme an den Hausarbeiten

Wir haben ein Programm für Sie!

◙ Was wir von Ihnen erwarten

Kostenerstattung auf Spendenbasis je nach Möglichkeit.

⋙ Ihre Ansprechpartnerinnen bei uns sind

Sr. M. Gabriela Heim; Sr. Amanda Baur

Dominikanerinnenkloster Heilig Kreuz, Regensburg

⑤ Wir über uns

Die beschauliche Gemeinschaft besteht ohne Unterbrechung seit 1233 und ist gegründet worden, damit die Schwestern »als Hüterinnen der Stadt im Westen« Gebetswacht halten und den Segen Gottes auf Stadt, Kirche und Welt erflehen.
1803 konnte die Säkularisation durch die Übernahme des Schuldienstes in vom Kloster bereitzustellenden Räumen abgewendet werden. In den 50er-Jahren des 19. Jahrhunderts folgten mehrere Schwestern dem Ruf in die USA, um dort die Kinder deutscher Immigranten zu unterrichten. Im Laufe der Zeit entstanden 12 Kongregationen, die ihren Ursprung auf das Kloster in Regensburg zurückführen und zu denen z.T. noch enge Beziehungen bestehen.

Der Name des Klosters leitet sich von einem spätromanischen Kruzifix ab, das bei der Umgestaltung der Klosterkirche in der Mitte des 18. Jahrhunderts seinen Platz über dem Hochaltar fand. Die Kirche gilt als Juwel des Regensburger Rokoko.

A Unsere Adresse

Dominikanerinnenkloster Heilig Kreuz
Am Judenstein 10
93047 Regensburg
Tel. 09 41 / 5 11 92
Fax 09 41 / 5 99 85 35
Internet: www.heilig-kreuz.com
E-mail: konvent@heilig-kreuz.com

So finden Sie uns

Mit der DB: Es empfiehlt sich, am Hbf Regensburg ein Taxi zu nehmen.

Mit dem Auto: A93 München–Weiden Ausfahrt Regensburg-Prüfening oder Ausfahrt Regensburg-West, Richtung Stadtmitte, bis zum Jakobstor. Nach diesem in die erste Straße links (Stahlzwingerweg), dann rechts zum Nonnenplatz, wieder rechts (Am Judenstein), dann rechts in den Klosterhof.

Was wir Ihnen anbieten

• Teilnahme an der Liturgie (Eucharistie und Stundengebet)
• *Weitere Angebote:* Kirchenführung, Gespräche im Sprechzimmer, meditatives Tonbild über das Kloster und das Leben der Schwestern

Ein Klosterprospekt kann angefordert werden.

Was wir von Ihnen erwarten

Frühzeitige Anmeldung und Vereinbarung des Termins, Mitteilung der Ankunftszeit sowie rechtzeitige Abmeldung bei Verhinderung.

Ihre Ansprechpartnerin bei uns ist

Sr. Margarete Reisinger OP.

Dominikanerinnen Unserer Dienenden Frau – Kloster St. Katharina von Siena, Düsseldorf

Wir über uns

Die Gemeinschaft wurde 1954 von Sr. Barbara M. Jager ins Leben gerufen und 1956 kanonisch errichtet. Die »berufstätigen Dominikanerinnen« suchen eine organische Verbindung der wesentlichen Bestandteile des Ordenslebens (gemeinsames Leben, Chorgebet, Betrachtung, Gelübde) und Beruf inmitten der Welt. Sie wenden sich damit den arbeitenden Menschen zu, von denen viele Gott verloren haben. Ihnen wollen sie ihren

Glauben an Gott und seine Liebe zu den Menschen bezeugen, auch ohne Worte. Dazu tragen sie weltliche Kleidung. Viele Menschen suchen aber auch das Kloster auf, um sich in Stille, Gebet und Gespräch neu zu orientieren. Deshalb ist das Kloster bewusst auch in seinen Ausmaßen für die Aufnahme von Gästen gebaut worden.

Das Kloster am Waldrand ist ein schlichter fünfeckiger Bau mit Kapelle in Ziegelbauweise. Es beeindruckt in allen seinen Räumen durch eine sehr schöne, klare und einfache Gestaltung durch den Architekten Dr. Emil Steffann, die ganz auf die geistliche Aufgabe des Klosters abgestimmt ist. Der Kreuzgang umläuft einen gärtnerisch gestalteten Innenhof. Das Kloster ist von einem großen parkähnlichen Garten umgeben. Zwei Plastiken der Künstlerin Yrsa von Léistner an den Außenmauern, Christus und Katharina von Siena, weisen auf den religiösen Charakter des Hauses hin.

A Unsere Adresse
Dominikanerinnenkloster St. Katharina von Siena
Rahmer Straße 50
40489 Düsseldorf
Tel. 02 03 / 74 27 66
Fax 02 03 / 7 48 11 99
Internet: www.Dominikanerinnen-Angermund.de
E-mail: info@Dominikanerinnen-Angermund.de

So finden Sie uns
Mit der DB: Angermund liegt an der S-Bahn-Linie S1 Dortmund – Essen – Duisburg – Angermund – Düsseldorf. S1 bis Haltestelle Angermund, Fußweg vom Bahnhof aus 20 Minuten.
Mit dem Auto: Von der A3 Oberhausen – Frankfurt am Breitscheider Kreuz in Richtung Krefeld A524 bis zur Ausfahrt Düsseldorf-Angermund (etwa 4 km). Sofort nach dem Ortsschild Düsseldorf links einordnen. Oder von Düsseldorf auf der B8 nach Kaiserswerth, von dort der Beschilderung nach Angermund folgen. Am Ortsende von Angermund links in Richtung Duisburg, nach 500 m liegt das Haus auf der rechten Seite. Oder von Duisburg auf der A59 bis zum Ende, dort in Richtung Essen bis zur Ausfahrt Angermund.

☞ Was wir Ihnen anbieten

- Exerzitien für Gruppen (mit eigenem Referenten)
- Tage der Stille
- Einkehrtage (mit eigenem Referenten)
- Mitfeier von Stundengebet und Eucharistie
- Teilnahme am Gemeinschaftsleben und an den Hausarbeiten nach Absprache
- *Weitere Angebote:* Einkehrnachmittage und -wochenenden für Gruppen in Absprache mit Sr. Hede-Maria Windeck als Referentin möglich. Mitfeier der Kar- und Osterliturgie von Gründonnerstag bis Ostersonntag.

✎ Was wir von Ihnen erwarten

Tagessatz EZ 60 DM, Jugendliche u. Studierende Ermäßigung. Die Pforte schließt um 22h. Die Gemeinschaft pflegt einen bewusst einfachen Lebensstil (EZ mit fl. warmen und kaltem Wasser, keine Nasszellen in den Zimmern).

〰 Ihre Ansprechpartnerinnen bei uns sind

Gastschwester Sr. Mechthild M. Döll;
Priorin Sr. Cäcilia M. Prauschke.

Dominikanerinnen von Bethanien, Schwalmtal-Waldniel

⑥ Wir über uns

Der französische Dominikanerpater Johannes Joseph Lataste gründete 1866 in Frasne/Frankreich die Kongregation der Dominikanerinnen von Bethanien (von Montferrand). 1914 ging daraus auf Grund der Kriegswirren die niederländisch-deutsche Gemeinschaft hervor. 1952 kam es zu ersten deutschen Gründung in Schwalmtal-Waldniel. Hier sowie in Bergisch Gladbach – Refrath und in Eltville – Erbach/Rheingau unterhält die Kongregation ein Kinderdorf. Daneben widmen sich die Schwestern der Gefängnisseelsorge sowie »Frauen in Not«.

A Unsere Adresse

Dominikanerinnen von Bethanien in Deutschland e.V.
Ungerather Straße 1-15

41366 Schwalmtal – Waldniel
Tel. 0 21 63 / 49 02-0
Fax 0 21 63 / 49 02-142
Internet: www.dominikanerinnen-von-bethanien.de
E-mail: Sr.Judith@t-online.de

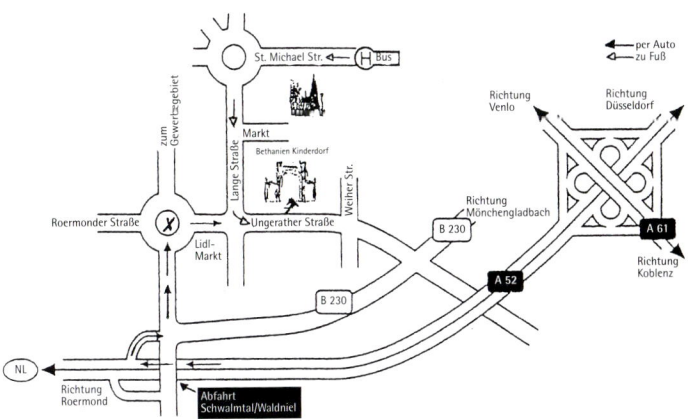 So finden Sie uns

Mit der DB: Hbf Mönchengladbach, vom Busbahnhof dem Hbf
gegenüber mit dem Schnellbus SB 83 oder 13 bis Schwalmtal-
Waldniel, Haltestelle »Kirche«. Dort zu Fuß bis zum Kreisverkehr,
am Kreisverkehr links in die Lange Straße, an der Mauer vorbei
und an der Ampel links in die Ungerather Straße, wieder an der
Mauer entlang bis zur Fußgängerampel links in das große Tor.
Mit dem Auto: A52 nach Mönchengladbach/Roermond bis
Ausfahrt Schwalmtal/Waldniel. An der Ampel links bis zum
Kreisverkehr, Ausfahrt Waldniel, am Lidl-Markt vorbei, an der
Ampelkreuzung geradeaus. Linkerhand liegt das Kinderdorf hin-
ter einer großen Mauer, die Einfahrt ist direkt vor der
Fußgängerampel.
Aus Richtung Koblenz auf der A61 in Richtung Mönchen-
gladbach, dann auf die A52 in Richtung Roermond bis Abfahrt
Schwalmtal/Waldniel. Weiter wie oben.
Aus Richtung Moers/Duisburg A57 in Richtung Krefeld/Neuss.
Am Kreuz Strümp auf die A44 in Richtung Neersen. Am Kreuz
Neersen auf die A52 in Richtung Mönchengladbach/Roermond
und weiter wie oben.

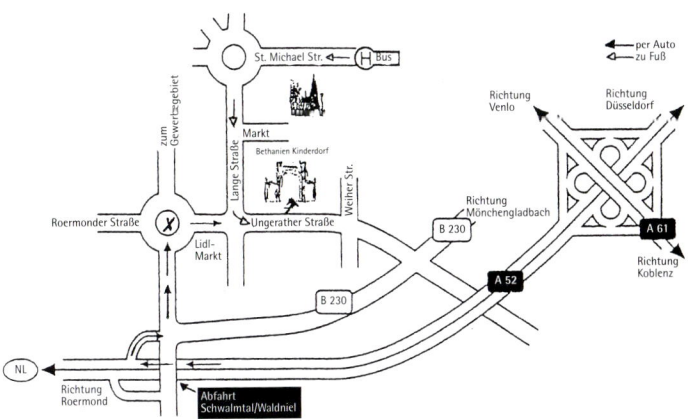

✆ Was wir Ihnen anbieten

- Exerzitien für Einzelgäste
- Tage der Stille
- Geistliche Begleitung in Einzelgesprächen
- Mitfeier von Stundengebet und Eucharistie
- Sr. Judith Moormann vermittelt ggf. auch Aufenthalte für Gäste in den anderen Häusern, in denen Schwestern der Kongregation leben: Bergisch Gladbach, Eltville-Erbach, Aldenhoven, Frankfurt, Essen und Leipzig.

Wir haben ein Programm für Sie!

▚ Was wir von Ihnen erwarten

Kostenerstattung nach eigenem Ermessen. Allen Besucherinnen wird wie den eigenen Schwestern der Schutz der Diskretion gewährt.

⋙ Ihre Ansprechpartnerin bei uns ist

Sr. Judith Moormann OP.

Institut St. Dominikus, Speyer

⟲ Wir über uns

Unsere Diözesankongregation wurde 1852 von Bischof Nikolaus von Weis zur Bildung und Erziehung der weiblichen Jugend in der Diözese Speyer gegründet. 1893 wurden wir in den Dominikanerorden eingegliedert. Heute sind wir apostolisch tätig in Schulen, Jugendhilfe-Einrichtungen und Krankenhäusern, in der Seelsorge und in der Mission in Ghana. Unsere Gemeinschaft zählt ca. 300 Schwestern.

Die Gemeinschaft Osma – eine kleine Gemeinschaft innerhalb des Instituts – pflegt neben ihrer Berufsarbeit und den gemeinsamen Gebetszeiten besonders das Schriftgespräch, die Kontemplation (das schweigende Gebet) und den biblischen Tanz. Ihr gemeinsames Apostolat besteht in der Aufnahme und Begleitung von Gästen.

A Unsere Adresse

Institut St. Dominikus
Vincentiusstraße 4
67346 Speyer/Rh.
Tel. 0 62 32 / 9 12-217
Fax 0 62 32 / 9 12-255

So finden Sie uns

Mit der DB: Aus Richtung Mannheim über Ludwigs-
hafen – Schifferstadt – Speyer oder aus Richtung Karlsruhe über
Germersheim – Speyer.
Mit dem Auto: Von der A61, Ausfahrt Speyer, auf die B9 zur
Abfahrt Speyer Dudenhofen, Neustadt, Haßloch auf die B39
in Richtung Speyer, an der ersten Ampel rechts in die Freiherr-
vom-Stein-Straße, an deren Ende links in die Otto-Mayer-
Straße, am Ende rechts in die Vincentiusstraße.

Was wir Ihnen anbieten

- Tage der Stille
- Geistliche Begleitung in Einzelgesprächen
- Mitfeier von Stundengebet und Eucharistie
- Teilnahme am Gemeinschaftsleben
- Teilnahme an den Hausarbeiten
- *Weitere Angebote:* Tage zur Glaubensvertiefung, zur Lebens-
  orientierung, zur Einübung in das schweigende Gebet
  (Kontemplation); Tanz-, Meditations- und Kontemplations-
  wochenenden.

Wir haben ein Programm für Sie!

Was wir von Ihnen erwarten

Pro Tag eine Spende zwischen DM 10 und DM 50 je nach
eigenen Möglichkeiten, die volle Teilnahme an unserer Gebets-,
Lebens- und Arbeitsgemeinschaft.

Ihre Ansprechpartnerinnen bei uns sind

Sr. Mechthild Fricke OP; Sr. Monika Gessner OP.

Missions-Dominikanerinnen, Neustadt am Main

⑥ Wir über uns
Das Kloster wurde 1909 als Missionshaus gegründet. Die Zentrale befindet sich in Südafrika unter der offiziellen Bezeichnung »Kongregation der Missions-Dominikanerinnen der heiligen Katharina von Siena, von Oakford/Natal«. Heute leben und arbeiten die Schwestern in Südafrika, Argentinien, den USA, England und Deutschland in der Jugend- und Erwachsenenbildung, in Schule und Erziehung, Pastoral und Behindertenarbeit sowie in der Kranken- und Altenpflege. Die Gemeinschaft zählt 225 Mitglieder, davon 70 Schwestern in Deutschland in 4 Kommunitäten.

Für Menschen, die in geistlicher Atmosphäre mit den Schwestern leben und beten wollen, stehen einige Gästezimmer zur Verfügung.

A Unsere Adresse
Missions-Dominikanerinnen
Konvent St. Josef
Klosterhof 3
97845 Neustadt
Tel. 0 93 93/10 67
Fax 0 93 93/16 44 (Provinzialat)

⚘ So finden Sie uns
Mit der DB: Auf der Strecke Aschaffenburg–Würzburg zum Bahnhof Lohr am Main, dort weiter mit dem Bahnbus in Richtung Marktheidenfeld.
Mit dem Auto: Auf der A3 Frankfurt–Würzburg Ausfahrt Marktheidenfeld, von dort in Richtung Lohr am Main.

☞ Was wir Ihnen anbieten
• Tage der Stille
• Einkehrtage
• Geistliche Begleitung in Einzelgesprächen
• Mitfeier von Stundengebet und Eucharistie

Was wir von Ihnen erwarten

Wir nehmen Gäste auf, die Stille suchen und in geistlicher Umgebung leben möchten (maximal 14 Tage). Kostenerstattung auf Anfrage. Teilnahme am Gemeinschaftsleben nach Absprache.

Ihre Ansprechpartnerinnen bei uns sind

Die Priorin des Konventes für die Anmeldung; Sr. Christiane Sartorius OP als Geistliche Begleiterin und andere Schwestern.

Missionsdominikanerinnen vom Heiligsten Herzen Jesu Kloster St. Dominikus – Strahlfeld

Wir über uns

Im 13. Jahrhundert entstand ein Strahlfelder Schlossgut, das 1747 einem Kloster mit schottischen Mönchen in Regensburg zugesprochen wurde. Diese errichteten in Strahlfeld eine Niederlassung, die bis 1862 bestand. Nach wechselnden Besitzern erwarben 1917 zwei Dominikanerinnen, die auf Erholungsurlaub aus Afrika in Deutschland waren, die verwahrloste Schlossruine und gründeten dort die erste deutsche Niederlassung ihrer Kongregation. Das Kloster ist heute Heimat für ca. 70 betagte Schwestern, die meist in der Mission tätig waren. Einige Gebäude dienen heute als Bildungs- und Erholungszentrum der KAB.

Das eindrucksvolle Kloster mit seinen Gartenanlagen verfügt über eine 1954 gebaute und 1995 neu gestaltete Klosterkapelle, einen Klosterladen und eine kleine Missionsausstellung sowie Farbkompositionen auf Seide von Sr. Flavia.

A Unsere Adresse

Kloster St. Dominikus
Am Jägerberg 2
93426 Roding

Tel. 0 94 61 / 21 65 o. -21 58 o. -4365
Fax 0 94 61 / 46 75
E-mail: Dominikanerinnen.Strahlfeld@t-online.de

So finden Sie uns

Mit der DB: Aus Nürnberg oder Regensburg auf der Strecke
Schwandorf – Furth i. Wald zur Bahnstation Roding.
Mit dem Auto: Aus München über die A3 München-Regensburg
auf die A93 Richtung Cham, weiter auf die B85 zwischen
Schwandorf und Roding oder auf die B16 Regensburg – Neubäu
nach Strahlfeld.
Aus Nürnberg über die A3 zur A6 Amberg/Schwandorf auf die
B85 Richtung Cham zwischen Schwandorf und Roding.

Was wir Ihnen anbieten

- Tage der Stille
- Geistliche Begleitung in Einzelgesprächen
- Mitfeier von Stundengebet und Eucharistie
- Teilnahme an Gemeinschaftsleben und Hausarbeit
- *Weitere Angebote:* Meditations- und Besinnungstage in
  Zusammenarbeit mit der KAB.
  Auf Anfrage: Kreativkurse, besonders Seidenmalerei, »Atem
  holen«, Begleitung und Vorbereitung auf einen missionari-
  schen Einsatz auf Zeit.
  Unterkünfte können auch gebucht werden über die Zimmer-
  reservierung der KAB, Am Jägerberg 2, 93426 Roding und
  über Pensionen am Ort.

Was wir von Ihnen erwarten

Bei Mitarbeit, mindestens vier Stunden pro Tag, ist der Aufenthalt kostenlos, ansonsten beträgt der Tagessatz DM 40,00 bis
DM 50,00 (€ 20,00 – 25,00) bei gemeinsamen Mahlzeiten mit
den Schwestern im Speisesaal.

Ihre Ansprechpartnerin bei uns ist

Sr. Manuela Klingenhäger.

Missionsdominikanerinnen von Schlehdorf

✆ Wir über uns

Die Gemeinschaft ist mit ca. 400 Schwestern in Südamerika (Bolivien/Ecuador), Südafrika, Simbabwe, England, Irland, Holland, der Schweiz und in Deutschland als internationale Kongregation tätig. In Deutschland leben 82 Schwestern in kleinen und einer großen Gemeinschaft, neben Schlehdorf auch in Gaildorf und Schondorf, Württemberg, sowie in München. Die Schwestern sind sich der Vernetzung und der sakramentalen Dimension allen Lebens in einem sich dynamisch entwickelnden Universum bewusst. Aus Gott, dem bedingungslos menschenfreundlichen Urquell heraus antworten sie mit aller Kraft des Herzens auf den Notschrei der Welt.

Die Schwestern führen das Gäste- und Seminarhaus Haus Dominikus, eine Realschule und einen Klosterladen mit Produkten aus eigener Herstellung.

A Unsere Adresse

Missions-Dominikanerinnen
Kirchstraße 9
82444 Schlehdorf
Tel. 0 88 51 / 1 81-1810
Fax 0 88 51 / 1 81-181
Internet: www.schlehdorf.org

𝕽 So finden Sie uns

Mit der DB: Von München über Tutzing nach Kochel oder über Weilheim nach Murnau, von dort mit dem Bus nach Schlehdorf.
Mit dem Auto: Auf der Autobahn: München – Garmisch-Partenkirchen Ausfahrt Großweil, von dort in Richtung Kochel nach Schlehdorf; oder auf der Landstraße von Kochel in Richtung Murnau (5 km) oder von Murnau in Richtung Kochel (12 km).

⌖ Was wir Ihnen anbieten

• Exerzitien für Gruppen
• Tage der Stille

- Einkehrtage
- Geistliche Begleitung in Einzelgesprächen
- Mitfeier von Stundengebet und Eucharistie
- Teilnahme am Gemeinschaftsleben
- *Weitere Angebote:* Aufwindtage für Ruhe- und Erholungssuchende; »Kloster auf Zeit«/Tage im Kloster für Frauen, die ihren Glauben vertiefen und das Ordensleben kennen lernen wollen. Bitte fordern Sie einen Prospekt »Haus Dominikus« an: E-mail: haus.dominikus@t-online.de

Wir haben ein Programm für Sie!

Was wir von Ihnen erwarten

Tagessätze sind dem Prospekt »Haus Dominikus« zu entnehmen. Beim »Kloster auf Zeit« werden die Kostenerstattung für Unterkunft und Verpflegung durch stundenweise Mitarbeit im Haus gedeckt.

Ihre Ansprechpartnerin für die Klostergemeinschaft bei uns ist

Sr. Margit Bauschke OP, E-mail: margit.bauschke@firemail.de

Arme Franziskanerinnen von der Heiligen Familie zu Mallersdorf

Wir über uns

Am 2. März 1855 gründete Dekan Dr. Paul Josef Nardini die Gemeinschaft in Pirmasens, um der großen Not in seiner Pfarrei abzuhelfen. Nardinini übertrug zwei jungen Frauen, die zu einem gemeinsamen klösterlichen Leben bereit waren, die Betreuung und Erziehung verlassener Kinder und Alten- und Krankenpflege. Nach dem Tod des Stifters (1862) verlegte die Ordensleitung das Mutterhaus in die ehemalige Benediktinerabtei Mallersdorf (1869); daher kommt der Name »Mallersdorfer Schwestern«. Nach dem Wahlspruch der Kongregation »Die Liebe Christi drängt uns« (2 Kor 5,14) arbeiten die Schwestern im Sinn des Stifters in der Kranken- und Altenpflege, Kindergarten, Heim und Schule, in kirchlichen Bildungshäusern und Seminarien. Niederlassungen bestehen in Bayern, in der Rheinpfalz, in Südafrika und Rumänien.

Die ehemalige Klosterkirche, jetzt Pfarrkirche, birgt kostbare Rokoko-Werke des Bildhauers Ignaz Günther und des Stukkateurs und Bildhauers Mathias Obermayr aus Straubing. Die Neugestaltung der Schwesternkapelle oblag dem Künstler Br. Benedict Schmitz.

A Unsere Adresse

Kloster Mallersdorf
Klosterberg 1
84066 Mallersdorf-Pfaffenberg
Tel. 0 87 72 / 69-0
Fax 0 87 72 / 69-230

So finden Sie uns

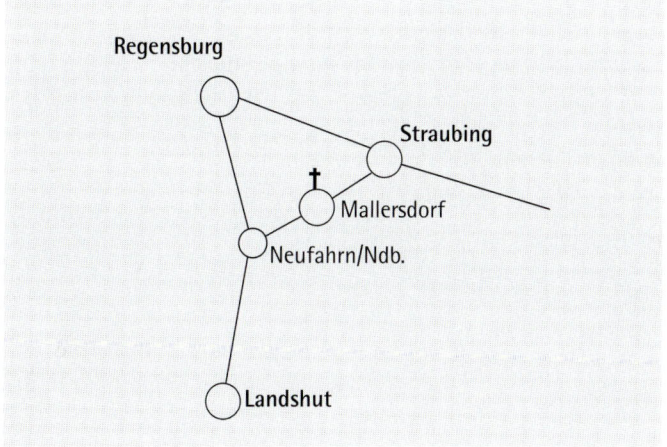

Was wir Ihnen anbieten

- Mitfeier von Stundengebet
- *Weitere Angebote:* Begleitete Angebote für Mädchen und junge Frauen. Tage im Kloster für junge Frauen, die auf der Spur ihrer persönlichen Berufung sind.

Wir haben ein Programm für Sie!

Was wir von Ihnen erwarten
Bereitschaft, sich den Gegebenheiten des Klosters anzupassen.
Kostenerstattung nach Absprache.

Ihre Ansprechpartnerin bei uns ist
Sr. M. Ariane Huber, Tel. 0 87 72/69-147.

Armen-Schwestern von heiligen Franziskus – Haus Damiano, Aachen

Wir über uns
Das Haus wurde 1992 von den Armen-Schwestern vom heiligen
Franziskus errichtet. Ihr ursprüngliches Anliegen, die Berufungs-
pastoral, verstehen sie heute als Angebot an alle, die nach ihrer
persönlichen Berufung als Christ/in suchen. Dazu wollen sie ihr
Leben teilen, bieten jenen Exerzitien und Geistliche Begleitung
und ihre Gastfreundschaft an, die Ruhe und Besinnung suchen.
So ermutigen sie Menschen bei ihrer persönlichen Suche.

Das Haus ist eine »offene Klausur« mit 5 EZ und 4 DZ
in Waldnähe am Stadtrand von Aachen.

A Unsere Adresse
Haus Damiano
I. Rote-Haag-Weg 16
52076 Aachen
Tel. 02 41/60 79 51
Fax 02 41/9 97 11 88

So finden Sie uns
Mit der DB: Hbf Aachen, dort mit Bus Linie 14 bis Jahnplatz. An
der Haltestelle »Normaluhr« fahren die Busse Linie 7, 27, 37 und
77 zum Jahnplatz.
Mit dem Auto: A44 in Richtung Lüttich Ausfahrt Lichtenbusch,
rechts in Richtung Stadt Aachen, an der ersten Kreuzung links
in die Siegelallee bis zum Jahnplatz; vor der Ampel links in den
I. Rote-Haag-Weg.

Was wir Ihnen anbieten

- Exerzitien für Einzelgäste
- Exerzitien für Gruppen (max. 8 Personen)
- Tage der Stille
- Einkehrtage
- Geistliche Begleitung in Einzelgesprächen
- Mitfeier von Stundengebet und Eucharistie (nicht im Haus)
- Teilnahme am Gemeinschaftsleben
- Teilnahme an den Hausarbeiten

Wir haben ein Programm für Sie!

Was wir von Ihnen erwarten
Kostenerstattung je nach Angebot.

Ihre Ansprechpartnerin bei uns ist
Sr. Juliane Maria Feithen SPSF.

Armen-Schwestern vom heiligen Franziskus (Schervierschwestern) Haus Alverno, Mechernich-Kommern

Wir über uns
Die Aachener Fabrikantentochter Franziska Schervier gründet
1845 die Gemeinschaft der Armen-Schwestern vom heiligen
Franziskus. »Ihr sollt meine Wunden heilen« – gemäß dieser
Sendung leben die Schwestern, um Verwundungen der
Menschen zu heilen, indem sie Raum schaffen für Stille,
Vertiefung und Erneuerung des Glaubens. Der suchende Mensch
kann sich im Haus Alverno frei machen von seiner Alltagslast,
um sich für Gottes Wort zu öffnen. Im Hören kann er Antwort
finden auf seine Sehnsucht nach einem erfüllten Leben.
Inmitten der Eifel, abseits des Ortes Mechernich leben im Haus
Alverno zwei Konvente: ein kontemplativer Zweig (Reklusen)
mit fünf und ein Hauskonvent mit drei Schwestern. Sie können
bis zu zehn Gäste aufnehmen. Im Gebet und persönlichen
Gespräch werden Fragen gestellt und Antworten gesucht.

A Unsere Adresse

Armen-Schwestern vom heiligen Franziskus
Haus Alverno
Auf dem Kahlenbusch 1
53894 Mechernich-Kommern
Tel. 0 24 43/59 02
Fax 0 24 43/58 90

So finden Sie uns

Mit der DB: Bahnhof Mechernich, dort weiter mit Taxi oder Abholdienst.
Mit dem Auto: Auf der A1 aus Köln in Richtung Euskirchen/Mechernich bis zur Ausfahrt Wißkirchen (111), von dort auf der B266 in Richtung Gemünd bis zur Abfahrt Eicks, dann rechts abbiegen und 500 m geradeaus fahren, vor dem zweiten Bauernhaus links zur Anliegerstraße in den Wald bis zu deren Ende (nicht Freilichtmuseum!).

Was wir Ihnen anbieten

• Exerzitien für Einzelgäste
• Exerzitien für Gruppen
• Tage der Stille
• Einkehrtage
• Geistliche Begleitung in Einzelgesprächen
• Mitfeier von Stundengebet und Eucharistie
• *Weitere Angebote:* Sabbatzeiten für Einzelne

Wir haben ein Programm für Sie!

Was wir von Ihnen erwarten

Tagessatz für Unterkunft und Verpflegung DM 45,00 zuz. Kursgebühr; individuelle Lösung bei finanzieller Notlage möglich. Da im Haus Alverno der kontemplative Zweig des Ordens lebt (Reklusen), ist Bereitschaft zum Einhalten von Zeiten der Stille und der Besinnung notwendig.

Ihre Ansprechpartnerin bei uns ist

Sr. M. Martha Kruszynski SPSF.

Dienerinnen der heiligen Kindheit Jesu vom Dritten Orden des heiligen Franziskus – Oberzeller Franziskanerinnen

Wir über uns

An Pfingsten 1855 gründete die Würzburgerin Antonia Werr (1813-1868) die Gemeinschaft in Oberzell, um Frauen in Not, die an den Rand der Gesellschaft geraten waren, einen neuen Anfang zu ermöglichen. Dies ist auch heute noch der vorrangige Auftrag der Franziskanerinnen. Hinzu kommen Dienste in der Kranken- und Altenpflege, sowie andere pastorale, soziale und hauswirtschaftliche Aufgaben. Derzeit wirken ca. 350 Schwestern in Deutschland, den USA und in Südafrika.

Das Kloster Oberzell wurde 1128 vom heiligen Norbert errichtet und war bis 1803 Prämonstratenserabtei. Von 1817–1900 wurde das säkularisierte Kloster als Schnellpressenfabrik genutzt. 1901 übernahmen die Schwestern die Gebäude und füllten sie neu mit religiösem Leben.
Das Hauptgebäude ist ein Spätwerk Balthasar Neumanns.
Seit 1923 ist es Mutterhauses mit Sitz der Generalleitung.

A Unsere Adresse

Kloster Oberzell
97299 Zell am Main
Tel. 09 31 / 46 01-0
Fax 09 31 / 46 01-120
Internet: www.oberzell.de
E-mail: kloster@oberzell.de.

ℳ So finden Sie uns

Mit der DB: Würzburg Hbf, Bus Linie 22 Richtung Margetshöchstheim oder Bus Linie 52 Richtung Leinach, Haltestelle Zell/Wasserwerk.
Mit dem Auto: Aus Richtung Frankfurt A3 Ausfahrt Helmstadt zur B8, Waldbüttelbrunn, Hettst.-Steige, Zell bzw. Oberzell; aus Richtung Nürnberg/Heilbronn A3 bzw. Heilbronn A81 Ausfahrt Würzburg-Kist, B27 Richtung Würzburg, bei der

Gabelung weiter in Richtung Marktheidenfeld B8, nach
ca. 2 km rechts ab, Hinweisschild: Waldbüttelbrunn, am
Ortseingang Richtung Zell a.M. bis Kloster Oberzell;
aus Richtung Kassel – Ulm A7 Ausfahrt Würzburg-Estenfeld,
Weiterfahrt Richtung Stadtmitte B19, über Berliner Ring,
Hauptbahnhof, Friedensbrücke, Mainaustraße bis Kloster
Oberzell.

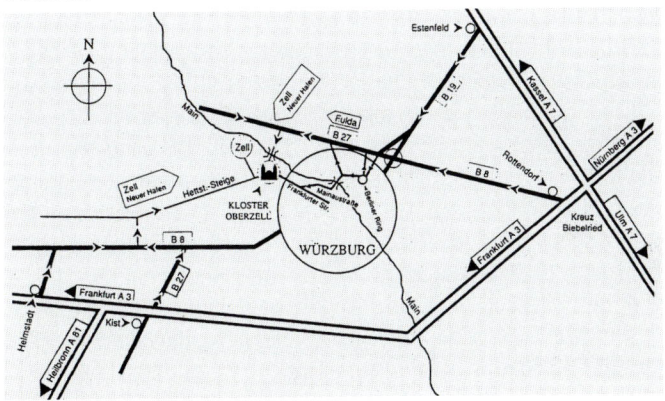

Was wir Ihnen anbieten

- Exerzitien für Einzelgäste
- Tage der Stille
- Einkehrtage
- Geistliche Begleitung in Einzelgesprächen
- Mitfeier von Stundengebet und Eucharistie
- Übernahme von Anbetungsstunden in der Sakramentskapelle
- *Weitere Angebote:* Monatliche Frauenvesper, Frauentage,
  Bibelkreis für Frauen, Antonia-Werr-Kreis für assoziierte
  Mitglieder und Interessierte, Führungen nach Anmeldung.

Was wir von Ihnen erwarten

Einlassen auf die klösterlichen Gegebenheiten,
Rücksichtnahme auf Orte und Zeiten der Stille,
Kostenerstattung je nach Haus bzw. Konvent.

Ihre Ansprechpartnerinnen bei uns sind

Sr. Lydia Kern, Konvent Magdalena, Kloster Oberzell 7,
97299 Zell am Main;
Sekretariat, Kloster Oberzell 1, 97299 Zell am Main.

Dillinger Franziskanerinnen – Provinz Bamberg

⑤ Wir über uns

Ausgehend von der Gründung der Kongregation im Jahre 1241 in Dillingen a.d. Donau – 1300 wurde die kleine Gemeinschaft auf die Dritt-Ordensregel des heiligen Franziskus (1182–1226) verpflichtet – bildet die Provinz Bamberg mit Sitz der Provinzleitung in Bamberg heute mit 220 Schwestern eine der sieben Provinzen des Ordens (Deutschland, Brasilien, USA, Indien). Die Schwestern wirken in (heil)pädagogischen, pflegerischen und pastoralen Bereichen und in der Schule. Sie setzen Akzente unter dem Zeichen der Solidarität – Ordensleute für den Frieden, Erlassjahr 2000, solidarisches Denken und Handeln im Kleinen. Eine Besonderheit der Gemeinschaft ist ihre über 750-jährige Geschichte. Sie hat die Reformation überlebt, den Dreißigjährigen Krieg, die Zeit der Aufklärung, die Säkularisation den Ersten Weltkrieg, das nationalsozialistische Regime und den Zweiten Weltkrieg.

Das Provinzhaus steht vorrangig den Schwestern zur Verfügung, ist auf Anfrage jedoch auch offen für andere Gruppierungen.

A Unsere Adresse

Dillinger Franziskanerinnen
Provinz Bamberg
Am Friedrichsbrunnen 7a
96049 Bamberg
Tel. 09 51/9 55 25-0
Fax 09 51/9 55 25-55
E-mail: Dill.Franz.BA@t-online.de

𝕸 So finden Sie uns

Mit der DB: Hbf Bamberg, dort mit Bus Linie 1 oder 2 zum ZOB (Zentraler Omnibusbahnhof) an der Promenade. Hier mit Bus Linie 8 oder 18 zur Haltestelle Würzburger Straße. Von dort sind es 7 Gehminuten zum Montanahaus über: Oberer Stephansberg, Heunischstraße, Schellenbergstraße – rechts, Am Friedrichsbrunnen.

Was wir Ihnen anbieten

- Tage der Stille
- Mitfeier von Stundengebet und Eucharistie
- *Weitere Angebote:* Besinnungswochenenden für Jugendliche und junge Erwachsene

Wir haben ein Programm für Sie!

Was wir von Ihnen erwarten

Ernstzunehmendes Interesse an Lebensfragen, am religiösen Leben einer Ordensgemeinschaft, an Gott und seiner Schöpfung. Kostenbeteiligung nach Absprache.

Ihre Ansprechpartnerinnen bei uns sind

Sr. Jutta Müller; Sr. Ulrike Stein.

Dillinger Franziskanerinnen in den Regens-Wagner-Stiftungen, Dillingen

Wir über uns

Die Kongregation der Dillinger Franziskanerinnen besteht seit 1241. 1847 begründete sie das Regens-Wagner-Werk mit. Die Schwestern engagieren sich dadurch für Menschen mit Behinderung. Als geistliche Gemeinschaft sind sie miteinander unterwegs. Dabei orientieren sie sich an der Botschaft Christi, an den Regeln des heiligen Franz von Assisi, und sind offen für den Ruf der Zeit.

Mitte des 19. Jahrhunderts erlebte die Kongregation eine Blütezeit unter der damaligen Generaloberin Sr. M. Theresia Haselmayr. Während ihrer 42-jährigen Amtszeit vergrößerte sich die Gemeinschaft stark, so dass im gesamten süddeutschen Raum Filialen errichtet werden konnten.
Zusammen mit dem Leiter des Priesterseminars von Dillingen, Johann Es. Wagner (Regens Wagner) begann sie Schulen und Einrichtungen zu schaffen, in denen gehörlose Mädchen betreut und gefördert wurden.

Der Klosterladen bietet ein umfangreiches Kartensortiment und Kerzen von Sr. Animata Probst an; auf Wunsch ist auch eine individuelle Kerzengravur möglich.

A Unsere Adresse
Dillinger Franziskanerinnen in den Regens-Wagner-Stiftungen
Kardinal-von-Waldburg-Straße 2
89407 Dillingen
Tel. 0 90 71 / 79 28-0
Fax 0 90 71 / 79 28-140
E-mail:frkrw@t-online.de

So finden Sie uns
Mit der DB: Auf der Strecke Regensburg–Ulm
nach Dillingen/Donau.
Mit dem Auto: A8 München-Stuttgart Ausfahrt Zusmarshausen
oder A7 Würzburg–Ulm Ausfahrt Giengen oder B16
Donauwörth–Günzburg; jeweils in Richtung Dillingen.

Was wir Ihnen anbieten
- Exerzitien für Einzelgäste
- Exerzitien für Gruppen
- Tage der Stille
- Einkehrtage
- Geistliche Begleitung in Einzelgesprächen
- Mitfeier von Stundengebet und Eucharistie
- Teilnahme am Gemeinschaftsleben
- Teilnahme an den Hausarbeiten

Wir haben ein Programm für Sie!

Was wir von Ihnen erwarten
Kostenerstattung auf Anfrage.

Ihre Ansprechpartnerinnen bei uns sind
Provinzoberin Sr. Regitta Michel; Sr. Bernadette Gevich.

Dillinger Franziskanerinnen – Kloster Maria Medingen

⑤ Wir über uns

1241, noch zu Lebzeiten der heiligen Klara von Assisi, begannen Frauen in Dillingen in einem franziskanisch geprägten Leben »Gott, unserem Schöpfer – zum Trost aller gläubigen Seelen – friedlich, eifrig und andächtig zu dienen, ihn zu loben und zu ehren«. Einbezogen in die kirchlichen, politischen und gesellschaftlichen Wandlungen der Zeit begannen die Schwestern 1774 mit dem Schuldienst für Mädchen. In sieben Provinzen (Deutschland, Nordamerika, Brasilien, Indien) mit dem Generalat in Dillingen a. d. Donau arbeiten heute ca. 1000 Schwestern in Unterricht und Erziehung vom Kindergarten bis zum Gymnasium, in Heimen der Jugendhilfe, in der Erwachsenenbildung, in der Hauswirtschaft, in Seelsorge und Mission, im Dienst an Alten, Kranken und Behinderten und Familien.
Das Filialkloster Maria Medingen ist im Ursprung eine dominikanische Klostergründung (1246) und birgt das Grab der seligen Mystikerin Maria Ebner (gest. 1351). Ihr Grab in der Ebner-Kapelle ist noch heute ein beliebtes Wallfahrtsziel.
Das Kloster und die Kirche wurden von Dominikus Zimmermann in der erste Hälfte des 18. Jahrhunderts als barocke Anlage erbaut. Seit 1843 gehören sie den Dillinger Franziskanerinnen. Das ruhig gelegene Kloster lädt ein zu Tagen der Stille in geistlicher Atmosphäre.

Im Kloster haben die Schwestern eine kontemplative Zelle eingerichtet, in der bisher eine Schwester im Schweigen lebt, die Liturgie des Kloster mit vollzieht, Arbeiten in den verschiedenen Bereichen des Hauses übernimmt und den geistlichen Dienst der Anbetung verrichtet. Diese Zelle wird auch geöffnet für Menschen, die Stille, Schweigen und Anbetung suchen.

A Unsere Adresse

Dillinger Franziskanerinnen
Kloster Maria Medingen
89426 Mödingen
Tel. 0 90 76 / 2 80 00

So finden Sie uns

Mit der DB: Bahnhof Dillingen a.d.Donau. Von dort Abholdienst nach Maria Medingen (9 km).
Mit dem Auto: A7 Würzburg–Ulm Ausfahrt Dillingen, von dort ca. 25 km östlich in Richtung Dillingen; A8 Stuttgart–München Ausfahrt Dillingen, dann ca. 20 km nördlich in Richtung Dillingen. Maria Medingen liegt 9 km nördlich von Dillingen in Richtung Nördlingen.

Was wir Ihnen anbieten

- Tage der Stille in geistlicher Atmosphäre
- Mitfeier von Stundengebet und Eucharistie
- Zeiten der eucharistischen Anbetung
- Geistliche Begleitung in Einzelgesprächen
- Teilnahme an Hausarbeiten

Was wir von Ihnen erwarten

Ernsthaftes Sicheinlassen auf die Tagesordnung und Wahrung der Zeiten und Orte des Schweigens.
Kostenerstattung nach Absprache.

Ihre Ansprechpartnerin bei uns ist

Sr. Berngard Zehentmeier.

Franziskanerinnen von Aiterhofen

Wir über uns

Vor 150 Jahren gründete Angela Fraundorfer mit 14 jungen Frauen die Gemeinschaft, die sich zunächst, aus der Begegnung mit Gott heraus, um verwahrloste Mädchen kümmerte. Heute versuchen die Franziskanerinnen von Aiterhofen – 70 Schwestern leben in Deutschland und 70 in Brasilien und Bolivien – ein Ort der geistlichen Einkehr und des Glaubens zu sein, von dem Impulse für ein evangeliumsgemäßes Leben ausgehen: in Gemeinde- und Jugendarbeit, in der Junge-Erwachsenenpastoral, in Real- und Altenpflegeschule, in wissenschaftlicher Tätigkeit, in der Paramentenstickerei und in der Arbeit mit Slumkindern in Brasilien und Bolivien.

Die Franziskanerinnen von Aiterhofen versuchen die Option für die Menschen heute zu konkretisieren, indem sie, dem Charisma der Gründerin entsprechend, an der geistig-geistlichen und gesellschaftlichen Profilierung der Frauen unserer Zeit mitarbeiten.

A Unsere Adresse

Franziskanerinnen von Aiterhofen
Schulgasse 9
94330 Aiterhofen
Tel. 0 94 21 / 55 17-0
Fax 0 94 21 / 55 17-50
Internet: www.kloster-aiterhofen.de
E-mail: franz.jep@gmx.de
oder: realschule.aiterhofen@t-online.de

So finden Sie uns

Mit der DB: Bahnhof Straubing, von dort Abholdienst.
Mit dem Auto: A3 Ausfahrt Straubing. Aiterhofen liegt in Niederbayern, 5 km südlich von Straubing/Donau entfernt.

Was wir Ihnen anbieten

- Tage der Stille
- Einkehrtage
- Geistliche Begleitung in Einzelgesprächen
- Mitfeier von Stundengebet und Eucharistie
- Teilnahme am Gemeinschaftsleben
- Teilnahme an den Hausarbeiten
- *Weitere Angebote:* Angebote für junge Erwachsene, Au-pair-Aufenthalt, »Kloster auf Zeit«, Franziskusfest, Osterkurs, Pfingstkurs, Silvesterkurs, Abendlob für junge Leute, Tanzwochenenden, Meditationstage, Familien- und Alleinerziehenden-Wochenendkurse.

Wir haben ein Programm für Sie!

Was wir von Ihnen erwarten

Kostenerstattung DZ oder Mehrbettzimmer pro Wochenende DM 90, für Kinder ab 4 Jahren DM 45, EZ-Zuschlag DM 20.

Ihre Ansprechpartnerinnen bei uns sind

Sr. Gabriele Bogenberger OSF; Sr. Dr. Mirjam Schambeck OSF.

Mutterhaus
der Franziskanerinnen, Au

Wir über uns

1854 kamen vier Schwestern aus Dillingen/Donau nach Au am Inn und gründeten unsere Kongregation. Heute werden in unserem Haus geistig und mehrfach behinderte Kinder und Jugendliche in Förderschule, Tagesstätte und Heim betreut.
In der Filiale Armstorf gibt es ein Bildungs- und Exerzitienhaus.
In Riewend/Gut Neuhof (Brandenburg) leben und arbeiten unsere Schwestern mit drogenabhängigen Jugendlichen.
In der Provinz in Brasilien in der Nähe von Sao Paulo betreuen unsere brasilianischen Schwestern Arme in den Favelas, mit Aidskranken, Straßenkinder. Sie arbeiten in Kindergarten, Schule, Sozialstelle und Gemeindekatechese.

A Unsere Adresse

Mutterhaus der Franziskanerinnen
Klosterhof 1
83546 Au/Inn
Tel. 0 80 73 / 91 98-0
Fax 0 80 73 / 26 96

So finden Sie uns

Mit der DB: Hbf München, Richtung Mühldorf Bahnstation Ampfing oder von Hbf Rosenheim Bahnstation Gars/Inn. Von München-Ostbahnhof fährt ein Bus nach Gars bzw. Haag.
Mit dem Auto: B12 München–Passau. 20 km vor Mühldorf folgt man dem Hinweisschild nach Au am Inn.

Was wir Ihnen anbieten

• Tage der Stille
• Geistliche Begleitung in Einzelgesprächen
• Mitfeier von Stundengebet und Eucharistie

Ihre Ansprechpartnerinnen bei uns sind

Sr. M. Petra Mayerhofer; Sr. M. Dominica Eisenberger.

Kloster der Franziskanerinnen von Maria Stern, Augsburg

Wir über uns

Angeregt durch das Eintreffen der ersten Minderbrüder 1221 in Augsburg, die am östlichen Stadtrand den Konvent »Zu den Barfüßern« gründeten, begann 1258 die Witwe des Bürgers Canione mit ihren beiden Töchtern in unmittelbarer Nähe dazu im »Haus zum Stern« ein gottgefälliges Leben zu führen. Schwere Zeiten für die bis zu 22 Frauen zählende Gemeinschaft waren die Reformation, der Dreißigjährige Krieg und die Säkularisation. Im Dreißigjährigen Krieg stellte sich die Gemeinschaft unter den besonderen Schutz der Gottesmutter (»Maria Stern«). 1828 erreichten die noch verbliebenen 6 Schwestern einen Neubeginn mit der Übernahme der Bildung und Erziehung von Mädchen der angrenzenden Pfarreien St. Moritz und St. Max. Die erste Filialgründung entstand 1855 in Legau bei Memmingen. In ganz Bayern sind heute 308 Schwestern in der Erziehungs- und Unterrichtstätigkeit, in der Seelsorge, in der Altenbetreuung, in hauswirtschaftlichen Diensten, in der Verwaltung und in künstlerischem Gestalten tätig.

Das Kloster Maria Stern liegt inmitten der Stadt und war immer eng mit deren Geschicken verbunden. Es wurde im Zweiten Weltkrieg zerstört, wobei die Kirche, erbaut 1574/76 von Joh. Holl, mit dem ersten Zwiebelturm im süddeutschen Raum erhalten blieb. Die Kirche ist ein Ort der Sammlung und der Stille, an dem tagsüber das Allerheiligste zu Anbetung ausgesetzt ist. Sie enthält Kunstschätze aus dem 18. Jahrhundert.

A Unsere Adresse

Franziskanerinnen von Maria Stern
Sterngasse 5
86150 Augsburg
Tel. 08 21/3 29 80
Fax 08 21/3 29 81 15
E-mail: kloster.maria.stern@0800-einwahl.de

So finden Sie uns

Mit der DB: Augsburg Hbf. Die Tram Linie 2 in Richtung Kriegshaber fährt zum Rathausplatz. Die breite Treppe neben dem Rathaus führt direkt zum Kloster.
Mit dem Auto: Augsburgzentrum.

Was wir Ihnen anbieten

- Tage der Stille nach vereinbarten Terminen
- Mitfeier von Stundengebet und Eucharistie
- *Weitere Angebote:* Besinnliche Wochenenden mit jeweils einem Thema; Jahreswechsel und Karwoche im Kloster; Einkehrtage mit Möglichkeit zum geistlichen Gespräch; »Kloster auf Zeit«; jeweils am letzten Samstag im September jeden Jahres ein großes Treffen »Franziskustag« für alle; Anschluss an monatliche Treffen einer Gruppe franziskanisch interessierter Frauen und Männer.

Wir haben ein Programm für Sie!

Was wir von Ihnen erwarten

Kosten für Verpflegung und Wohnung Tagessatz DM 50. Erwartet wird Einordnung in die klösterliche Tagesordnung mit ihren Gebets- und Essenszeiten; Anbetungsstunden können gehalten werden.

Ihre Ansprechpartnerinnen bei uns sind

Sr. M. Silvana Mayer; Sr. M. Claudiana Huber.

Franziskanerinnen von Sießen

Wir über uns

Die 1854 auf Initiative des Stadtpfarrers und Schulinspektors Josef Kuonz von den Franziskanerinnen in Dillingen/Donau aus gegründete Gemeinschaft hat den Auftrag »Bildung und Erziehung der weiblichen Jugend«. Erste Niederlassung in Oggelsbeuren/OA Ehingen/Donau, 1860 Umzug in das seit 1260 bestehende ehemalige Dominikanerinnenkloster Sießen bei Bad Saulgau.

Derzeit wirken ca. 490 Schwestern in Deutschland (auch in Italien, Albanien, Brasilien und Südafrika) in Schulen (seit 1996 zu einer selbständigen GmbH mit eigenem franziskanischen Profil zusammengefasst) und in der freien religiösen Jugendarbeit. Darüber hinaus arbeiten die Schwestern im Mutterhaus in klostereigenen Betrieben, in der Seelsorge, in Kindergärten und Jugendhilfeeinrichtungen, bei Obdachlosen und Drogenabhängigen.

Barocke Klosteranlage (Barockkirche von Dominikus Zimmermann) als dominikanisch-franziskanisches Erbe; Ausstellung mit Werken von Sr. M. Innocentia Hummel (Berta Hummel);

Experimentelle Ansätze wie »mitleben-mitbeten-mitarbeiten« im Forsthaus – »Kloster auf Zeit«, jährliches Kinder- und Jugendfranziskusfest, franziskanische Impulse für den Glaubens-weg im Internet, Projekttage für Schüler, lebendige Liturgie.

A Unsere Adresse

Forsthaus Kloster Sießen
Postfach 1451
88348 Bad Saulgau
Tel. 0 75 81 / 8 01 08
E-mail: forsthaus@klostersiessen.de
Internet: www.klostersiessen.de

So finden Sie uns

Mit der DB: Auf der Strecke Sigmaringen – Aulendorf.
Mit dem Auto: Über die B32. Das Kloster liegt 3 km westlich von Bad Saulgau in Richtung Ostrach.

Was wir Ihnen anbieten

• Tage der Stille
• Geistliche Begleitung in Einzelgesprächen im Rahmen »Kloster auf Zeit«
• Mitfeier von Stundengebet und Eucharistie
• Teilnahme an den Hausarbeiten im Rahmen von »Kloster auf Zeit«
• *Weitere Angebote:* »Kloster auf Zeit« für junge Frauen von 16–35 Jahren.

Wir haben ein Programm für Sie!

Was wir von Ihnen erwarten

Kostenerstattung aus dem Prospekt »Kloster auf Zeit« ersichtlich.

Ihre Ansprechpartnerin bei uns ist

das Schwesternteam im Forsthaus.

Franziskanerinnen von Reute

Wir über uns

1848 helfen in Ehingen fünf Frauen den Kranken in der Stadt. Aus dieser gemeinsamen Tätigkeit »Gott in der leidenden Menschheit zu dienen« ergeben sich eine Aufgabe und ein gemeinsames Leben. Die fünf barmherzigen Schwestern werden vom Bischof von Rottenburg als Gemeinschaft anerkannt und gewinnen neue Mitglieder. Auf der Suche nach einem Mutterhaus können sie 1870 das fast 100 Jahre zuvor zwangs-aufgelöste Klösterchen in Reute erwerben. Wir Franziskaner-innen von Reute leben das Evangelium nach der Regel des heili-gen Franziskus von Assisi in Gemeinschaft, im Teilen der Gaben und Fähigkeiten, in der Suche nach evangeliumsgemäßen Antworten in jeder Zeit. Wir pflegen und heilen kranke und behinderte Menschen. Wie dienen Kindern und alten Menschen, arbeiten in der Hauswirtschaft und in handwerk-lichen Berufen, in Erziehung und Bildung, in pastoralen Aufgaben. Wir verstehen uns als Schwestern der Menschen auch unter anderen Völkern und Kulturen. Ein junger Ordenszweig bildet eine lebendige Zelle in der Ortskirche Indonesiens, einige Schwestern leben solidarisch mit den Menschen im Nordosten von Brasilien.

Bereits 1403 haben in Reute fünf Frauen begonnen, die Nach-folge Jesu Christi im Geiste des heiligen Franziskus zu leben. Eine davon war die Gute Beth (1386 – 1420). Sie wird als Mystikerin verehrt und ihr Grab in der Pfarr- und Wallfahrts-kirche ist Ort des Gebetes und des Trostes.
Im Bildungshaus Maximilian Kolbe finden Menschen Ruhe und Besinnung, religiöse Vertiefung und Weiterbildung.

Im Haus St. Josef leben vier Franziskanerinnen und bieten eine Begegnungsraum für Jugendliche und junge Erwachsene.
In unseren Mitlebkonventen ist die Möglichkeit gegeben, unsere Gemeinschaft kennen zu lernen, der eigenen Berufung auf die Spur zu klommen, mitzuhelfen und mitzuarbeiten.

A Unsere Adresse

Franziskanerinnen von Reute
Klostergasse 6
88339 Bad Waldsee
Tel. 0 75 24/7 08-0
Fax 0 75 24/7 08-272
E-mail: orden@klosterreute.de

So finden Sie uns

Mit der DB: Auf der Strecke Stuttgart–Ulm–Friedrichshafen oder über Freiburg–Donaueschingen–Sigmaringen–Herbertingen zur Bahnstation Aulendorf; dort per Bus oder Taxi (ca. 8 km) in Richtung Bad Wurzach-Leutkirch; Abholdienst vom Kloster möglich (Tel. 0 75 24/7 08-211).
Mit dem Auto: A8, Ausfahrt Ulm-West, dort in Richtung Friedrichshafen–Lindau, (Ausschilderung B30) nach Bad Waldsee, in Gaisbeuren nach Aulendorf abbiegen.
A7 Würzburg–Ulm, Ausfahrt Nersingen, dort von der B10 auf die B30 Richtung Friedrichshafen–Lindau nach Bad Waldsee, weiter wie oben.

Was wir Ihnen anbieten können

- Exerzitien für Einzelgäste
- Exerzitien für Gruppen
- Tage der Stille
- Einkehrtage
- Einzelgespräche
- Mitfeier von Stundengebet und Eucharistie
- Teilnahme am Gemeinschaftsleben
- Teilnahme an den Hausarbeiten
- Ferienfreizeiten für Mädchen
- Projekttage für Mädchen

Was wir von Ihnen erwarten

Im Bildungshaus Maximilian-Kolbe gibt es feste Tagessätze:
Bitte erfragen!
Im Haus St. Josef werden die Hausarbeiten gemeinsam erledigt;
es gibt jugendgerechte Tagessätze.
Bei den Mitlebekonventen entstehen durch die tägliche
Mitarbeit von 4 Stunden keine Kosten. Teilnahme an der
Gebets- und Lebensgemeinschaft.

Wir haben ein Programm für Sie!

Ihre Ansprechpartnerinnen bei uns sind

Maximilian-Kolbe-Haus: Sr. M. Judith Lang;
Haus St. Josef: Sr. Maria Hanna Löhlein;
Mitlebekonvente: Sr. Christa M. Kneißle; Sr. Mirjam Engst.

Franziskanerinnen von Bonlanden

Wir über uns

1854 gründete der Priester Faustin Mennel die Gemeinschaft in
einer Zeit industrieller und politischer Aufbrüche. Sein Anliegen
war die Mädchen- und Frauenbildung auf christlicher Grundlage. Heute befinden sich im Mutterhaus Bonlanden Tagungs-
und Gästehäuser, Orte der Stille in Haus und Natur und Räume
für Menschen, die auf der Suche nach ihrem Lebensweg eine
Zeit im Kloster verbringen wollen.
Die Schwestern wirken auch in Ulm und Schwenningen sowie
in Nord- und Südamerika.

Die Klosterkirche birgt die Krypta des Stifters. Eine Krippenaus-
stellung »Bethlehem ist überall« zeigt neben der Barockkrippe
auch Weihnachtskrippen aus aller Welt.
Es gibt einen Eine-Welt-Laden.

A Unsere Adresse

Kloster Bonlanden
Faustin-Mennel-Straße 1
88450 Berkheim

Tel. 0 73 54 / 8 84-168
Fax 0 73 54 / 8 84-179
E-mail: tagungshaus@kloster-bonlanden.de
Internet: www.kloster-bonlanden.de

So finden Sie uns
Mit der DB: Bahnstrecke
Ulm-Memmingen, Bahnstation Kellmünz.
Mit dem Auto: A7 Ulm-Memmingen Ausfahrt Dettingen,
Richtung Erolzheim, in Erolzheim links nach Bonlanden.

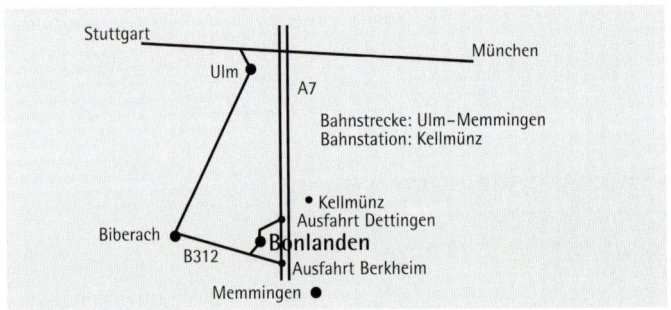

Was wir Ihnen anbieten
• Tage der Stille
• Mitfeier von Stundengebet und Eucharistie
• Evtl. Teilnahme an den Hausarbeiten
• *Weitere Angebote:* Einladung zum Kraft schöpfen für den
  Alltag, stilles Verweilen in der Hauskapelle, Teilnahme an
  Gebetszeiten und gemeinsamer (Spiele-)Abend nach
  Absprache.

Wir haben ein Programm für Sie!

Was wir von Ihnen erwarten
Bitte Programme anfordern: Halbjahresprogramm/Tage der
Stille/Zeit im Kloster. Telefonisches Vorgespräch zur
Abstimmung von Möglichkeiten und Erwartungen.

Ihre Ansprechpartnerin bei uns ist
Sr. Mirjam Limbach oder Sr. Antonia Dillmann.

Franziskanerinnen von Schönbrunn

⟳ Wir über uns

Die sozial engagierte Gräfin von Butler-Haimhausen kaufte 1862 das stark renovierungsbedürftige Schlossgut Schönbrunn, um darin eine Einrichtung für Menschen mit geistiger Behinderung sowie eine Erziehungsanstalt für Mädchen einzurichten. Die 1911 gegründete Kongregation führte diesen Gründungsauftrag weiter. Heute leben 800 behinderte Menschen und 157 Schwestern in Schönbrunn bzw. im Klostergut Harpfetsham. 1994 nahm die Ordensgemeinschaft im Rahmen eines Organisationsentwicklungsprogramms eine Neuorganisation vor. Die Hilfe für Menschen mit Behinderungen wird seitdem im »Franziskuswerk Schönbrunn« angeboten. Ein kleines Bildungs- und Erholungshaus bietet Gelegenheit zum Urlaub, zu Tagen der Stille, des Atemholens, der Begegnung und des Austausches.

A Unsere Adresse

Franziskanerinnen von Schönbrunn
Prälat-Steininger-Straße 1
85244 Röhrmoos
Tel. 0 81 39/93 22-01
Fax 0 81 39/93 22-106

⧚ So finden Sie uns

Der Ort Schönbrunn liegt 13 km nördlich der Kreisstadt Dachau und 2 km vom Ort Röhrmoos entfernt. Anschluss mit der S-Bahn Linie S2 von München Richtung Petershausen.

⟳ Was wir Ihnen anbieten

- Exerzitien für Einzelgäste
- Exerzitien für Gruppen
- Tage der Stille
- Einkehrtage
- Geistliche Begleitung in Einzelgesprächen
- Mitfeier von Stundengebet und Eucharistie
- Teilnahme am Gemeinschaftsleben
- Teilnahme an den Hausarbeiten
- *Weitere Angebote:* Einzelne und kleine Gruppen können an den Exerzitien der Schwestern teilnehmen.

Das Klostergut Harpfetsham steht für Gruppen mit eigenem
Exerzitienbegleiter offen. Jugendvesper an jedem ersten
Sonntag im Monat 19.00 Uhr.
»Kloster auf Zeit« ist nach Rücksprache möglich.
Nach Absprache besteht die Möglichkeit, im Franziskuswerk
Schönbrunn mitzuarbeiten (Praktikum, Freiwilliges soziales
Jahr o.Ä.

Wir haben ein Programm für Sie!

◪ Was wir von Ihnen erwarten
Kostenerstattung auf Anfrage.

〰 Ihre Ansprechpartnerinnen bei uns sind
Sr. M. Johanna Süß, Tel. 0 81 39/93 22-108
(Praktikum, Freiwilliges Jahr o.Ä.);
Sr. Maria Magdalena Egg, Tel. 0 83 19/93 22-138
(Jugendvesper, Einkehrtage o.Ä.);
Sr. M. Petra Schmaußer, Klostergut Harpfetsham,
Tel. 0 86 29/98 83-0; Fax 0 86 29/98 83-40
(Tage der Stille, Urlaub o.Ä.).

Franziskanerinnen von Heiligenbronn

◎ Wir über uns
Vikar David Fuchs gründet 1857 unsere Gemeinschaft, um der
sozialen Not in der Schwarzwaldregion entgegen zu treten,
besonders unter den verwaisten, gehörlosen und blinden
Kindern, Jugendlichen und Erwachsenen. Diese soziale Aufgabe
nahmen wir Schwestern wahr bis zur Abgabe in die Trägerschaft der Stiftung St. Franziskus Heiligenbronn im Jahr 1993.
Wir sind derzeit 90 Schwestern, die den dreifaltigen Gott ver-
herrlichen im Gotteslob, im Dienst an den Nächsten, auch in der
Pastoral- und Jugendarbeit. Zudem betreuen wir das »Geistliche
Zentrum« des Wallfahrtsortes Heiligenbronn.

Als Erweiterung der Wallfahrt zum Gnadenbild der
Schmerzhaften Mutter Gottes schuf ein Künstler aus Peru über
200 ausdrucksstarke Tonplastiken zum Leben Jesu.

A Unsere Adresse

Franziskanerinnen von Heiligenbronn
Kloster 4
78713 Schramberg
Tel. 0 74 22 / 5 69-0
Fax 0 74 22 / 5 69-412

So finden Sie uns

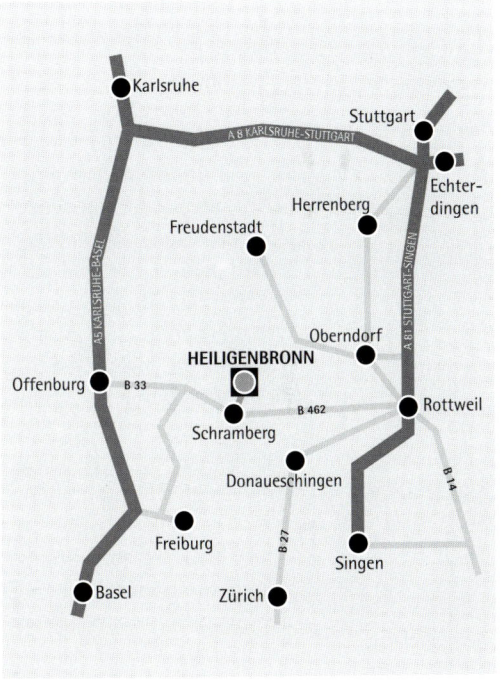

 Was wir Ihnen anbieten

- Exerzitien für Einzelgäste
- Exerzitien für Gruppen
- Tage der Stille
- Einkehrtage
- Geistliche Begleitung in
  Einzelgesprächen
- Mitfeier von Stundengebet und
  Eucharistie
- Teilnahme an den Hausarbeiten
- *Weitere Angebote:* Teilnahme
  am Gemeinschaftsleben
  für am Orden interessierte
  Frauen.

Was wir von Ihnen erwarten

Kostenerstattung nach Absprache; keine Kosten
bei teilweiser Mitarbeit.

Ihre Ansprechpartnerinnen bei uns sind

Sr. M. Dorothea; Sr. Maria Gratia.

Franziskanerinnen der allerseligsten Jungfrau Maria von den Engeln (BMVA) Waldbreitbacher Franziskanerinnen

⊚ Wir über uns

Unsere Ordensgemeinschaft wurde am 13. März 1863 gegründet. Die Stifterin Mutter M. Rosa setzte alles daran, der Not der Menschen ihrer Zeit entgegenzutreten. Ihre tiefste Motivation war ihr Vertrauen auf Gott und sein Mitgehen in allen Lebenslagen.
Die Gemeinsaft wuchs sehr schnell. Die Schwestern setzten sich in vielen christlich-sozialen Bereichen ein. Es entwickelten sich entsprechende Einrichtungen und große Institutionen, für die 1993 die St. Elisabeth-Stiftung gegründet wurde.
1923 entstanden Niederlassungen in den USA, 1931 in den Niederlanden, 1958 in Brasilien und 1995 in Portugal. Seit 1998 arbeitet eine unserer Schwestern in einem interkongregationalen Projekt in Mosambik/Afrika mit.

Heute sind wir noch 457 Schwestern. Wir leben in größeren Konventen und in kleinen Gemeinschaften und orientieren uns am Evangelium und der franziskanischen Lebensregel und versuchen, wie Mutter Rosa, offen zu sein für die Nöte der Zeit und wie sie aus dem Glauben darauf zu antworten.
Die Gemeinschaft orientiert sich am Evangelium und an der Regel des heiligen Franziskus. Sie organisiert sich in größeren und kleineren Lebensgruppen, die Wert darauf legen, dass sie miteinander in Beziehung leben. Sie will sich wie Mutter Rosa, für die 1957 der Seligsprechungsprozess eingeleitet wurde, aus tiefer Glaubenshaltung spontan für Menschen in Not einsetzen.
So setzen wir uns ein: in der Kranken- und Altenpflege, in der Palliativ- und Hospizarbeit, in vielfältigen pastoralen Diensten, in Jugend- und Bildungsarbeit und wir engagieren uns für Randgruppen unserer Gesellschaft.
Als geistliche Gemeinschaft wollen wir miteinander und mit allen, die auf der Suche sind, unser Leben und unseren Glauben teilen und dazu beitragen, Gottes Spur in dieser Welt zu entdecken.

A Unsere Adressen

Waldbreitbacher Franziskanerinnen
St. Marienhaus
56588 Waldbreitbach
Tel. 0 26 38/81-0
Fax 0 26 38/81-1083
E-mail: franziskanerinnen.generalat@t-online.de
Internet: http://waldbreitbach.orden.de

Haus Bethanien »Ort der Stille«
St. Marienhaus
56588 Waldbreitbach
Tel. 0 26 38/81-3703
Fax 0 26 38/81-3031
E-mail: franziskanerinnen@arz-online.de

So finden Sie uns

Mit der DB: Bahnhof Bad Hönningen, von dort 13 km per Taxi;
oder nach Neuwied, von dort mit dem Bus Richtung Wald-
breitbach bis Haltestelle »Altes Kreuz«, weiter per Taxi zum
Marienhaus.
Mit dem Auto: Aus Köln A3 Ausfahrt Bad Honnef-Linz,
Richtung Linz, dann Hinweis Waldbreitbach folgen.
Aus Frankfurt A3 Abfahrt Neuwied-Altenkirchen, Richtung
Neuwied-Rengsdorf bis zum Hinweisschild Waldbreitbach.
Aus Trier–Koblenz A61 Abfahrt Bendorf, weiter auf der B42
Richtung Neuwied bis Hinweisschild Waldbreitbach.

Was wir Ihnen anbieten

- Geistliche Begleitung
- Supervision
- Exerzitien für Einzelpersonen und in Gruppen
- Wüstentage und Auszeit
- Tage der Stille
- Teilnahme am Gemeinschaftsleben für am Ordensleben
  interessierte Frauen
- Einkehrtage

*Wir haben ein Programm für Sie vom Ort der Stille
und von unserem Bildungshaus!*

◪ Was wir von Ihnen erwarten

Interesse, Offenheit und Bereitschaft, sich auf einen Weg einzulassen.

〜 Ihre Ansprechpartnerinnen bei uns sind

Sr. M. Gisela Becker; Sr. Gerlinde-Maria Gard,
Haus Bethanien – Ort der Stille;
Sr. M. Agnella Neuses,
St. Marienhaus – Bildungshaus.

Franziskanerinnen vom Göttlichen Herzen Jesu, Gengenbach

◎ Wir über uns

Die große Not der Alten und Kranken, der Kinder und der Familien in seiner Gemeinde bewog Pfarrer Wilhelm Berger, junge Menschen für deren Pflege zu gewinnen. Junge Frauen schlossen sich 1866 zur Gemeinschaft der Schwestern des »Dritten Orden des heiligen Franziskus« zusammen. In franziskanischer Spiritualität leben sie heute in Deutschland, Chile, Peru und in der Schweiz, um Christus durch ein Leben nach dem Evangelium sichtbar zu machen in Pädagogik, Seelsorge und Pflege. Die Schwestern wagen neue Wege in Hospizarbeit und in der Arbeit mit Frauen in Not.

Es gibt ein Museum mit kirchlichen Gegenständen und eine Kunst- und Paramenten-Werkstätte. Die Schwestern pflegen die »Ewige Anbetung« in der Anbetungskapelle und arbeiten im Haus »La Verna« im Dienst der Neu-Evangelisierung.

A Unsere Adresse

Kongregation der Franziskanerinnen
vom Göttlichen Herzen Jesu
Mutterhaus
Bahnhofstraße 10
77723 Gengenbach
Tel. 0 78 03 / 80 70

Fax 0 78 03/8 07 77
Internet: http://franziskanerinnen-Gengenbach.de
E-mail: Ordensleitung-Gengenbach@t-online.de

So finden Sie uns
Mit der DB: Ab Hbf Offenburg
nach Villingen, eine Station bis
Gengenbach.
Mit dem Auto: A5 Ausfahrt
Offenburg oder B3 Ausfahrt
Offenburg, dann Richtung
Villingen bis Ausfahrt
Gengenbach.

Was wir Ihnen anbieten
- Exerzitien für Frauen
- Mitfeier von Stundengebet
  und Eucharistie
- Teilnahme am
  Gemeinschaftsleben
- *Weitere Angebote:* Exerzitien für Frauen, Oasentage,
  Freizeiten, Seminare. Mitarbeit in der Kunstwerkstätte ist
  möglich.

Prospekte können angefordert werden.

Ihre Ansprechpartnerin bei uns
Ansprechpersonen sind in den einzelnen
Prospekten angegeben.

Franziskanerinnen von der Barmherzigkeit, Andernach

Wir über uns
Franziska Dufaing de Aigremont gründete die Gemeinschaft
1847 in der Stadt Luxemburg, wo heute noch das Mutterhaus
ist (Maison Mère, BP 1181, 50, av. Gaston Diderich,
1011 Luxembourg).

Kontemplation und Aktion sind die Grundpfeiler franziskanischen Lebens der Gemeinschaft, das sie in ambulanter und stationärer Kranken- und Altenpflege, in Seelsorge und Mission
(Taiwan) für Menschen in Not lebt.
Das ordenseigene Haus mitten in Andernach, in dem eine kleine
Lebensgemeinschaft mit vier Schwestern lebt, steht Menschen
offen, die in Stille, Gebet und lebendigem Austausch auf der
Basis franziskanischer Spiritualität zu sich selbst und zu Gott
finden wollen oder die sich aus Sinn- und Lebenskrisen lösen
und ganzheitlicher leben wollen.

A Unsere Adresse

Haus der Stille und der Lebensorientierung
Franziskanerinnen von der Barmherzigkeit
Roonstraße 11
56626 Andernach
Tel. 0 26 32 / 30 08 93
Fax 0 26 32 / 30 08 94

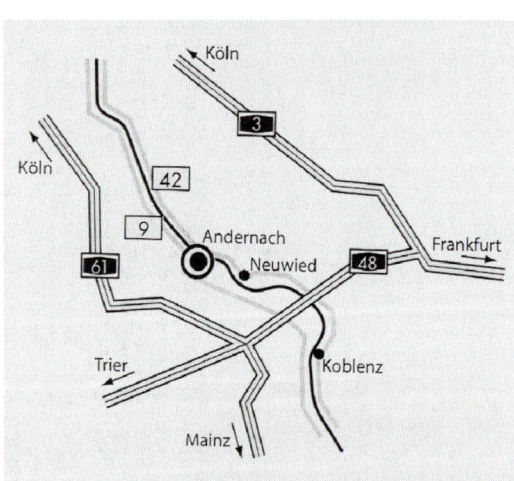

So finden Sie uns

Mit der DB: Bahnhof
Andernach, rechts in die Breite
Straße, links in die Roonstraße.
Das Haus der Stille liegt 5
Gehminuten vom Bahnhof ent-
fernt in ruhiger Wohnlage mit-
ten in der Stadt.
Mit dem Auto: Nach
Andernach über die A3, A61
und A48 und dann über die B9
zum Bahnhof, weiter wie oben.

Was wir Ihnen anbieten

• Exerzitien für Einzelgäste
• Tage der Stille
• Einkehrtage

- Geistliche Begleitung in Einzelgesprächen
- Mitfeier von Stundengebet und Eucharistie
  (in der Pfarrgemeinde)
- Teilnahme am Gemeinschaftsleben
- Teilnahme an den Hausarbeiten
- *Weitere Angebote:* Therapeutische Beratung und Begleitung,
  Meditation, Leibarbeit, geistlich-biblische Wochenenden,
  Bibliodrama

Wir haben ein Programm für Sie!

Was wir von Ihnen erwarten
Kostenerstattung DM 55.
Mithilfe im Haushalt in geringem Umfang (ca. 1-2 Stunden).

Ihre Ansprechpartnerinnen bei uns sind
Sr. Maria Helene Zimmer; Sr. Dorothea Hetzel.

Franziskanerinnen von der Buße und der christlichen Liebe Maria Immaculata Provinz, Insel Nonnenwerth

Wir über uns
1126-1821 stand auf Nonnenwerth ein Kloster der
Benediktinerinnen. Nach der Säkularisation Aufblühen des
geistlichen Lebens und Gründung eines Mädchenpensionats
durch Auguste von Cordier. Die kleine »Inselgemeinschaft«
schloss sich 1854 der 1835 von Catharina Damen (Mutter
Magdalena) in Heythusen/NL gegründeten Gemeinschaft der
Franziskanerinnen von der Buße und der christlichen Liebe
an.
Die heute internationale Gemeinschaft zählt ca. 2100
Schwestern in 10 Provinzen in Europa, Amerika, Asien und
Afrika. Die 146 Mitglieder der »rheinischen« Provinz führen
Krankenhäuser und Altenheime, ein Kinderheim, eine

Begegnungsstätte und kleinere Konvente mit unterschiedlichen Aufgabenbereichen.

Zur Klosteranlage auf der Rheininsel mit dem Kreuzgang gehören eine alte Bibliothek und ein Museum, Verkauf von Karten und Kleinkunst.

A Unsere Adresse

Kloster St. Clemens
Insel Nonnenwerth
53424 Remagen
Tel. 0 22 28 / 60 09-0
Fax 0 22 28 / 60 09-230 (Kloster),
0 22 28 / 60 09-333 (Provinzialat)

So finden Sie uns

Mit der DB: Strecke Koblenz – Remagen – Bonn, Aussteigebahnhof ist Rolandseck, von dort 15 Minuten Gehweg bis zur Insel oder bis Bahnhof Remagen, von dort mit dem Taxi zur Insel.
Mit dem Auto: B9 von Koblenz in nördliche oder von Bonn in südliche Richtung. Die Fähre zur Insel liegt direkt an der B9. Da die Insel nicht öffentlich zugänglich ist, werden Gäste nur nach vorheriger Anmeldung übergesetzt. Zur Vorabendmesse (samstags) um 18.00 Uhr kann jede/r auch ohne Anmeldung kommen.

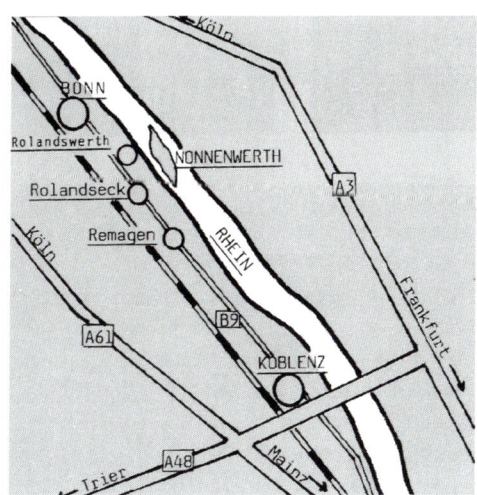

Was wir Ihnen anbieten

Gästebereich:
- Tage der Stille
- Einkehrtage
- Geistliche Begleitung in Einzelgesprächen
- Mitfeier von Stundengebet und Eucharistie
  Angebote für junge Erwachsene:
  Besinnungswochenenden für junge Erwachsene bis 35 Jahre –
  Programm kann angefordert werden.
  Weitere Angebote im »Haus der Besinnung«,
  Alter Fuhrweg 14, 53424 Remagen.

Wir haben ein Programm für Sie!
Nur für junge Erwachsene bis 35 Jahre

Was wir von Ihnen erwarten

Kosten VP im Gästebereich ab DM 54.
Tagungen für junge Erwachsene (18-35 J.)
ab DM 80 /Wochenende.

Ihre Ansprechpartnerin bei uns ist

Für Gäste S. Ingrid Trouet; für junge Erwachsene
Sr. Andrea Becker.

Franziskanerinnen von der Ewigen Anbetung, Olpe

Wir über uns

Die von Wilhelmine (genannt Aline) Bonzel, Regina Löser und
Klara Pfänder 1860 in Olpe/Sauerland gegründete Ordensgemeinschaft wurde durch Bischof Konrad Martin von Paderborn
am 20. Juli 1863 zum selbständigen Kloster erhoben; er sah sich
zu diesem Schritt im Zusammenhang mit der Verlegung des
Mutterhauses nach Salzkotten veranlasst, da es in der jungen
Gemeinschaft auf Grund des Verbotes, in Olpe Kranke zu pflegen, zu Problemen gekommen war. Sr. Maria Theresia Bonzel
wurde Oberin. Seitdem gilt der 20. Juli 1863 als Gründungstag
der »Franziskanerinnen von der Ewigen Anbetung« in Olpe.

Die Schwestern wollen im Geist des heiligen Franziskus die Eucharistische Anbetung pflegen und den Notleidenden dienen. Sie wirken heute in den USA, den Philippinen und Brasilien in Krankenhäusern, Altenheimen und Sozialstationen, in der Kinder- und Jugendhilfe, Seelsorge und Mission, Schulen und Kindergärten.
Aus der franziskanischen Spiritualität und aus der Pflege der eucharistischen Anbetung heraus, will sich die Gemeinschaft der Kirche im Dienst am Nächsten zur Verfügung stellen.

A Unsere Adresse

Mutterhaus der Franziskanerinnen
Maria-Theresia-Straße 32
57462 Olpe
Tel. 0 27 61/8 25 00
Fax 0 27 61/40 02 77

 So finden Sie uns

Mit der DB: Bahnhof Olpe
Mit dem Auto: A45 Ausfahrt Olpe; A4 Ausfahrt Olpe-Süd

Was wir Ihnen anbieten

Nach Absprache mit Interessierten

Was wir von Ihnen erwarten

Kostenerstattung nach Absprache.

Ihre Ansprechpartnerinnen bei uns sind

Provinzialat der Franziskanerinnen,
Victoriastraße 17, 50668 Köln;
Generalat der Franziskanerinnen,
Maria-Theresia-Straße 32, 57462 Olpe/Biggesee.

Franziskanerinnen von der Ewigen Anbetung, Schwäbisch Gmünd

⑥ Wir über uns

1902 ließ sich der Orden in Schwäbisch Gmünd als zuerst kontemplative Gemeinschaft nieder. 1923 wurde die sozial-caritative Tätigkeit aufgenommen; Schwesternstationen und ein Kinderheim mit Schule, später als Einrichtung der Jugendhilfe mit Sonderschule verfasst, entstanden neben der Tätigkeit der Schwestern in der Altenhilfe.

1997 wurde die Trägerschaft für die Einrichtungen abgegeben und die Jugendhilfe GmbH gegründet, deren Gesellschafter die Gemeinschaft ist.

Heute arbeiten die Schwestern in Hauswirtschaft und Verwaltung, im Gästebereich und im Garten, in der Alten- und Krankenpflege für die eigenen Mitschwestern oder außerhalb des Klosters, teilweise auch noch in der Jugendhilfe.

Das Kloster selber wurde neu gebaut, da das Mutterhaus in der Jugendhilfeeinrichtung untergebracht war.

Das Kloster soll Ort der Begegnung mit Gott in Stille und Sammlung, der Gastfreundschaft und der Anhörung Notleidender sein.

Die Schwestern wollen durch ihr einfaches Leben, durch eucharistische Anbetung und Stundengebet ein Zeichen setzen.

A Unsere Adresse

Kloster der Franziskanerinnen
Bergstraße 20
73525 Schwäbisch-Gmünd
Tel. 0 71 71 / 92 19 99-0
Fax 0 71 71 / 92 19 99-11.

𝕄 So finden Sie uns

Das Kloster liegt am südlichen Rand von Schwäbisch Gmünd ca. 20 Gehminuten vom Hbf entfernt an der Bushaltestelle Waldstetter Brücke.

Was wir Ihnen anbieten

- Tage der Stille
- Einkehrtage
- Geistliche Begleitung in Einzelgesprächen
- Mitfeier von Stundengebet und Eucharistie
- Teilnahme an den Hausarbeiten
- *Weitere Angebote:* »Kloster auf Zeit«. Zur Zeit wird eine Weggemeinschaft aufgebaut für Menschen, die außerhalb des Klosters leben.

Wir haben ein Programm für Sie!

Was wir von Ihnen erwarten

Kostenerstattung DM 45, für Schüler und Studenten und in besonderen Notlagen Ermäßigung.

Ihre Ansprechpartnerinnen bei uns sind

Sr. M. Benedicta Ewald; Sr. M. Eleonore Kerschbaum.

Franziskanerinnen von der Heiligen Familie – Kloster Helgoland

Wir über uns

Eine einfache junge Frau aus Aachen, Josefine Koch, gründete 1857 die Gemeinschaft in Eupen/Belgien. Mit ihren Gefährtinnen pflegt sie Kranke (Typhusepidemie). Trotz der Widerstände und Rückschläge durch Kirche und Staat findet sie Ruhe, als sie die rechte Antwort auf ihren Ruf gefunden hat und 1857 die Bestätigung ihrer Schwesternschaft als Franziskanerinnen von der Heiligen Familien erhält. Heute wirken ca. 200 Schwestern durch Gebet und Arbeit zum Wohl der Menschen, vor allem in der Alten- und Krankenpflege sowie in der Seelsorge und in aller Not in Deutschland, Belgien, Holland und in Dungu/Kongo.

Hervorzuheben ist die ganztägige Anbetung vor dem ausgesetzten Heiligsten Sakrament, die seit dem Fest der Darstellung des Herrn – Lichtmess – 1935 besteht und als Erbe der Stifterin seit Gründonnerstag 1859 weitergetragen wird.

Die Gäste sind eingeladen, wenn es ihnen gut tut, genauso vor Gott zu verweilen, ihn zu loben, ihm zu danken und ihm ihre persönlichen Anliegen vorzutragen.

A Unsere Adresse

Kloster Helgoland
Franziskanerinnen von der Heiligen Familie
Bürresheimer Straße 44
56727 Mayen
Tel. 0 26 51 / 98 89-0
Fax 0 26 51 / 98 89-55

So finden Sie uns

Mit der DB: Bahnhof Andernach, umsteigen bis Mayen-Ost oder mit dem Bahnbus bis Bahnhof Neuwied, dann mit dem Bahnbus bis Mayen-Ost; oder Hbf Koblenz, weiter mit dem Bahnbus bis Mayen-Ost. Von Bahnhof Mayen-Ost weiter mit dem Bahnbus Richtung Langenfeld/Arft oder per Bus »Brohltalbahn« in Richtung Kempenich/Hohenleimbach.

Mit dem Auto: Aus Köln A61 Ausfahrt Wehr/Bell. Dort den Schildern »Schloss Bürresheim, Kloster Helgoland« folgen. Aus Koblenz–Trier A48 Ausfahrt Mayen, geradeaus (Polcher Straße), nach dem Habsburgring nächste Straße links in den Wittbender Ring, nächste Straße rechts in die Bürresheimer Straße, dann noch 3 km der Straße folgen. Vor Schloss Bürresheim links in die Zufahrt zum Kloster Helgoland.

Was wir Ihnen anbieten

- Exerzitien für Einzelgäste
- Tage der Stille
- Geistliche Begleitung in Einzelgesprächen
- Mitfeier von Stundengebet und Eucharistie
- Teilnahme am Gemeinschaftsleben
- Teilnahme an den Hausarbeiten

Wir haben ein Programm für Sie!

Was wir von Ihnen erwarten

Kostenerstattung individuell nach vorheriger Vereinbarung.

Ihre Ansprechpartnerin bei uns ist

Sr. M. Konstantia Limbourg, Tel. 0 26 51 / 98 89-0 oder -65.

Franziskanische Schwestern von der Schmerzhaften Mutter

Wir über uns

Die franziskanische Gemeinschaft wurde 1885 in Rom gegründet mit dem Motiv der engen Verbindung von kontemplativem und tätigem Leben. In Armut, Buße und Gehorsam wollte die Gründerin Amalia Streitel ein Gegengewicht zum religiös-sittlichem Verfall in der Gesellschaft ihrer Zeit bilden. Das deutsche Zentrum der Gemeinschaft ist die Marienburg in Abenberg (Diözese Eichstätt), ein ehemaliges Kloster der Augustiner-Chorfrauen. Die Schwestern sind vor allem in der Erziehung von Kindern und Jugendlichen und in der Altenpflege tätig.

Die Barockkirche birgt das Grab der seligen Stilla (1100–1150), einer Tochter der Grafen von Abenberg. Sie ließ hier die erste Kirche erbauen und lebte in Liebe zu den Armen, Kranken und Kindern. Heute noch wird sie in Abenberg und in der Diözese verehrt. Ihr Fest, zu dem Wallfahrerinnen und Wallfahrer aus der näheren Umgebung kommen, wird am dritten Sonntag im Juli gefeiert.

A Unsere Adresse

Schwestern von der Schmerzhaften Mutter
Kloster Marienburg
91183 Abenberg
Tel. 0 91 78 / 50 90
Fax 0 91 78 / 13 85
E-mail: kloster@ssm-abenberg.de

So finden Sie uns

Mit der DB: Aus Nürnberg zum Bahnhof Schwabach oder Roth.
Mit dem Auto: A Nürnberg–Heilbronn Ausfahrt Schwabach-West oder A München–Nürnberg Ausfahrt Allersberg/Roth. Die Klosteranlagen findet man am Südrand der Stadt. Neben der Burg und der Pfarrkirche sind sie einer der zentralen Punkte von Abenberg.

☞ Was wir Ihnen anbieten

- Exerzitien nach Absprache
- Tage der Stille
- Geistliche Begleitung in Einzelgesprächen
- Mitfeier von Stundengebet und Eucharistie
- Teilnahme am Gemeinschaftsleben (teilweise)
- Teilnahme an den Hausarbeiten

▧ Was wir von Ihnen erwarten

Kostenerstattung nach Absprache. Einhalten der Tagesordnung.

⋙ Ihre Ansprechpartnerinnen bei uns sind

Sr. Hildegardis Sippl; Sr. Klara Weiß.

Franziskusschwestern, Essen

⬡ Wir über uns

Die Gemeinschaft wurde 1919 von dem Franziskanerpater
Quintinus Wirtz gegründet, um der Not in den Familien nach
dem Ersten Weltkrieg entgegen zu wirken.
Die »Schwestern der Familienpflege« entwickelten sich
allmählich zu einer klösterlichen Gemeinschaft, die die Regel
des Dritten Ordens des heiligen Franziskus annahm und
1946 kirchlich anerkannt wurde. Die Aufgabenbereiche
der »Familienpflege « sind heute:

- Betreuung alter und kranker Menschen im Heimbereich und
  in der Ambulanz
- Wahrnehmung von pastoral-seelsorglichen Diensten
- Angebote in der Erwachsenenbildung und Berufepastoral
- Ehrenamtliche Dienste aller Art
- »Eine-Welt-Laden« mit Kreativ-Werkstatt

A Unsere Adresse

Franziskusschwestern
Laarmannstraße 26
45359 Essen
Tel. 02 01/8 69 07-0
Fax 02 01/8 69 07-24

So finden Sie uns

Mit der DB: Essen Hbf mit Tram Linie 105 Richtung Frintrop bis Haltestelle Franziskus-Krankenhaus (ca. 30 Minuten Fahrzeit)
Mit dem Auto: Aus Münster Kreuz Herne A42, Abfahrt Nr. 12 Bottrop, Essen-Borbeck;
Aus Bochum A40 Abfahrt Nr. 18 Mülheim-Winkhausen, Essen-Borbeck;
Aus Duisburg A40, wie oben.
Eine genaue Beschreibung wird auf Anfrage gerne zugesandt.

Was wir Ihnen anbieten

• Tage der Stille
• Mitfeier von Stundengebet und Eucharistie
• Teilnahme am Gemeinschaftsleben
• Teilnahme an den Hausarbeiten (teilweise)
• *Weitere Angebote:* »Kloster auf Zeit«, Besinnungstage
  (Advent, Kar- und Osterliturgie)

Wir haben ein Programm für Sie!

Was wir von Ihnen erwarten

Kostenerstattung nach persönlicher Absprache.

Ihre Ansprechpartnerin bei uns ist

Sr. Simone Thamm.

Kapuziner-Terziarinnen von der Heiligen Familie, Köln

Wir über uns

Der Kapuzinerpater Luis Amigó gründete die Gemeinschaft 1885 bei Valencia in Spanien. Stark franziskanisch ausgerichtet, halfen die Schwestern bei Epidemien und kümmerten sich um verwaiste Kinder. Heute leben 1400 Schwestern in vier Kontinenten in über 20 Ländern, seit 1961 auch in Deutschland, in eher kleinen Gemeinschaften. Die Zeichen der Zeit bestimmen auch heute noch die Aufgaben der einzelnen Schwestern, die von sozial-caritativen bis zu pastoralen Diensten reichen.

Die neun Schwestern, die in zwei Gemeinschaften in Köln leben, kommen aus Deutschland und aus Spanien und arbeiten zum Teil in einem sozialen Brennpunkt. Sie sind mit der Erziehung benachteiligter Kinder betraut, begleiten seelsorgerisch vor allem ältere und psychisch kranke Menschen und ermöglichen Jugendlichen die Begegnung mit sich und mit Gott.

A Unsere Adresse
Kapuziner-Terziarinnen von der Heiligen Familie
»Haus Sürth«
Falderstraße 20
50999 Köln
Tel. 0 22 36 / 6 67 87
Fax 0 22 36 / 3 12 02
E-mail: Terziarinnen.Suerth@t-online.de

So finden Sie uns
Mit der DB: Hbf Köln oder Bonn, mit der U-Bahn Linie 16 bis zur Haltestelle Sürth Bahnhof, von dort aus zu Fuß.
Mit dem Auto: A3 bzw. A4, Abfahrt Köln-Süd, von der A555 Abfahrt Rodenkirchen, rechts halten und immer geradeaus, an der Kreuzung mit der Tankstelle vor der Ampel rechts, nächste Straße wieder rechts, über die Kreuzung hinweg mündet man in die Falderstraße.

Was wir Ihnen anbieten
• Einkehrtage
• Mitfeier von Stundengebet
• *Weitere Angebote:* Sozial-caritatives Engagement (mit älteren Menschen, Freizeitbetreuung von Kindern, Wohnungslosenessen);
»Kloster auf Zeit« bei längeren persönlichen Kontakten

Wir haben ein Programm für Sie!

Was wir von Ihnen erwarten
Kostenerstattung entsprechend dem Einkommen und der Aufenthaltsdauer.

Ihre Ansprechpartnerin bei uns ist
Sr. Maria Broich.

Krankenschwestern vom Regulierten 3. Orden des hl. Franziskus Franziskanerinnen Münster St. Mauritz

 Wir über uns

Pater Christoph Bernsmeyer gründete die Gemeinschaft im Jahr 1844 in Telgte. Weltweit gehören ihr ca. 1450 Schwestern an, davon in Deutschland 952. Schwestern der Gemeinschaft leben und wirken daneben in Polen, den USA, den Niederlanden, Japan, Taiwan, Indien, Haiti, Tschechien, Korea und Afrika.

Die Aufgaben umfassen den heilenden Dienst an
- suchenden und fragenden Menschen aller Altersstufen
- Menschen in geistlicher und seelischer Not
- Menschen in sozialer Armut
- für Menschen in Alter, Krankheit und Behinderung
- für junge Menschen in Ausbildung.

A Unsere Adresse

Franziskanerinnen St. Mauritz
Freiheit 44
48145 Münster
Tel. 02 51/93 37-634
Fax 02 51/93 37-588
E-mail: info@ franziskanerinnen-muenster.de

So finden Sie uns

Vom Hauptbahnhof Münster ca. 20 Minuten Fußweg.

Was wir Ihnen anbieten

- Tage der Stille
- Mitfeier von Stundengebet und Eucharistie
- Teilnahme am Gemeinschaftsleben
- Teilnahme an den Hausarbeiten
- *Weitere Angebote:* Veranstaltungen für junge Erwachsene (Jahresprogramm)

Wir haben ein Programm für Sie!

◤ Was wir von Ihnen erwarten

Frauen sind als Gäste für mehrere Tage willkommen.
Kostenerstattung nach Absprache.

〜 Ihre Ansprechpartnerin bei uns ist

Sr. M. Hiltrud.

Nazarethschwestern vom heiligen Franziskus, Goppeln

⌀ Wir über uns

Im Jahre 1288 wurde der Ort Goppeln mit all seinen Ländereien
von der Markgräfin Elisabeth, der Witwe des Markgrafen
Heinrich des Erlauchten, der Zisterzienserabtei Altzelle geschenkt. In Leubnitz wurde ein Klosterhof erbaut, in Goppeln
entstand durch die Mönche ein Vorwerk. In diesem Dorf erwarb
unsere Gründerin, Mutter M. Augustana (Clara Schumacher),
einen Gutshof, der von den Schwestern aus- und umgebaut
wurde und das Mutterhaus unserer Gemeinschaft ist.
Am 8. Dezember 1923 gründete Mutter M. Augustana die
Gemeinschaft, die als bisher erste und einzige Schwesterngemeinschaft nach der Reformation in der sächsischen Diaspora
entstanden ist. Sie wurde am 15. Juni 1928 als Schwesternkongregation diözesanen Rechts nach der Regel des regulierten
Dritten Ordens des heiligen Franziskus kirchlich anerkannt.
Sie will für Christus Zeugnis geben und im Dienst an der
christlichen Familie apostolisch wirken. Ihre Aufgaben umfassen
heute: Stationäre Alten- und Krankenpflege, Sterbebegleitung,
Haushalts- und Wirtschaftsführung in Pfarrhäusern und kirchlichen Einrichtungen, Seelsorgedienste, Gästebetreuung.

Die Gemeinschaft führt ein Altersheim. Zur Zeit wird eine
Senioren-Wohnanlage gebaut.
Es gibt ein Klosterkaffee, das sonntags (im Sommer auch
samstags) von 14.00 – 17.00 geöffnet ist.

A Unsere Adresse

Mutterhaus Nazarethschwestern vom heiligen Franziskus
Dorfstraße 27

01728 Goppeln
Tel. 03 51/28 00-50
Fax 03 51/28 00-518

▒ So finden Sie uns

Mit der DB: Hbf Dresden, vom Hbf Nord fährt die Tram Linie 9 bis Lennéplatz. Von dort fährt der Bus Linie 75 nach Goppeln (nur die Busse benutzen, an denen Goppeln angeschrieben ist). Dort den Weg zum Kloster erfragen.

☞ Was wir Ihnen anbieten

• Tage der Stille
• Geistliche Begleitung in Einzelgesprächen
• Mitfeier von Stundengebet und Eucharistie
• Teilnahme am Gemeinschaftsleben
• Teilnahme an den Hausarbeiten
• *Weitere Angebote:* Mithilfe im Altenheim

▒ Was wir von Ihnen erwarten

Kostenerstattung nach Absprache.
Bereitschaft, sich in den klösterlichen Tagesablauf einzuordnen.

〰 Ihre Ansprechpartnerinnen bei uns sind

Sr. Aloisia Kunze; Sr. Ancilla Augsten.

Solanusschwestern, Landshut

☉ Wir über uns

Die Solanusschwestern sind seit 1926 als diözesane Ordensgemeinschaft anerkannt. Sie wollen im Sinne des heiligen Franziskus »durch ihr Werk predigen«, an welchem Ort auch immer. Damit möchten sie von der Liebe Christi zu den Menschen Zeugnis geben und zur Kirche hinführen, insbesondere in der Heimat und in der Mission. Sie setzen sich im pflegerischen, sozialen und seelsorglichen Bereich ein. Auch andere Berufe im Rahmen der Gemeinschaft sind denkbar. Ein besonderer Schwerpunkt ist die Kinderkrankenpflege. Die Gemeinschaft ist Trägerin einer Kinderklinik und einer Berufsfachschule für Kinderkrankenpflege in Landshut.
Ihr Missionsgebiet liegt im Nordosten Brasiliens.

A Unsere Adresse

Solanusschwestern
Schönbrunnerstraße 6
84036 Landshut
Tel. 08 71/9 22 18 90
Fax 08 71/2 76 07 92

So finden Sie uns

Mit der DB: Der Bahnhof Landshut liegt genau in der Mitte
der Strecke Regensburg–München. Die Busse Linie 3 und 6 verkehren in Richtung Schönbrunn, Haltestelle Maximilianstraße.
Mit dem Auto: A92 München–Deggendorf Ausfahrt Landshut-
Nord, dort in Richtung Kinderkrankenhaus.

Was wir Ihnen anbieten

- Mitfeier von Stundengebet und Eucharistie
- Teilnahme am Gemeinschaftsleben
- Teilnahme an den Hausarbeiten auf Wunsch
- *Weitere Angebote:* Wir schenken Zeit, hören zu,
  tragen im Gebet mit.

Was wir von Ihnen erwarten

Kostenerstattung auf Spendenbasis (für die Mission).
Begrenzte Zeit des Mitlebens, in der Regel nicht länger als
eine Woche.

Ihre Ansprechpartnerinnen bei uns sind

Sr. M. Lioba Reiser; Sr. M. Bernharda Fuchs,
Tel. 0 87 17 92 21 89-23.

St. Anna-Schwestern – Kongregation vom Regulierten 3. Orden des hl. Franziskus, Ellwangen

Wir über uns

Die Kongregation bischöflichen Rechts in der Diözese
Rottenburg-Stuttgart wurde von Pfarrer Anton Eberhard 1921
mit dem Auftrag der Wöchnerinnenheimpflege in den Familien

gegründet. Dieser Grundauftrag weitete sich zur Kindererziehung, Familien- und Jugendhilfe, Kranken- und
Altenpflege aus. Das Mutterhaus als Zentrum und Heimat will
zusammen mit dem Haus der Stille zum Glauben ermutigen,
Hoffnung vermitteln und neuer Orientierung für Jugendliche
und Erwachsene dienen.
Die heilige Mutter Anna ist Patronin der Gemeinschaft, spirituelle Grundlage die Regel des Regulierten III. Ordens des heiligen Franz von Assisi.

In Ellwangen/Jagst und Umgebung finden sich viele bedeutende
Kirchen und Klöster. Nahe dem Mutterhaus liegt die barocke
Wallfahrtskirche »Unserer lieben Frau vom Schönenberg«. Die
barockisierte romanische Basilika birgt in der gotischen
Liebfrauenkapelle das Grab des »Guten Paters Philipp
Jenningen«.
Ellwangen ist auch Schwerpunkt der künstlerischen Tätigkeit
des Künstlerpfarrers Sieger Köder, dessen Werke in den Kirchen
der Region zu sehen sind.

A Unsere Adresse

St. Anna-Schwestern
Nibelungenweg 1
73479 Ellwangen/Jagst
Tel. 0 79 61/8 82-0 oder -153
Fax 0 79 61/8 82-149

Haus der Stille
Eckartshaldenweg 15
70191 Stuttgart
Tel. 07 11/2 56 94 64

So finden Sie uns

Ellwangen: *Mit der DB:* Auf der Strecke Aalen-Crailsheim
zum Bahnhof Ellwangen.
Mit dem Auto: B290 oder A7 Ausfahrt Ellwangen. In der
Stadtmitte ist die »St. Anna-Klinik« ausgeschildert; in der
Haller Straße an der kleinen Kapelle abbiegen.
Stuttgart: *Mit der DB:* Das Haus der Stille erreicht man über
den Hbf Stuttgart, weiter mit der U5, U6 oder U7 in Richtung

Freiberg, Gerlingen und Killesberg, Haltestelle Eckartshaldenweg. Von der Kirche St. Georg aus sind es noch 5 Gehminuten.
Mit dem Auto: B27, wie oben über Freiberg etc.

Was wir Ihnen anbieten

- Tage der Stille
- Mitfeier von Stundengebet und Eucharistie
- Teilnahme am Gemeinschaftsleben
- *Weitere Angebote:* Ellwangen: Begegnungs- und Besinnungstage für Jugendliche und Frauen, Tage des Mitlebens mit der Möglichkeit für Einzelgespräche; Stuttgart: Besinnungstage für Jugendliche und Frauen, meditativ-kreative Tanzwochenenden

Wir haben ein Programm für Sie!

Was wir von Ihnen erwarten

Kostenerstattung nach Absprache, bzw. lt. Angaben in den entsprechenden Angeboten

Ihre Ansprechpartnerinnen bei uns sind

Sr. Mechthild Wansner (Ellwangen);
Sr. Theresia Danser (Stuttgart).

St. Franziskusschwestern von Vierzehnheiligen, Staffelstein

Wir über uns

Im Jahre 1890 gründete P. Dr. Natili, angerührt von der Not allein gelassener, mittelloser und hilfsbedürftiger Kranker zusammen mit vier Frauen einen Verein für Hauskrankenpflege. Die Frauen stellten Christus in die Mitte ihres einfachen gemeinsamen Lebens und wurden Tertiarinnen im 3. Orden des heiligen Franziskus. Derzeit wirken 217 Schwestern in 22 Filialen (18 davon in Deutschland und 4 in Peru) in Krankenpflege und Seelsorge, in Erziehung und Beratung und in vielen Diensten in und außerhalb der Gemeinschaft.

Auch heute versuchen wir mit unseren Projekten Antwort auf wichtige Anliegen der Kirche zu geben. Auf dem ehemaligen Landwirtschaftsgelände in Vierzehnheiligen entsteht z.B. der »Konradshof – ein neuer Lebensraum für die Familie«.
Unser Apostolat leben wir in franziskanischer Gemeinschaft. Wir schauen auf Christus, dem unser Sein und Wirken gilt.

A Unsere Adresse
Mutterhaus der Franziskusschwestern
Vierzehnheiligen 8
96231 Staffelstein
Tel. 0 95 71 / 95 60-0
Fax 0 95 71 / 95 60-160
E-mail: Info@Franziskusschwestern-Vierzehnheiligen.de

So finden Sie uns
Mit der DB: Bahnhof Lichtenfels, dort mit Bus oder Taxi (ca. 5 km) nach Vierzehnheiligen;
Mit dem Auto: Würzburg A7 bis Schweinfurt, dort auf die A70, ab Bamberger Kreuz B173, Ausfahrt Staffelstein-Nord, 4 km bis Vierzehnheiligen.
Von Bayreuth A70, dann wie oben.
Von Nürnberg A73, dann B173, weiter wie oben.

Was wir Ihnen anbieten
• Tage der Stille
• Einkehrtage
• Geistliche Begleitung in Einzelgesprächen
• Mitfeier von Stundengebet und Eucharistie
• Teilnahme an den Hausarbeiten

Weitere Angebote aus unserem Programm – Fordern Sie es an!
• »Kloster auf Zeit«
• Schweigeexerzitien
• Thematische Wochenenden

Was wir von Ihnen erwarten
Kostenerstattung auf Spendenbasis.
Rücksicht auf die Tagesordnung und die Atmosphäre der Stille.

Ihre Ansprechpartnerinnen bei uns sind
Sr. M. Theresa Gunselmann und
Sr. M. Christina Schirner.

St. Josefskongregation
Franziskanerinnen, Ursberg

Wir über uns

Der Priester Dominikus Ringeisen (1834–1904) kaufte 1884
das alte Prämonstratenserkloster Ursberg zur Betreuung von
Menschen mit Behinderungen. 1897 kam es zur Gründung
Schwesternkongregation »St. Josefskongregation Ursberg«.
1996 verselbständigt die Kongregation das Dominikus-
Ringeisen-Werk als Kirchliche Stiftung des öffentlichen Rechts.
Der Kongregation gehören heute 292 Schwestern an.

Die barocke Klosterkirche weist eine romanische Kreuzigungs-
gruppe (1220/1230) auf.
Die Bibliothek enthält die Weltchronik »Chronicon Urpergense«
verfasst von Propst Burchard (1215–1226).
Das Museum bietet Einblicke in die Geschichte des Prämon-
stratenserklosters, den Aufbau und die Entwicklung der
St. Josefskongregation und deren Niederlassungen.
Der Klosterladen verkauft Artikel aus den Werkstätten
für Behinderte.

Unsere Adresse

St. Joscfskongregation
Klosterhof 2
86513 Ursberg
Tel. 0 82 81/92-0 der -2000
Fax 0 82 81/92-10 00 (Telefonzentrale)
oder –10 03 (Ordensleitung)
E-mail: mgunda.csj@t-online.de

So finden Sie uns

Es bestehen Busverbindungen von Augsburg und Krumbach aus
nach Ursberg.

 **Was wir Ihnen anbieten**

- Tage der Stille
- Geistliche Begleitung in Einzelgesprächen
- Mitfeier von Stundengebet und Eucharistie
- Teilnahme an den Hausarbeiten
- *Weitere Angebote:* Haus Emmaus lädt ein zu Begegnung und Stille, zu Sammlung und Gebet (einfache Zimmer mit WB, Etagendusche und -WC, Küche mit Möglichkeit zur Selbstversorgung).

Wir haben ein Programm für Sie!

Was wir von Ihnen erwarten
Kostenerstattung DM 10–20. Beachtung der Hausordnung.

Ihre Ansprechpartnerinnen bei uns sind
Sr. M. Gunda Gruber, Generaloberin;
Sr. M. Michaelis Schmidt, Noviziatsleiterin;
Sr. M. Lucia Tremel, Leiterin von Haus Emmaus.

Töchter der heiligen Herzen Jesu und Mariä (Franziskanerinnen von Salzkotten)

Wir über uns

1860 gründete Mutter M. Klara Pfänder die Gemeinschaft in Olpe. 1863 erfolgte die Verlegung des Mutterhauses von Olpe nach Salzkotten. Heute ist die Kongregation der Franziskanerinnen von Salzkotten eine internationale Gemeinschaft mit fünf Provinzen: Deutschland, Frankreich, USA, Niederlande, Indonesien und der Region Brasilien sowie Missionsstationen in Malawi/Afrika, Nigeria/Afrika und Rumänien, mit ca. 840 Schwestern. Das Generalat ist in Rom.
Die deutsche Provinz mit dem Mutterhaus in Salzkotten zählt 270 Schwestern in 26 Niederlassungen. Sie hat als erste Aufgabe die immerwährende Anbetung um »Gebetshilfen zu leisten für die bedrängte heilige Kirche« (Gründungskonstitutionen) und ist in den verschiedensten zeitgemäßen apostolisch-caritativen Diensten tätig, u.a. für Frauen, Senioren,

Suchtkranke, Flüchtlinge, Asylsuchende, Obdachlose, sozial-schwache Familien; tätig für Gerechtigkeit und Frieden, in interkongregationaler Zusammenarbeit auf Provinz- und Kongregationsebene, auch in der Franziskanischen Familie.

Der älteste Teil des Mutterhauses und der Kirche wurden 1870 erbaut. In der Kirche sind ein romanisches Kreuz und in der Marienkapelle eine spätgotische Madonna (1490) zu sehen. Im Mutterhaus und im Mutterhausgelände sind u.a. zeitgenössische Kunstwerke von Wilhelm Buschulte, Werner Klenk und Hilde Schürk-Frisch sowie Ikonen von der Ikonenmalerin Katharina Sitnikov-Peters.

Die Anbetung des eucharistischen Herrn wird seit der Gründung der Gemeinschaft Tag und Nacht fortgesetzt.

Führung durch die Einrichtung nach Anmeldung. Kirche und Außenanlagen sind zugänglich von 6.20 bis 12.00 Uhr und von 14.30 bis 18.20 Uhr. Laudes Mo–Fr 6.20 Uhr (Sa 6.45 Uhr mit Eucharistiefeier), Sonn- und Feiertage 7.15 Uhr; werktags Eucharistiefeier 6.45 Uhr, So 7.45 Uhr; Vesper täglich 18.00 Uhr.

Unsere Adresse
Mutterhaus der Franziskanerinnen Salzkotten
Paderborner Straße 7
33154 Salzkotten
Tel. 0 52 58/9 88-5
Fax 0 52 58/9 88-600
E-mail: info@franziskanerinnen-salzkotten.de

 So finden Sie uns
Mit der DB: Nach Salzkotten oder nach Paderborn, dort Busverbindung nach Salzkotten.
Mit dem Auto: A44 Dortmund–Kassel Ausfahrt Salzkotten. Das Mutterhaus liegt direkt an der B1.

Was wir Ihnen anbieten
• Tage der Stille
• Einkehrtage
• Geistliche Begleitung in Einzelgesprächen

- Mitfeier von Stundengebet und Eucharistie
- Teilnahme am Gemeinschaftsleben
- Teilnahme an den Hausarbeiten
- *Weitere Angebote:* Meditations- und Besinnungswochenenden für junge Erwachsene

Wir haben ein Programm für Sie!

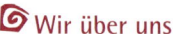 Was wir von Ihnen erwarten
Kostenerstattung auf Spendenbasis für Missionsaufgaben

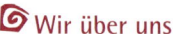 Ihre Ansprechpartnerin bei uns ist
Sr. M. Gabriele Lüdenbach, E-mail: gabriele@fcjm.de.

Johannesschwestern von Maria Königin, Leutesdorf

 Wir über uns

1919 gründete der Trierer Diözesanpriester Johannes Maria Haw in Leutesdorf den Johannesbund, aus dem – neben den Missionaren vom heiligen Johannes dem Täufer – am 12. Juni 1928 die Gemeinschaft der Johannesschwestern als Kongregation bischöflichen Rechts hervorging. Nach der gewaltsamen Auflösung durch das NS-Regime 1941 erfolgte nach Kriegsende der Wiederaufbau des Werkes. Die Schwestern wollen in einer erlösungsbedürftigen Welt im Sinne Johannes des Täufers, ihres Patrons, ein Zeugnis der Hoffnung geben. Ihr Dienst umfasst pastorale und caritativ-soziale Aufgaben in der Gemeindepastoral, in Exerzitien- und Bildungseinrichtungen, in der Kinder- und Jugendarbeit, in der Katholischen Schriftenmission und im Krankenapostolat, in stationärer und ambulanter Altenhilfe, in der Sozialarbeit in sozialen Brennpunkten und insbesondere für Menschen am Rand der Gesellschaft, sowie die Mission in Indien und Mosambik.

Die Schwestern treten für die Würde und Berufung der Frau ein und helfen Frauen in Not.
Eine Gruppe widmet sich in Zurückgezogenheit der Eucharistischen Anbetung.

A Unsere Adresse

Mutterhaus der Johannesschwestern
von Maria Königin
August-Bungert-Allee 7
56599 Leutesdorf
Tel. 0 26 31/9 76-103
Fax 0 26 31/9 76-250

So finden Sie uns

Mit der DB: Auf der rechtsrheinischen Strecke Koblenz–Köln
nach Bad Hönningen oder Neuwied, von dort stündlich mit
dem Bus Linie 6107 nach Leutesdorf.
Mit dem Auto: B42 von Linz oder Neuwied aus nach
Leutesdorf-Ortsmitte (Pfarrkirche). Die Brücke über den
Bahndamm benutzen, rechts weiter fahren und dann in die
erste (Am Türchen) oder zweite (Johannes-Haw-Str.) Straße
rechts einbiegen.

Was wir Ihnen anbieten

• Tage der Stille
• Geistliche Begleitung in Einzelgesprächen
• Mitfeier von Stundengebet und Eucharistie
• Teilnahme am Gemeinschaftsleben

Wir haben ein Programm für Sie!

Was wir von Ihnen erwarten

Kostenerstattung je nach Möglichkeit und vorheriger
Absprache.

Ihre Ansprechpartnerinnen bei uns sind

Generaloberin Sr. Luitgardis Pauwelyn;
Provinzoberin Sr. M. Tharsilla Schmitz.

Josefsschwestern von Trier

Wir über uns

Die soziale und religiöse Not bewog Josephine Gräfin
Schaffgotsch und Bischof Dr. Michael Felix Korum am
31.7.1891, dem Fest des heiligen Ignatius von Loyola, eine

Kongregation zu gründen, deren Mitglieder sich der sozialen und religiösen Nöte der Menschen annehmen. Die geistlichen Übungen des Ignatius von Loyola, die zu einer vertieften Christusbeziehung führen, sowie alle anderen sozialen und pastoralen Dienste sind darauf ausgerichtet, Suchenden zu helfen, den tieferen Sinn ihres Lebens zu finden.
Der Einsatzbereich der 65 Mitglieder ist Europa und Bolivien. Noviziate befinden sich in Trier und Cochabamba/Bolivien.

Das Grab der Stifterin ist in Trier. In der Mutterhauskapelle befinden sich kunstvolle Fenster aus der Gründerzeit und ein holzgeschnitzter Flügelaltar.
Erwähnenswert ist auch eine alte Libanonzeder!

A Unsere Adresse
St. Josefsstift
Franz-Ludwig-Str. 7
54290 Trier
Tel. 06 51 / 97 69-0
Fax 06 51 / 97 69-111

 **So finden Sie uns**

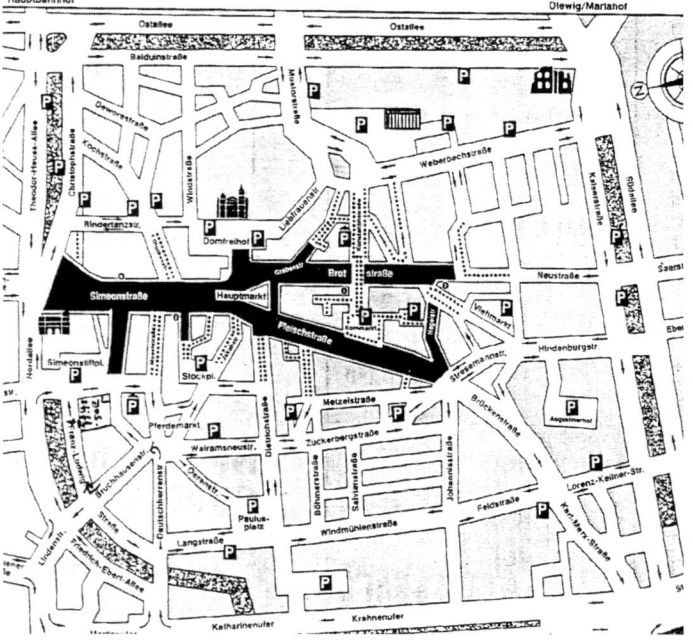

Was wir Ihnen anbieten
- Ignatianische Einzel- und Gruppenexerzitien
- Tage der Stille
- Einkehrtage
- Geistliche Begleitung
- Mitfeier von Stundengebet und Eucharistie
- Teilnahme am Gemeinschaftsleben und Mitarbeit
- *Weitere Angebote:* Meditationskurse und Bibelarbeit, Fastenkurse, meditative Tanzwochenenden, Vortragsexerzitien, Belegkurse für Exerzitien und Fortbildungsveranstaltungen

Wir haben ein Programm für Sie!

Was wir von Ihnen erwarten
Kosten VP 30, HP 25, ÜF 20. Bis zu 3 ÜB 2,50 Aufschlag.

Ihre Ansprechpartnerinnen bei uns sind
Sr. Mirjam Helmes, Sr. Patricia Finkler.

Karmelitinnen Auderath

Wir über uns
Die kleine kontemplative Gemeinschaft wurde 1922 gegründet.

Unsere Adresse
Karmel St. Josef
Waldfrieden 1
56766 Auderath
Tel. 0 26 76/5 14
Fax 0 26 76/91 07 89

So finden Sie uns
Mit der DB: Zum Bahnhof Cochem, dort mit dem Bus in Richtung Ulmen.
Mit dem Auto: Auf der A48 Ausfahrt Ulmen, dort in Richtung Cochem.

Was wir Ihnen anbieten
- Tage der Stille
- Mitfeier von Stundengebet und Eucharistie

Was wir von Ihnen erwarten
Kostenerstattung auf Spendenbasis.

Ihre Ansprechpartnerin bei uns ist
Sr. Hildegard Grimme.

Karmelitinnenkloster St. Josef OCD, Aufkirchen am Starnberger See

Wir über uns
Das Kloster wurde 1896 von Karmelitinnen aus Wien und Mayerling gegründet. Die kontemplative Gemeinschaft beobachtet die päpstliche Klausur. Hauptaufgabe des Teresianischen Karmel ist das liturgische Gebet und vor allem das meditative Beten (Betrachtung). Der Lebensunterhalt wird mit Arbeit in Haus und Garten sowie kleineren Arbeiten (Wäschemangel, Kirchenwäsche u.a.) bestritten.

A Unsere Adresse
Karmel Aufkirchen
Marienplatz 1
82335 Berg (bei Starnberg)
Tel. 0 81 51/53 31.

So finden Sie uns
Mit der DB: München Hbf, von dort mit der S6 bis Starnberg und dann mit dem Bus in Richtung Wolfratshausen oder Ammerland nach Berg-Aufkirchen.
Mit dem Auto: Auf der Autobahn München – Garmisch bis zur Ausfahrt Starnberg, von dort nach Percha in Richtung Berg.

Was wir Ihnen anbieten
• Möglichkeit der Mitfeier von Stundengebet und Eucharistie.
• Aufgrund der strengen Klausur können die Gäste an Eucharistie und Chorgebet lediglich von der Kapelle aus teilnehmen; deswegen ist auch ein Mitleben in der Gemeinschaft nicht möglich. Eine Schwester steht aber gerne zum Gespräch zur Verfügung.

◪ Was wir von Ihnen erwarten

Wegen mangelnder Unterbringungsmöglichkeiten können Gäste für längere Zeit leider nicht aufgenommen werden.

〰 Ihre Ansprechpartnerin bei uns ist

Sr. M. Alberta Bader.

Karmel Regina Martyrum, Berlin

◉ Wir über uns

Das erste Karmelitinnenkloster in Berlin wurde 1984 nahe der Gedenk- und Hinrichtungsstätte Plötzensee und neben der Gedenkkirche für die Opfer der NS-Zeit »Maria Regina Martyrum« errichtet. Die Gründerinnen kamen aus dem Karmel Heilig Blut in Dachau. Beide Ort fordern dazu heraus, die Erinnerung an die dunkelste Periode deutscher Geschichte wach zu halten und sensibel zu werden für heutige Formen der Intoleranz und Diskriminierung, aber auch sensibel für Menschen, die auf Teilnahme eines anderen warten.
Der kontemplative d.h. primär auf ein Leben des Gebetes ausge-richtete Orden geht auf die Reform der heiligen Teresa von Avila (1515–1582) zurück. Entsprechend der Weite ihrer Spiritualität möchten die Schwestern in der Großstadt Berlin einen Raum der Stille und des Gebetes schaffen, der suchenden Menschen offen steht.

Die 1963 eingeweihte Gedenkkirche Maria Regina Martyrum ist seit der Karmelgründung auch Klosterkirche. Sie prägt in ihrer starken Aussagekraft die Gottesdienste der Schwestern. Dombaumeister Hans Schädel aus Würzburg gestaltete im Außen- wie im Innenbau das spannungsreiche Thema: Anbruch von Gottes Heil mitten in einer Welt von Leiden, Schuld und Tod. Georg Meistermann schuf das Altargemälde, Fritz König die Pietà und O. H. Hajek den monumentalen Kreuzweg auf dem Feierhof.
Raum der Stille ist insbesondere der Meditationsraum der Gäste.

Im Klosterladen erwarten werden Bücher und Kunsthandwerk,
u.a. verzierte Kerzen aus der eigener Werkstatt angeboten.
Der in wenigen Minuten zu erreichende Volkspark
Jungfernheide bietet Gelegenheit zur Bewegung in frischer Luft.

A Unsere Adresse
Karmel Regina Martyrum
Heckerdamm 232
13627 Berlin
Tel. 0 30 / 3 82 60 11
Fax 0 30 / 38 30 98 92

So finden Sie uns
Mit der DB: Berliner Bahnhof Zoo, Bus Linie 109 bis zur
Haltestelle Weltlingerbrücke/Heckerdamm oder mit der U7
bis Haltestelle Jakob-Kaiser-Platz, dort 5 Gehminuten oder
1 Station mit Bus Linie 109 oder 121 zum Heckerdamm.
Mit dem Auto: Über die A111 Ausfahrt Heckerdamm. Von
Norden kommend links, von Süden kommend rechts einbiegen.
Nach ca. 200 m auf der linken Seite Einfahrt neben dem Schild
»Karmelitinnenkloster«, Parkplatz.

Was wir Ihnen anbieten
• Exerzitien für Einzelgäste nach Vereinbarung
• Tage der Stille
• Einkehrtage
• Geistliche Begleitung in Einzelgesprächen
• Mitfeier von Stundengebet und Eucharistie
• *Weitere Angebote:* Tage der Begegnung für Interessierte
  am Ordensleben

Was wir von Ihnen erwarten
Tagessatz DM 45 (Ermäßigung möglich).
Bereitschaft und Fähigkeit, sich auf die Stille einzulassen.
Rauchen im Haus ist nicht gestattet.

Ihre Ansprechpartnerinnen bei uns sind
Sr. Maria-Theresia Smith; Sr. Marie-Luise Wiesweg.

Kloster der Karmelitinnen
Karmel St. Michael, Dorsten-Lembeck

⑥ Wir über uns

Ende des 12. Jahrhundert wurde der Orden der Allerseligsten Jungfrau Maria vom Berge Karmel auf dem Berg Karmel im heutigen Israel gegründet. 1452 entstand der weibliche Zweig, den Teresa von Avila, die spanische Heilige und Mystikerin, die selber neue Klöster gründete, reformierte.

Durch ihr Leben und ihre mystischen Schriften lehren die Ordensheiligen den Weg der Kontemplation, den Weg der Sehnsucht nach Gott, den wir in unserem Inneren entdecken. Er erschließt in Schweigen und Gebet, in der Spannung zwischen Einsamkeit und Communio in einer kleinen schwesterlichen Gemeinschaft eine neue Welt.

Herzstück des Karmel Lembeck ist die St. Michaelis-Kapelle, die von Johann Conrad Schlaun erbaut und am 29. September 1727 eingeweiht wurde.

Der Klosterladen bietet Devotionalien und Handarbeiten, Bücher aus der und über die Karmelspiritualität, verzierte Kerzen für Sakramentenfeiern und andere Anlässe, Kunstkarten aus eigener Werkstatt an.

A Unsere Adresse

Karmel St. Michael
Rhader Straße 132
46286 Dorsten-Lembeck
Tel. 0 23 69 / 9 88 62-0
Fax 0 23 69 / 9 88 62-62
E-mail: karmel.st.michael.lembeck@t-online.de

𝕽 So finden Sie uns

Mit der DB: Zum Bahnhof Rhade an der Strecke Essen–Borken oder zum Bahnhof Lembeck an der Strecke Dorsten–Coesfeld.
Mit dem Auto: Über die A31 zur Abfahrt Lembeck.

⌁ Was wir Ihnen anbieten
• Tage der Stille
• Mitfeier von Eucharistie und Stundengebet

Wir haben ein Programm für Sie!

⚑ Was wir von Ihnen erwarten
Die Schwestern sind für eine kleine Spende dankbar.

⟁ Ihre Ansprechpartnerin bei uns
Sr. Teresa Benedicta OCD.

Karmel von der Heiligen Familie, Düren

⟲ Wir über uns
Der Karmel geht in seiner Gründung zurück auf den Karmel in
Köln. Im Kulturkampf 1875 wurden die Schwestern nach Echt in
Holland vertrieben. 1887 bekamen sie in Thiergarten ein Haus
mit Oratorium zur Verfügung gestellt, konnten sich aber nach
einigen Jahren, am 24. August 1903, in Düren niederlassen.
Heute gehören dem Konvent 21 Schwestern an (18 Schwestern
mit ewiger und 3 Schwestern mit zeitlicher Profess).
Sie bestreiten ihren Lebensunterhalt seit 1969 mit
Buchbinderarbeiten und Kerzenverkauf.

A Unsere Adresse
Karmel von der Heiligen Familie
Kölner Landstraße 261
52351 Düren/Rhld.
Tel. 0 24 21/39 26 96
Fax 0 24 21/39 36 39

⟊ So finden Sie uns
Mit der DB: Nach Düren; dort zum Kaiserplatz (Stadtmitte); hier
fährt der Bus 208 ab 6.30 stündlich zur Haltestelle Distelrath,
an der sich das Kloster befindet.
Mit dem Auto: Aus Aachen/Köln zur Ausfahrt Düren, dort stadteinwärts bis zum Kreisverkehr, auf die B264 in Richtung Köln;
dies ist bereits die Kölner Landstraße, noch 1 km Fahrt zum

Kloster (vor Lidl). Von der A61/E40 aus Koblenz bis zur Ausfahrt Erftstadt/Gymnich, dort Beschilderung, oder aus Mönchengladbach zur Ausfahrt Kerpen bis Kreisverkehr; wie oben.

Was wir Ihnen anbieten

- Tage der Stille
- Geistliche Begleitung in Einzelgesprächen
- Mitfeier von Stundengebet und Eucharistie
- *Weitere Angebote:* Wer sich ernsthaft zu einem kontemplativen Leben berufen fühlt und Anzeichen einer ernstzunehmenden kontemplativen Berufung zeigt (Punkt 134 der Konstitutionen von 1991), kann diese Lebensform innerhalb der Klausur bis maximal drei Monate mit Erlaubnis von Priorin und Konventkapitel kennen lernen.

Was wir von Ihnen erwarten

Kostenerstattung und Aufenthaltsdauer nach vorheriger Absprache; Auszubildende und Studierende frei.

Ihre Ansprechpartnerin bei uns ist

Die Priorin.

Karmelitinnenkloster, Erlangen

Wir über uns

1969 wurde das Kloster vor der Kulisse der Hochhäuser der Stadt Erlangen bezogen. Die schlichte Anlage birgt Räume für die Schwestern, einen Garten, Arbeitsstätten (Hostienbäckerei) und einige Gästezimmer. Mittelpunkt des Hauses ist die Kirche, in der Gläubige und Gäste zusammen mit den Schwestern beten und Eucharistie feiern.

A Unsere Adresse

Karmelitinnenkloster
Forchheimerstraße 27
91056 Erlangen
Tel. 0 91 31/99 27-27
Fax 0 91 31/99 27-60
E-mail: karmel@dekanat-erlangen.de

So finden Sie uns

Mit der DB: Erlangen Hbf, dort mit Bus Linie 286 oder 287 in Richtung Büchenbach bis zur Haltestelle Büchenbach/Schule. *Mit dem Auto:* AB-Ausfahrt Erlangen-West.

Was wir Ihnen anbieten

• Tage der Stille
• Geistliche Begleitung in Einzelgesprächen
• Mitfeier von Stundengebet und Eucharistie
• Teilnahme an den Hausarbeiten

Was wir von Ihnen erwarten

Kostenerstattung auf Spendenbasis.

Karmelitinnenkloster Maria vom Frieden, Köln

Wir über uns

Der Karmel »Maria vom Frieden« in Köln besteht – mit mehreren Unterbrechungen – seit 1637 als Ort des Gebetes und der Stille inmitten der Stadt. Der geregelte Tagesablauf in der Klausur schafft uns den inneren Raum dazu. Die Arbeiten im Haus und zu unserem Unterhalt verrichten wir, wenn möglich, im Schweigen. Mit der Kirche und mit allen Menschen und stellvertretend für sie feiern wir täglich die Eucharistie, singen und beten das Gotteslob im Stundengebet, zu dem wir uns fünfmal am Tag versammeln, und tragen Gott die Anliegen und Nöte unserer Zeit vor. Zwei Stunden am Tag sind dem inneren Gebet und der Betrachtung gewidmet.

Mit dem Gebet für den Frieden in Kirche und Welt stehen wir in der mehr als 360-jährigen Tradition der innerstädtischen Wallfahrt zum Gnadenbild der »Königin des Friedens«, das in unserer Kirche verehrt wird.

Aus der Verbundenheit mit der hl. Edith Stein, die von 1933–1938 als Sr. Teresia Benedicta a Cruce im Kölner Karmel gelebt hat, erwächst unser Anliegen, den jüdisch-christlichen Dialog mitzutragen.

Es gibt das Edith-Stein-Archiv, die Hostienbäckerei, eine Kerzenwerkstatt und einen Klosterladen.

A Unsere Adresse
Karmelitinnenkloster Maria vom Frieden
Vor den Siebenburgen 6
50676 Köln
Tel. 02 21/31 16 37
Fax 02 21/3 10 02 95

So finden Sie uns
Mit der DB: Hbf Köln, mit der U16 bis Ulrepforte oder mit Bus Linie 132 bis Severinstraße.
Mit dem Auto: Nord-Südfahrt in Richtung Altstadt Süd bis Ulrichgasse, von dort Abzweigung der Straße Vor den Siebenburgen.

Was wir Ihnen anbieten
- Exerzitien für Einzelgäste
- Tage der Stille
- Geistliche Begleitung in Einzelgesprächen
- Mitfeier von Stundengebet und Eucharistie
- Teilnahme an den Hausarbeiten außerhalb der Klausur
- Nur Aufnahme von Einzelgästen möglich, keine Exerzitienbegleitung

Was wir von Ihnen erwarten
Der Aufenthalt im Kloster ist kostenlos; die Schwestern erbitten eine Spende.

Ihre Ansprechpartnerinnen bei uns sind
Priorin Sr. Ancilla Wißling OCD;
Sr. Ursula Mensing OCD.

Karmelitinnenkloster Rödelmaier

✆ Wir über uns

Der Karmel wurde 1926 von Sr. M. Gabriela aus dem Karmel Wien-Baumgarten gegründet. Die kontemplative Gemeinschaft sieht ihre Hauptaufgabe im persönlichen und gemeinschaftlichen Gebet. Der Lebensunterhalt wird mit einer Hostienbäckerei und dem Verzieren von Kerzen bestritten. Derzeit leben 13 Schwestern im Karmel, so dass das Gemeinschaftsleben familiär ist und durch Einfachheit und Offenheit im Umgang miteinander bestimmt wird.

A Unsere Adresse

Karmelitinnenkloster »Regina Pacis«
Kirchweg 1
97618 Rödelmaier
Tel. 0 97 71 / 61 28-0
Fax 0 97 71 / 61 28-20

℟ So finden Sie uns

Mit der DB: Bahnstation Bad Neustadt/Saale, von dort mit dem Taxi nach Rödelmaier.
Mit dem Auto: Auf der B19 aus Würzburg kommend oder der B279 aus Fulda oder der B19 aus Eisenach oder der B279 aus Bamberg nach Bad Neustadt, dort über Herschfeld nach Rödelmaier.

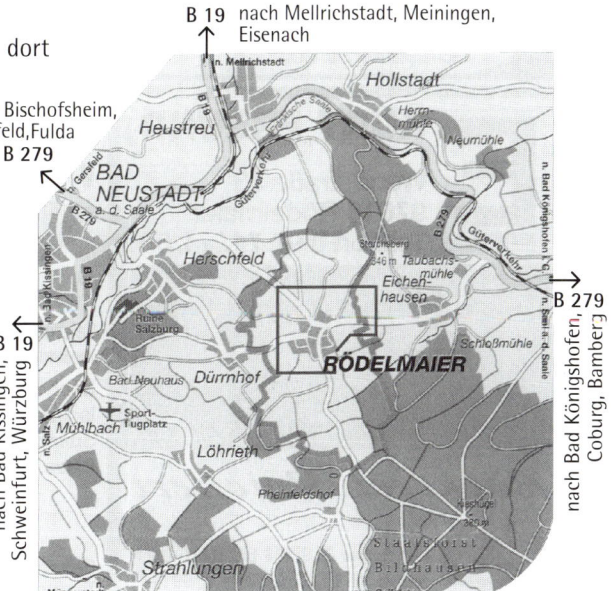

B 19 nach Mellrichstadt, Meiningen, Eisenach

nach Bischofsheim, Gersfeld, Fulda
B 279

B 279

B 19

nach Bad Kissingen, Schweinfurt, Würzburg

nach Bad Königshofen, Coburg, Bamberg

Was wir Ihnen anbieten

- Tage der Stille
- Mitfeier von Stundengebet und Eucharistie
- *Weitere Angebote:* Teilnahme an Meditationen; Gespräche und Mitarbeit nach Vereinbarung

Was wir von Ihnen erwarten

Es stehen sechs Einzelzimmer zur Verfügung.
Kein fester Tagessatz, Spendenbasis.
Erwartet wird Sinn für eine Atmosphäre der Stille und des Gebets und Verständnis für einen einfachen Lebensstil.

Ihre Ansprechpartnerinnen bei uns sind

Sr. Ancilla Bulowski; Sr. Elisabeth Weiß.

Edith-Stein-Karmel, Tübingen

Wir über uns

Der weltweit erste Edith-Stein-Karmel wurde von Bischof Moser am 3. Dezember 1978 in der Villa Hügel in Tübingen errichtet. Die Philosophin Edith Stein war jüdischer Herkunft und starb als Opfer der Shoa in Auschwitz. Die Gemeinschaft pflegt das christlich-jüdische Gespräch. Vom 8. auf den 9. August, dem Tag der Ermordung Edith Steins in Auschwitz, wird im Karmel jährlich der sechs Millionen ermordeter jüdischer Frauen, Männer und Kinder in der Zeit der nationalsozialistischen Judenverfolgung (1933–1945) gedacht. Viele junge und ältere Menschen suchen im Kloster Stille und Gebet in einer überrationalisierten Gesellschaft.

Der Karmel will in besonderer Weise die Theologie des II. Vatikanischen Konzils leben in Liturgie und geistlicher Begleitung, in Forschungen über die großen Frauengestalten im Karmel: Teresa von Avila, Edith Stein, Therese von Lisieux, Elisabeth von Dijon.
Es gibt einen gut sortierten Schriftenstand mit Büchern vor allem über Karmelspiritualität (Prospekt anfordern).

Eigene Weberei für Priesterstolen, Bildgewebe,
Meditationsteppiche u.a., auf Bestellung Verzierung von Kerzen
zu Taufe und Hochzeit und anderen Anlässen.
Auslieferung der österreichischen Karmelzeitschrift »Christliche
Innerlichkeit«.

A Unsere Adresse

Edith-Stein-Karmel
Neckarhalde 64+66
72070 Tübingen
Tel. 0 70 71 / 4 31 34
Fax 0 70 71 / 4 53 94

So finden Sie uns

Mit der DB: Hbf Tübingen (Hauptausgang), durch die Unter-
führung, links halten, durch den Park zur Uhlandstraße, beide
Neckararme überqueren. Vor dem Fußgängertunnel links in die
Neckarhalde, Richtung Campingplatz. Nach ca. 400 m liegt über
der Schloßbergtunnelstraße ein gelb-braunes Fachwerkhaus: der
Karmel.

Mit dem Auto: Aus Richtung Stuttgart/Reutlingen/Böblingen:
Die Stuttgarter/Reutlingerstraße nehmen, über die Bahngleise in
die Friedrichstraße, dort gleich links halten zur Europastraße am
Park entlang; die erste Straße rechts über die Alleenbrücke,
erste Straße links in die Neckarhalde in Richtung Campingplatz.
Rechts liegt 400m erhöht der Karmel mit vier Stellplätzen vor
dem Haus.

Aus Richtung Rottenburg/Horb: Die Europastraße nehmen bis
kurz nach den Bahngeleisen, links abbiegen, über die
Alleenbrücke, dann links in die Neckarhalde

Aus Richtung Herrenberg: Die Rheinlandstraße nehmen, durch
den Schloßbergtunnel, bei der Gabelung in die rechte Straße,
dort aber links halten. Nach der Ampel scharf links in die
Europastraße, sehr bald nach den Schienen scharf links in die
Alleenbrücke über den Neckar, danach erste Straße links in die
Neckarhalde.

Was wir Ihnen anbieten

• Exerzitien für Einzelgäste
• Tage der Stille

- Geistliche Begleitung in Einzelgesprächen
- Mitfeier von Stundengebet und Eucharistie
- Teilnahme an den Hausarbeiten
- *Weitere Angebote:* Angebote für Gruppen nur tagsüber und nach Vereinbarung. Teilnahme am Gemeinschaftsleben zur Berufsklärung möglich.

⚐ Was wir von Ihnen erwarten
Kostenerstattung nach Absprache.

〰 Ihre Ansprechpartnerin bei uns ist
Sr. Anna Maria Strehle.

Karmelitinnenkloster St. Teresa, Weimar

⟳ Wir über uns

Der am 15. Oktober 1995 gegründete Karmel ist das erste Karmelitinnenkloster in den neuen Bundesländern (Thüringen – Bistum Erfurt). Seit Juli 1996 wohnen die derzeit sechs Schwestern im erweiterten Pfarrhof von Weimar-Schöndorf. Sie möchten durch ihr Leben als kontemplativer Orden ein Zeichen setzen für Gottes Gegenwart in der Welt, besonders in der ostdeutschen Diaspora. Sie tragen im Gebet – ihrer Hauptaufgabe – die großen Umwandlungen in Kirche und Gesellschaft und die Nöte der Menschen mit. Sie sind offen für alle, die mitbeten, ihre Anliegen vortragen und Tage der Stille und Besinnung erleben wollen.

Aus der Geschichte: Die Jugend von Thüringen nahm das 1200-jährigen Bonifatius-Jubiläum zum Anlass, zu Ehren dieses Glaubensboten eine Kirche zu errichten. Sie opferten jede Woche einen Stundenlohn und leisteten viele freiwillige Arbeitsstunden als »Bauhelfer«. Die Kirche mit einem schönen Kreuzweg-Mosaik, das nur mit Handmotiven gestaltet ist, und der Pfarrhof wurden 1955-57, also zur DDR-Zeit, in einfachem und harmonischem Stil erbaut. 1994-96 erfolgten Renovierung und Neugestaltung des Chorraumes für die Liturgie als Klosterkirche.

A Unsere Adresse

Karmelitinnenkloster St. Teresa
Edith-Stein-Straße 1
99427 Weimar
Tel. 0 36 43/42 00 74
Fax 0 36 43/42 00 45
E-mail: karmel-weimar@t-online.de

 So finden Sie uns

Mit der DB: Zum Hbf Weimar, dort mit Bus Linie 7 in Richtung
Siedlung Schöndorf (ca. 10 Minuten). Der Bus fährt täglich im
12-Minuten-Takt, Wochenende im 15-Minuten-Takt.
Mit dem Auto: Auf der A4 Frankfurt–Dresden bis zur Ausfahrt
Weimar, dort auf die B85 in Richtung Bad Frankenhausen. Das
Kloster liegt direkt an der B85 nördlich von Weimar-City in
Schöndorf.

 Was wir Ihnen anbieten

• Exerzitien für Einzelgäste
• Tage der Stille
• Geistliche Begleitung in Einzelgesprächen
• Mitfeier von Stundengebet und Eucharistie
• *Weitere Angebote:* Teilnahme am Gemeinschaftsleben nur
  für Interessentinnen nach vorangegangenen Gastauf-
  enthalten.

Ein Faltblatt über das Kloster kann angefordert werden.

Was wir von Ihnen erwarten

Die beiden Gästezimmer stehen allen Menschen offen.
Kostenerstattung auf Spendenbasis.
Die Lebens- und Tagesordnung ist auf eine Atmosphäre
der Stille und des Gebetes hingeordnet.
Die Teilnahme an der Liturgie ist freiwillig.

Ihre Ansprechpartnerin bei uns ist

Sr. Hildegard Lermer, Priorin, OCD.

Kreuzschwestern von Straßburg, Bingen

⑤ Wir über uns

Madame Adéle de Glaubitz gründete die Gemeinschaft 1848 in Straßburg. Die Kreuzschwestern sind heute in der deutschen und in der französischen Provinz und in einer Missionsstation in Kamerun tätig. Seit 1920 bietet das Provinz-Mutterhaus in Bingen, Rochusberg, Begegnungen und die Möglichkeit, Leben und Glauben zu teilen an für unterschiedliche Gruppen.
An anderen Orten der deutschen Provinz arbeiten die Kreuzschwestern in der Behinderten-, Jugend- und Altenhilfe und in Sozialstationen

Im neu errichteten Hildegard-Forum soll das Charisma der Gemeinschaft mit den heilenden Botschaften der heiligen Hildegard verbunden und neue Wege zum Menschen gegangen werden.
Im Forum befindet sich ein Klosterladen.

A Unsere Adresse

Provinz-Mutterhaus der Kreuzschwestern
St. Hildegardishaus
Rochusberg 1
55411 Bingen
Tel. 0 67 21 / 9 28-0
Fax 0 67 21 / 9 28-159

🕮 So finden Sie uns

Mit der DB: »Stadt-Hbf Bingen/Rhein« oder Hbf Bingerbrück, von dort mit dem Taxi oder – vom Stadtbahnhof aus – mit dem Citybus (30-Minuten-Takt) zum Hildegardishaus.
Mit dem Auto: A60 aus Richtung Ingelheim/Mainz/Darmstadt Ausfahrt Bingen-Kempten, weiter auf der L419 »Mainzer Straße«;
A61 aus Richtung Koblenz Ausfahrt Bingen;
in der Innenstadt von Bingen den Schildern »Rochusberg« folgen, Rochusstraße – Rochusallee – Hildegardishaus.

☞ Was wir Ihnen anbieten

- Exerzitien für Einzelgäste
- Exerzitien für Gruppen
- Tage der Stille
- Einkehrtage
- Geistliche Begleitung in Einzelgesprächen
- Mitfeier von Stundengebet und Eucharistie
- Teilnahme am Gemeinschaftsleben
- Teilnahme an den Hausarbeiten
- *Weitere Angebote:* Hildegard-Forum: Begegnungsstätte mit den Botschaften der hl. Hildegard von Bingen

Wir haben ein Programm für Sie!

🗒 Was wir von Ihnen erwarten

Im Haus der Stille soll Stille herrschen. Kostenerstattung auf Spendenbasis, Richtpreis: pro Tag DM, 50 bei Mitarbeit DM 35. Im Selbstversorgerhaus St. Berta soll auf die anderen Gäste, auf Inventar und Ausstattung Rücksicht genommen werden. Bei den Exerzitien ist Teilnahme von Anfang bis Ende Voraussetzung.

⚡ Ihre Ansprechpartnerinnen bei uns sind

Sr. Ancilla-Maria Ruf; Sr. Gabriele Tuscher; Sr. Franziska Theresa Hohendorf (Haus der Stille).

Maria-Ward-Schwestern, Augsburg Exerzitienhaus und Geistliches Zentrum

⑤ Wir über uns

Maria Ward (1585–1645) wollte im 17. Jahrhundert ein Institut nach den Satzungen des Ignatius von Loyola gründen. Die Mitglieder sollten, gebunden an Gott, frei sein für den Dienst am Menschen und offen für die Nöte der Zeit. Die daraus erwachsende Klausurfreiheit und der apostolische Dienst brachten ihr den kirchlichen Bann und die Aufhebung der Gemeinschaft. Unter größten Schwierigkeiten setzten die

Gefährtinnen Maria Wards ihr Werk fort. Das Institut erhielt erst 1978 die Satzungen des Ignatius von Loyola.

Eine der Gefährtinnen Maria Wards, Mary Poyntz, gründete 1662 das Augsburger Haus.
Die Schwestern engagieren sich heute in Gymnasien, Realschulen, einem Internat und in Tagesheimen sowie in der Gemeinde- und Sonderseelsorge. Geistliche Begleitung, Ignatianische Exerzitien, Besinnungswochenenden, Meditation, Tanz, Besinnungs- und Oasentage werden im Exerzitienhaus angeboten. Im Geistlichen Zentrum Maria Ward, das sich im Aufbau befindet, kann das geistliche Vermächtnis Maria Wards erfahren und gelebt werden für alle, die nach dem Ignatianischen Weg Maria Wards fragen (Ignatianische Pädagogik, Wanderexerzitien ...).

Das »Gemalte Leben in Augsburg« zeigt 50 Bilder über den geistlichen Weg Maria Wards.

A Unsere Adressen

Maria-Ward-Insitut
Frauentorstraße 26
86152 Augsburg
Tel. 08 21/5 02 72-0
Fax 08 21/5 02 72-66

Geistliches Zentrum Maria Ward
Frauentorstraße 26
86152 Augsburg
Tel. 08 21/34 63-607
Fax 08 21/34 63-675
E-mail: MaryWardZentrum@aol.com

Maria-Ward-Haus
Karmelitengasse 9
86152 Augsburg
Tel. 08 21/5 02 72-53
E-mail: Maria-Ward-Haus-Augsburg@t-online.de
Internet: www.maria-ward-exerzitienhaus-augsburg.de

So finden Sie uns

Mit der DB: Hbf Augsburg, dort mit Tram Linie 2 in Richtung Kriegshaber bis zum 5. Halt »Mozarthaus«.

Mit dem Auto: A8 (Stuttgart–München) Ausfahrt Augsburg-Ost, in Richtung Stadtmitte über die Lechtalbrücke bis MAN. Hier in die mittlere Spur einordnen und rechts abbiegen, dann sofort links in die Thommstraße bis zur Ampel (links einordnen) und durch das Fischertor in die Frauentorstraße. Die dritte Querstraße links ist die Karmelitengasse. Das Maria-Ward-Haus liegt an der linken Straßenseite. Parkmöglichkeiten im Hof nur in den Ferien und am Wochenende.

Oder: Bis zur MAN, dort ganz links einordnen in die Georg-Haindl-Straße, die erste Querstraße rechts (Stephingerberg) hochfahren und links in die Frauentorstraße einbiegen.

Was wir Ihnen anbieten

• Exerzitien für Einzelgäste
• Exerzitien für Gruppen
• Tage der Stille
• Einkehrtage
• Geistliche Begleitung in Einzelgesprächen
• Mitfeier der Eucharistie
• Teilnahme am Gemeinschaftsleben
• Teilnahme an Garten- und Hausarbeiten

Wir haben ein Programm für Sie!

Ihre Ansprechpartnerinnen bei uns sind

Sr. Veneranda Senz IBMV,
Karmelitengasse 9,
86152 Augsburg,
Tel. 08 21/5 02 72-53;
Sr. Monika Glockann IBMV,
Frauentorstraße 26,
86152 Augsburg,
Tel. 08 21/5 02 72-41.

Maria-Ward-Schwestern
Provinzialat IBMV, Passau

Wir über uns

Maria Ward (1585-1645) wusste sich von Gott berufen, eine religiöse Gemeinschaft zu gründen, die der ignatianischen Spiritualität folgt: »Alles auf Gott beziehen«. Die Maria Ward Schwestern arbeiten heute in allen Kontinenten: in Unterricht und Erziehung, in Kindergärten und Heimen, in Grund- bis Hochschulen, in Katechese und Jugendarbeit, in Erwachsenenbildung und Familienpflege, in Krankenhaus und Altenheim. In den Missionen betreuen die Schwestern Waisenhäuser, Leprastationen, Gefangene und Aidskranke und arbeiten in der Katechese.

Der Maria-Ward-Freundeskreis bietet interessierten Laien die Möglichkeit zum gemeinsamen Gebet, zur Vertiefung des Glaubens, zum Kennenlernen des Lebens und Geistes Maria Wards und der Maria Ward Schwestern.

A Unsere Adresse

Provinzialat I.B.M.V
Maria-Ward-Schwestern
Neue Rieser Straße 27
94034 Passau
Tel. 08 51/50 19 75-0 oder 50 19 75-11
Fax 08 51/50 19 75-55 oder -50

So finden Sie uns

Mit der DB: Zum Hbf Passau, dann per Taxi oder Abholdienst (nach Absprache).
Mit dem Auto: Plan bei Anfrage.

Was wir Ihnen anbieten

• Exerzitien für Einzelgäste
• Exerzitien für kleinere Gruppen
• Tage der Stille
• Einkehrtage
• Geistliche Begleitung in Einzelgesprächen
• Mitfeier Eucharistie

Weitere Informationen bei Anfrage

W Ihre Ansprechpartnerinnen bei uns sind
Sr. Manuela Kastner; Sr. Jutta Schweiger.

Marienschwestern, Mainz

G Wir über uns
Pater Hermann Josef Stärk, Kapuziner, gründete für die
Seelsorge in der Diaspora die Gemeinschaft (Kongregation)
1926 in Leipzig. Aufgaben sind die Betreuung von Senioren,
Gemeindearbeit als Gemeindereferentinnen, Kindergartenarbeit,
Mitwirkung in Sozialstationen.

Das Kloster liegt mitten im Stadtzentrum.

A Unsere Adresse
Marienschwestern e. V.
Weintorstraße 12
55116 Mainz
Tel. 0 61 31/57 62 60
Fax 0 61 31/23 08 23

R So finden Sie uns
Mit der DB: Hbf Mainz oder Südbahnhof.
Von dort sind es 25 bzw. 12 Minuten zu Fuß.

☛ Was wir Ihnen anbieten
• Tage der Stille
• Mitfeier von Stundengebet und Eucharistie
• *Weitere Angebote:* Glaubensgespräche. Au pair für
  jüngere Leute möglich. Teilnahme an den Hausarbeiten
  auf Wunsch.

N Was wir von Ihnen erwarten
Kostenerstattung nach Absprache.

W Ihre Ansprechpartnerin bei uns ist
Sr. Gertrudis Treiber.

Marienschwestern von der Unbefleckten Empfängnis, Berlin

Wir über uns
Pfarrer Johannes Schneider gründete die Gemeinschaft 1854 in Breslau. Sein Anliegen war die Not armer, verlassener und kranker junger Frauen.
Heute leben die Schwestern gemäß den evangelischen Räten, geprägt von der Augustinusregel und dem Vorbild Marias in Einfachheit, schwesterlicher Gemeinschaft und in der Liebe zur Kirche und dem Lobpreis Gottes. Sie arbeiten im Dienst an der Jugend und Frau in religiöser Bildung und Betreuung, Pfarrei und Mission, Kindererziehung, Krankenpflegeschulen und -häusern, Altenheimen und Sozialstationen; auch in Polen, Italien, Afrika, in der Ukraine und in Lettland.

A Unsere Adresse
Provinzialat der Marienschwestern v. d. Unbefl. Empfängnis
Kloster St. Augustinus
Gallwitzallee 143
12249 Berlin
Tel. 0 30 / 76 78 36-23
Fax 0 30 / 76 78 36-66

So finden Sie uns
Mit der DB: Bahnhof Zoologischer Garten, U-Bahn Richtung Rathaus Steglitz bis Friedrich-Wilhelm-Platz, dann mit Bus Linie 182 in Richtung Waldsassener Straße bis zur Haltestelle St. Marien-Krankenhaus Lankwitz-Gallwitzallee. Das Kloster liegt neben dem Krankenhaus.

Was wir Ihnen anbieten
• Mitfeier von Stundengebet und Eucharistie
• Teilnahme an den Hausarbeiten

Was wir von Ihnen erwarten
Bei Teilnahme an den Hausarbeiten entstehen keine Kosten. Rücksichtnahme beim Betreten bestimmter Klosterbereiche.

Ihre Ansprechpartnerin bei uns ist
Sr. Angela Kubon.

Marienschwestern von der Unbefleckten Empfängnis, Langweiler

Wir über uns

1854 gründete Pfarrer Johannes Schneider die Gemeinschaft in Breslau, der Hauptstadt Niederschlesiens. Heute wirken 445 Schwestern – davon 48 in der Westdeutschen Provinz, 69 in der Provinz Berlin, 22 Tansanierinnen in Tansania und 306 Schwestern polnischer Herkunft in Polen und in Tansania, Lettland und der Ukraine.
Arbeitsbereiche der Schwestern in Deutschland: Krankenhäuser mit Krankenpflegeschulen, Alten- und Pflegeheime und eine Einrichtung für Seniorenerholung und Weiterbildungsmaßnahmen.
Arbeitsbereiche in Polen: Kindergärten, Kinder- und Behindertenheime, Religionsunterricht in Schulen, als Katechetin, Organistin und Sakristanin, in Krankenhäusern und Praxen.

Das beschauliche, alte Dorf Langweiler lädt zur Ruhe und Erholung ein. In drei modern eingerichteten Häusern (direkt am Wald) stehen für meist ältere Gäste 60 Plätze zur Verfügung.

A Unsere Adresse

Marienschwestern von der Unbefleckten Empfängnis
Kloster Marienhöh
Marienhöh 1–10
55758 Langweiler
Tel. 0 67 86 / 29 10
Fax 0 67 86 / 29 11 25

So finden Sie uns

Mit der DB: Bahnhof Idar-Oberstein; von dort werden die Gäste abgeholt.
Mit dem Auto: A61 aus Köln–Koblenz in Richtung Mainz. Bis Ausfahrt Emmelshausen, hier auf die B327 nach Hermeskeil/Trier bis Abfahrt Morbach. Dort Richtung Bruchweiler bis Hinweisschild Langweiler – Erholungsheim Marienhöh.

Aus Mainz kommend ebenfalls A61 bis Ausfahrt Rheinböllen, hier auf die B50 in Richtung Simmern/Trier. Diese mündet in die B327, ab dort weiter wie oben beschrieben.

Was wir Ihnen anbieten
- Mitfeier von Stundengebet (»Christuslob«)
- Mitfeier Eucharistie (täglich 17.30)

Was wir von Ihnen erwarten
Kostenerstattung nach Absprache. Einhalten der Hausordnung. Hausprospekt erhältlich

Ihre Ansprechpartnerinnen bei uns sind
Sr. M. Adela Weitenberg; Sr. M. Longina König.

Missionsschwestern »Königin der Apostel« S.R.A., Hallenberg

Wir über uns
Pater Antonius Maria Bodewig gründete den Orden im Jahre 1923. Das Mutterhaus steht in Wien. Zielsetzung des Ordens ist die ganzheitliche Bildung der »Frau«, besonders in Indien. Gemäß dem Gründermotto »In Liebe dienen und allen alles werden« soll die Menschenfreundlichkeit Gottes den Menschen nahe gebracht werden.
Ca. 800 Ordensangehörige leben in Europa, Indien und auf den Philippinen.
In der Gemeinschaft in Hallenberg leben indische und europäische Schwestern.
Das Hochsauerland ist eine ruhige Gegend. In Hallenberg gibt es eine Marienwallfahrtskirche und eine Freilichtbühne.

A Unsere Adresse
Missionsschwestern »Königin der Apostel« S.R.A.
St. Josefs-Haus
Bahnhofstraße 4
59969 Hallenberg/Sauerland
Tel. 0 29 84 / 3 04-0
Fax 0 29 84 / 3 04-314

⚏ So finden Sie uns

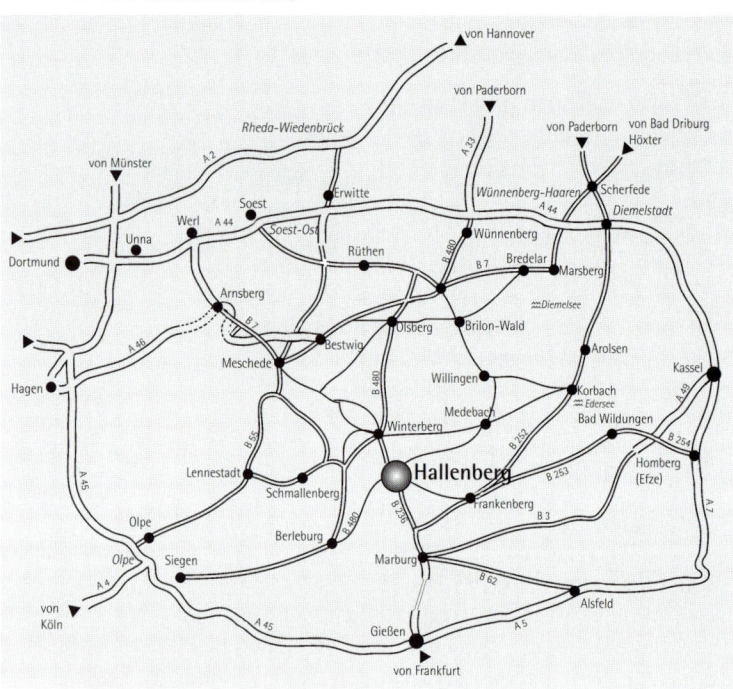

⚏ Was wir Ihnen anbieten

- Exerzitien für Einzelgäste
- Tage der Stille
- Einkehrtage
- Geistliche Begleitung in Einzelgesprächen
- Mitfeier von Stundengebet und Eucharistie
- Teilnahme am Gemeinschaftsleben
- *Weitere Angebote:* Sr. M. Hilda Correia steht als geistliche
  Begleiterin und Meditationsleiterin zur Verfügung;
  Angebote zur Entspannung, Atemübungen, Einübung
  in das Herzensgebet (Jesus-Mantra).

⚏ Was wir von Ihnen erwarten

Kostenerstattung nach Absprache

⚏ Ihre Ansprechpartnerinnen bei uns sind

Sr. M. Hilda Correia; Sr. M. Lancine Parampi.

Missionsschwestern vom heiligen Namen Mariens, Osnabrück

⚙ Wir über uns

Erzbischof Dr. Wilhelm Berning gründete die Gemeinschaft 1920 in Meppen für Aufgaben in Mission und Diaspora. Nach Beschlagnahmung des Hauses durch die Gestapo 1941 erfolgte die Übersiedlung zum Gut Nette, Osnabrück-Haste.

Heute leben 367 Schwestern in 70 Kommunitäten in Deutschland, Schweden (seit 1951), Brasilien (seit 1956) und Paraguay (seit 1998). Sie sind pastoral, sozial, pflegerisch pädagogisch und in der Hauswirtschaft tätig, begleiten und betreuen Menschen gemäß ihrem Wahlspruch: »Alles zur größeren Ehre Gottes – im Geiste Mariens«.

In unmittelbarer Nähe zum Naturschutzgebiet Nettetal ist das Kloster am Stadtrand von Osnabrück ruhig gelegen. Es ist kleines Gästehaus mit 10 Zimmern vorhanden.
Obst und Gemüse sind aus eigenem Anbau.

A Unsere Adresse

Missionsschwestern von heiligen Namen Mariens
Oestringer Weg 120
49090 Osnabrück
Tel. 05 41 / 6 91-100
Fax 05 41 / 6 91-1028

ℜ So finden Sie uns

Mit der DB: Hbf Osnabrück, Bus Linie 42;
Mit dem Auto: Über A1, A30 gut zu erreichen.
Wegebeschreibung wird auf Anfrage zugestellt.

⬭ Was wir Ihnen anbieten

• Exerzitien für Einzelgäste
• Exerzitien für Gruppen
• Tage der Stille
• Einkehrtage
• Geistliche Begleitung in Einzelgesprächen

- Mitfeier von Stundengebet und Eucharistie
- *Weitere Angebote:* Besinnungstage zu geprägten Zeiten und für Junge Erwachsene.
  Gäste sind herzlich auch zu Erholungszeiten eingeladen.

Wir haben ein Programm für Sie!

⬥ Was wir von Ihnen erwarten

Das Kloster ist ein Ort der Stille und der Einkehr. Rauchen im Gästehaus ist nicht erwünscht. Das Mitbringen von Tieren ist nicht möglich.

⋀⋀ Ihre Ansprechpartnerin bei uns ist

Sr. M. Friederike Forsmann, Tel. 0541/691-1029

Missionsschwestern vom Heiligsten Erlöser – Kloster St. Theresia

⊙ Wir über uns

Die Gemeinschaft der Missionsschwestern vom Heiligsten Erlöser (Garser Missionsschwestern) wurde 1957 von den süddeutschen Redemptoristen in Gars/Inn gegründet. Es bestehen Niederlassungen als kleine Hausgemeinschaften in Deutschland, Österreich, Japan, Chile, Bolivien und in der Ukraine. Das Kloster St. Theresia ist das Mutterhaus.

In der Mitte der Spiritualität der Gemeinschaft steht die Erfahrung, dass Christus als Erlöser den Menschen den Weg zu einem gelingenden Leben eröffnet. Dies wird in gemeinsamen Gottesdiensten gefeiert. Die Schwestern nehmen sich einzeln und in Gemeinschaft Zeit zum Gebet und zur Meditation. Bewegt von den Menschen unserer Zeit nehmen sie Aufgaben im pastoralen und sozialen Bereich wahr.

Das Kloster liegt in ländlicher Gegend und ist ein Ort der Stille. Die Natur lädt ein zum Wandern, Rad fahren und Spazieren gehen.

A Unsere Adresse

Kloster St. Theresia
Hauptstraße 1/Stadl
83567 Unterreit
Tel. 0 80 73 / 91 84-0
Fax 0 80 73 / 91 84-55
E-mail: mssr-stadl@t-online.de

So finden Sie uns

Mit der DB: Über Mühldorf oder Rosenheim nach Gars/Inn; Abholdienst

Mit dem Auto: Aus München kommend über die B12 Richtung Passau, ca. 15 km nach Haag rechts Richtung Gars/Schnaitsee, auf der Vorfahrtsstraße bleiben, durch Gars und Gars-Bahnhof nach Stadl.

Aus Wasserburg kommend Richtung Unterreit/Mühldorf über Babensham und Wang nach Stadl.

Was wir Ihnen anbieten

- Exerzitien für Einzelgäste
- Exerzitien für Gruppen
- Tage der Stille
- Einkehrtage
- Geistliche Begleitung in Einzelgesprächen
- Teilnahme am Stundengebet
- Mitfeier der Eucharistie
- Teilnahme am Gemeinschaftsleben
- *Weitere Angebote:* Schweigemeditation, Bibliodrama, Exerzitien im Alltag, gestaltete Fastenzeiten, Kar- und Ostertage, Stille Tage zum Jahreswechsel für Junge Erwachsene. Die Schwestern in Wien (Tel. 01/8887233) laden zu stillen Tagen, zum Urlaub und zu soz. Projekten ein.

Wir haben ein Programm für Sie!

Was wir von Ihnen erwarten

Kostenerstattung nach Absprache.

Ihre Ansprechpartnerinnen bei uns sind

Sr. Michaela Holzner
(Leiterin des Hauses, Exerzitienbegleitung);

Sr. Erika Wimmer (Einzelbegleitung, Ansprechpartnerin
für alle, die das Leben in einer Ordensgemeinschaft
kennen lernen möchten);
Sr. Karola Kückelmann (Bibliodrama).

Missionsschwestern vom Heiligsten Herzen Jesu von Hiltrup (MSC)

⑤ Wir über uns

Seit 100 Jahren nehmen die Missionsschwestern vom Heiligsten
Herzen Jesu von Hiltrup in unterschiedlichen sozialen und pastoralen Aufgabenfeldern am Missionsauftrag der Kirche teil. Die
von Pater Hubert Linckens MSC gegründete Gemeinschaft ist in
18 Ländern präsent, um Gottes Liebe zu verkünden; um »Gottes
Herz in der Welt« zu sein: für Kranke und Alte, für Menschen in
Armut und Not, besonders für die Menschen am Rand, für
Abgeschobene und Gescheiterte. Durch Gebet und Leben antworten die Schwestern auf die Nöte unserer Zeit.

Täglich feiern wir die Eucharistiefeier, singen Laudes und Vesper
aus dem »Christuslob« und von 8.30 Uhr-18.30 Uhr
Eucharistische Anbetung in der Sakramentskapelle.
Auf dem Gelände befindet sich die Gnadenkapelle Unserer
Lieben Frau vom Heiligsten Herzen Jesu, das Museum mit
Exponaten aus verschiedenen Ländern und eine Fotoausstellung
»100 Jahre missionarisches Wirken der MSC-Schwestern in aller
Welt«; ein großer Garten lädt ein zur Stille und Meditation.

A Unsere Adresse

Missionsschwestern vom Heiligsten Herzen Jesu
Westfalenstraße 109
48165 Münster-Hiltrup
Tel. 0 25 01/1 73-100
Fax 0 25 01/1 73-180

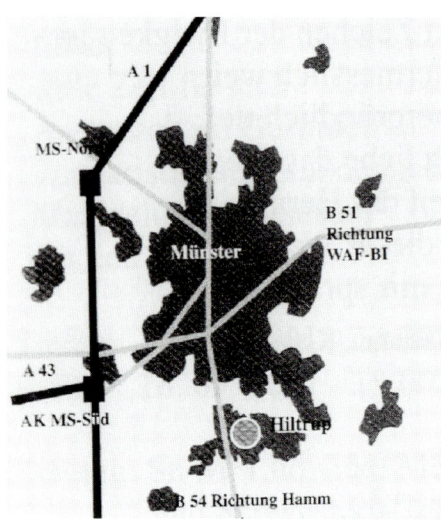

So finden Sie uns

Mit der DB: Hbf Münster, Bus Linie 9 (gegenüber dem Hauptausgang) bis Haltestelle Herz-Jesu-Krankenhaus
Mit dem Auto: A1 oder A43 Ausfahrt Münster-Süd, dort in Richtung Bielefeld/Warendorf, erste Abfahrt rechts auf die B54 bis Hiltrup. Das Mutterhaus liegt am Ortseingang Hiltrup.

Was wir Ihnen anbieten

• Exerzitien für Einzelgäste
• Exerzitien für Gruppen
• Tage der Stille
• Einkehrtage
• Geistliche Begleitung in Einzelgesprächen
• Mitfeier von Stundengebet und Eucharistie
• Teilnahme am Gemeinschaftsleben
• *Weitere Angebote:* Meditation, Bibelgespräch, Bibelteilen, Tanz als Ausdrucksform des Gebets, Exerzitien im Alltag

Wir haben ein Programm für Sie!

Was wir von Ihnen erwarten

Kostenerstattung nach Absprache. Rücksicht auf die Tages- und Gebetszeiten der Schwestern und auf verschiedene Gepflogenheiten

Ihre Ansprechpartnerinnen bei uns sind

Sr. Ursula-Maria von Tils MSC (Einzelbegleitung);
Sr. Ludwina Sälzer MSC (für Gruppen).

Missionsschwestern vom Kostbaren Blut (Mariannhiller Missionsschwestern), Paderborn

🌀 Wir über uns

Der österreichische Trappistenabt Franz Pfanner gründete 1885 den Orden der Missionsschwestern vom Kostbaren Blut in Mariannhill/Südafrika. Heute leben weltweit ca. 1000 Schwestern – Afrika, Nordamerika, Kanada, Neuguinea, Deutschland, Dänemark, Niederlande, Österreich, Portugal, Rumänien, Korea – in 97 Niederlassungen, davon 150 Schwestern in Deutschland in neun Niederlassungen mit dem Provinzhaus in Neuenbeken.
Die Schwestern wollen durch ihr Leben eine Botschaft der Freude, der Hoffnung und der Versöhnung geben und so die erlösende Liebe Christi im Alltag sichtbar machen.

Das Bildungshaus FRANZ PFANNER gestaltet ein hauseigenes Angebot, steht aber auch für Gruppen mit eigenem Kursprogramm zur Verfügung. Es versteht sich als Ort neuer Perspektiven, persönlicher und beruflicher Weiterbildung, als Ort des Gesprächs, der Begegnung, der Ermutigung, der Stille, der Ruhe und Erholung.

Zum Missionshaus Neuenbeken gehört eine Paramenten-stickerei. Besucherinnen und Besucher sind jeder Zeit herzlich willkommen.

A Unsere Adresse

Missionsschwestern von Kostbaren Blut
Missionshaus Neuenbeken
Alte Amtsstraße 64
33100 Paderborn
Tel. 0 52 52 / 96 5-0
Fax 0 52 52 / 96 50-60
E-mail: dt-provinz@t-online.de
Internet: http://home.t-online.de/home/sam.cps

So finden Sie uns

Mit der DB: Hbf Paderborn, Pesag-Bus Linie 8 bis Neuenbeken (im 30 Minuten-Takt), Haltestelle Klostergarten oder Bahnstation Altenbeken, dort mit dem Bus bis Neuenbeken, Haltestelle Buchholz.
Mit dem Auto: Von Paderborn kommend in Richtung Benhausen-Altenbeken oder auf der B64 in Richtung Höxter/Bad Driburg, Abfahrt Benhausen oder Neuenbeken, oder auf der B1 Bad Lippspringe, Abfahrt Neuenbeken.

Was wir Ihnen anbieten

• Exerzitien für Einzelgäste
• Tage der Stille
• Einkehrtage
• Geistliche Begleitung in Einzelgesprächen
• Mitfeier von Stundengebet und Eucharistie
• Teilnahme am Gemeinschaftsleben
  (nach persönlicher Rücksprache)

Wir haben ein Programm für Sie!

Was wir von Ihnen erwarten

Kostenerstattung nach persönlicher Rücksprache.

Ihre Ansprechpartnerin bei uns ist

Sr. Martino Machowiak cps, Tel. 05252/9650-18

Paulus-Schwestern

Wir über uns

Die Gründung der Gemeinschaft erfolgte 1915. Ihre Aufgabe ist die Verkündigung des Evangeliums mit den Mitteln moderner Kommunikation. Ihre Spiritualität orientiert sich daran, Christus zu leben, wie ihn der Apostel Paulus verkündet und gelebt hat. Heute leben 2600 Paulusschwestern in 51 Ländern.

Buchhandlung und Medienarbeit; tägliche eucharistische Anbetung.

A Unsere Adressen

Paulusschwestern e.V.
Fürstenwall 165
40215 Düsseldorf
Tel. 02 11 / 37 97 60 oder 385 81 24
Fax 02 11 / 3 84 99 71
E-mail: PaulusBuchD@t-online.de.

Paulusschwestern e.V.
Bestelmeyerstraße 5
90478 Nürnberg
Tel. 09 11 / 46 32 87 oder 23 25 57
Fax 09 11 / 49 71 63
E-mail: PaulusBuchN@t-online.de

So finden Sie uns

Nach Düsseldorf: *Mit der DB:* Ausfahrt Düsseldorf-Süd, an der Ecke Corneliusstraße und Fürstenwall Haltestelle Corneliusstraße Linie 710 oder Bus Linie 725.

Nach Nürnberg: *Mit öffentlichen Verkehrsmitteln:* U1 (z.B. aus Richtung Fürth oder von den P+R Parkplätzen Langwasser-Süd und Bauernfeindstraße) – Haltestelle »Weißer Turm« aussteigen; oder mit der U2 – umsteigen am Hbf in die U1 Richtung Fürth und »Weißer Turm« aussteigen; oder umsteigen am Plärrer in die U1 Richtung Langwasser und »Weißer Turm« aussteigen.

Mit dem Auto: Von Norden (Bamberg, Forchheim, Erlangen etc.) A73, P+R Rothenburger Straße, mit der U2 (siehe oben) oder links abbiegen Richtung Zentrum, Parkhaus Jakobsstraße anfahren.

Von Süden (z.B. A6, A9, A73, Südwesttangente) Ausfahrt Messe/Stadion, die Münchener Straße stadteinwärts Richtung Zentrum, Hbf (Parkhaus) oder Parkhaus Jakobsstraße, Germanisches Museum oder Parkhaus Wöhrl/Saturn.

Was wir Ihnen anbieten

• Einkehrtage (monatlich)
• Teilnahme am Gemeinschaftsleben
• *Weitere Angebote:* Teilnahme an Eucharistischer Anbetung und am Apostolat

Wir haben ein Programm für Sie!

🗒 Was wir von Ihnen erwarten

Es werden nur weibliche Gäste zwischen 18 und 30 Jahren aufgenommen.
Mit Ausnahme der Einkehrtage beinhaltet das Mitleben auch Mitarbeiten.

〰 Ihre Ansprechpartnerinnen bei uns sind

In Düsseldorf Sr. Gabriela Barucha;
in Nürnberg Sr. Martina Rotter.

Redemptoristinnen, Püttlingen

🌀 Wir über uns

Die kontemplative Kongregation der Redemptoristinnen wurde 1731 in Scala/Italien gegründet. Tägliche Eucharistie und Stundengebet, Meditation, Schriftlesung und persönliches Gebet sollen helfen, Christus immer neu und tiefer zu erkennen, um »ein Hinweis (zu sein) auf Jesus, den Erlöser, und auf alles, was er während seines Erdenlebens für unser Heil getan hat« (Ordensregel). Dieses lebendige Zeugnis für die Erlöserliebe Gottes sollen die Menschen an der Klosterpforte, im Sprechzimmer, bei den Führungen durch Kapelle und Hostienbäckerei (auf Anfrage) oder auch im Mitleben mit den Schwestern erfahren.
Derzeit leben 10 Schwestern im Haus, dem einzigen Kloster der Redemptoristinnen in Deutschland.

Die Kapelle, 1958–60 vom ungarischen Architekten György von Lehoczky erbaut, weist eine eigenwillige Gebäudeform und markante Buntglasfenster auf.

A Unsere Adresse

Kloster Heilig Kreuz
Völklinger Straße 197
66346 Püttlingen
Tel. 0 68 98 / 6 62 13
Fax 0 68 98 / 6 62 70

So finden Sie uns

Mit der DB: Bahnhof Völklingen, von dort per Taxi oder nach Anmeldung per Abholdienst zum Kloster Heilig Kreuz nach Püttlingen.
Mit dem Auto: Aus Trier A1 Ausfahrt Riegelsberg, dann in Richtung Völklingen, bei der Abzweigung Klinik Püttlingen rechts abbiegen, von dort sind es noch 200 m.
Aus Saarbrücken A620 Ausfahrt Völklingen City, dann 3 km in Richtung Püttlingen, links abbiegen in Richtung Klinik Püttlingen.

Was wir Ihnen anbieten

- Tage der Stille
- Mitfeier von Stundengebet und Eucharistie
- Teilnahme am Gemeinschaftsleben (nach Absprache)
- Teilnahme an den Hausarbeiten (nach Absprache)
- *Weitere Angebote:* Gespräche mit einzelnen Schwestern nach Absprache möglich.
  Die Mahlzeiten werden teilweise mit den Schwestern im Refektorium eingenommen.

Was wir von Ihnen erwarten

Kostenerstattung nach eigenem Ermessen (Spende).
Pünktlichkeit bei den gemeinsamen Mahlzeiten, Einhalten der Absprachen erbeten.
Während der Zeiten der Stille für die Schwestern (Exerzitien) keine Aufnahme von Gästen möglich.

Ihre Ansprechpartnerin bei uns ist

Priorin Sr. M. Pia Büchter.

Ritaschwestern, Würzburg

Wir über uns

Die Kongregation besteht seit 1911. Heute gehören ihr 140 Schwestern an, die in drei Konventen des Mutterhauses und in Niederlassungen mit angeschlossenen Apostolatsorten in Deutschland, in Luzern/Schweiz und in Racine/USA leben. Ihre Hauptaufgabe ist die geistlich-soziale Familienhilfe. Hierzu werden an der eigenen Fachschule Familienpflegerinnen ausgebildet, die Familien in Notsituationen unterstützen. Weitere Aufgaben sind ambulante Krankenpflege, Erziehung und Ausbildung von Kindern und Jugendlichen, Altenbetreuung und Pflege in stationären Einrichtungen, seelsorgliche Begleitung von Kranken, alten Menschen, Familien und Alleinstehenden, Durchführung von Exerzitien und Einkehrtagen, Arbeit in Hauswirtschaft und Verwaltung, Unterstützung Hilfsbedürftiger, ambulante und stationäre Hospizarbeit.

A Unsere Adresse

Ritaschwestern
Friedrich-Spee-Straße 32
97072 Würzburg
Tel. 09 31/88 04-0
Fax 09 31/88 04-177
E-mail: srmagdalena@yahoo.de
Internet: www.ritaschwestern.de

So finden Sie uns

Mit der DB: Hbf Würzburg, dort mit der Tram 1 (Sanderau) bis Arndtstraße.
Mit dem Auto: Autobahn Frankfurt Ausfahrt Heidingsfeld, am Stadtring entlang zur Ausfahrt Sanderau.
Autobahn Nürnberg, Ausfahrt Randersacker in Richtung Würzburg zur Abfahrt Sanderau. Autobahn Kassel, Ausfahrt Estenfeld, am Stadtring entlang zur Ausfahrt Sanderau.

 Was wir Ihnen anbieten

- Exerzitien für Einzelgäste
- Tage der Stille
- Einkehrtage
- Geistliche Begleitung in Einzelgesprächen
- Mitfeier von Stundengebet und Eucharistie
- Teilnahme am Gemeinschaftsleben
- Teilnahme an den Hausarbeiten

Wir haben ein Programm für Sie!

Was wir von Ihnen erwarten

Es wird erwartet, dass sich die Gäste ins Leben der Gemeinschaft einbringen, die nach der Regel des heiligen Augustinus lebt: miteinander leben und eins sein in der Gottsuche und im Ausgerichtetsein auf Gott. Dazu soll jede mit der Einmaligkeit ihrer Person Raum haben und das gemeinsame Leben mit gestalten.

Ihre Ansprechpartnerinnen bei uns sind

Sr. Magdalena Wenig
Friedrich-Spee-Str. 32
97072 Würzburg,
Tel. 09 31/88 04-296
Fax 09 31/88 04-177
E-mail: srmagdalena@yahoo.de;

Sr. Carmen Fuchs
Mittlerer Steinbachweg 9
97082 Würzburg
Tel. 09 31/7 48 17
Fax 09 31/7 84 54 54;

Sr. Nicole Klübenspies, Sr. Claudia Stahl
Jägerwiese 3
63860 Rothenbuch
Tel. 0 60 94/13 77
Fax 0 60 94/98 46 98

Schönstätter Marienschwestern – Liebfrauenhöhe, Rottenburg

Wir über uns

Herzstück der Liebfrauenhöhe ist die Gnadenkapelle, die 1951/52 gebaut wurde. Sie ist eine originalgetreue Nachbildung des »Urheiligtums« in Schönstatt bei Koblenz am Rhein und der »Dreimal Wunderbaren Mutter, Königin und Siegerin« geweiht.

Zur Liebfrauenhöhe gehören das Provinzialat des Säkularinstitut der Schönstätter Marienschwestern (Diözesen Rottenburg-Stuttgart und Freiburg), die Fachschulen für Sozialpädagogik und für Altenpflege und das »Schulungsheim« als Bildungshaus. Sie ist eine Stätte der Begegnung mit Schönstatt, mit seiner Spiritualität und seinem Gründer, Pater Josef Kentenich (1885 –1968).
Neben den Tagungen der Schönstattbewegung und anderer Veranstalter kommen zahlreiche Wallfahrtsgruppen.

A Unsere Adressen

Schönstätter Marienschwestern
Provinzhaus Liebfrauenhöhe
72108 Rottenburg
Tel. 07457/720 (Pforte)
Provinzoberin Sr. M. Sonngard

Schulungsheim Liebfrauenhöhe
72108 Rottenburg
Tel. 07475/72-300
Wallfahrtsleitung Tel. 0 74 75 / 72-303
Fax 0 74 57 / 72-170.

Verkaufsstelle für religiöse Bücher und Kunst
Tel./Fax 0 74 75 / 72-359
E-mail: verkaufsstelle.liebfrauenhoehe@t-online.de

Liebfrauenschule – Fachschule für Sozialpädagogik;
Fachschule für Altenpflege
Tel. 0 74 75 / 72-400
Fax 0 74 75 / 72-490
E-Mail: liebfrauenhoehe.schule@t-online.de

So finden Sie uns

Mit der DB: Bahnhof Ergenzingen oder Eutingen, von Ergenzingen ca. 30 Minuten Fußweg. Die Pforte organisiert auf Wunsch Abholung per Taxi.
Mit dem Auto: A Stuttgart–Singen Ausfahrt Rottenburg, Wegweiser Ergenzingen, Ortsmitte Ergenzingen: Hinweisschild

Liebfrauenhöhe beachten, nach Autobahnbrücke rechts – Pater-Kentenich-Weg; Parkplatz bei Ökonomie.

Was wir Ihnen anbieten

- Mitfeier der Liturgie
- Einkehrtage
- Exerzitien und Tage der Stille
- Führungen
- *Weitere Angebote:* Angebote der Schönstattgemeinschaften für Kinder, Jugendliche, Familien, Frauen, Männer, Priester (eigenes Jahresprogramm); Möglichkeiten zu Gasttagungen mit eigenen oder Referentinnen und Referenten vom Haus; Zimmer mit Kalt- und Warmwasser, Etagenduschen, Tagungsräume, Kinderspielplatz.

Ihre Ansprechpartnerin bei uns ist

Provinzialat: Sr. M. Sonngard, Tel. 0 74 57/7 20
Wallfahrtsleitung und Belegung: Sr. M. Charissa,
Tel. 0 74 75/72-303;
Fachschule für Sozialpädagogik: Sr. M. Lioba,
Tel. 0 74 75/72-402;
Fachschule für Altenpflege: Sr. M. Berngund,
Tel. 0 74 75/72-455

Schwestern der Christlichen Liebe, Paderborn

Wir über uns

Pauline von Mallinckrodt (1817–1881) gründete 1849 die Kongregation der Schwestern der Christlichen Liebe. Sie setzt sich ein im Dienst an jungen Menschen in Kindergärten und Heimen, in Schulen und Jugendpastoral, bei behinderten Menschen, vor allem in Einrichtungen für Blinde, im Dienst an kranken und alten Menschen, in der Seelsorge und der religiösen Bildungsarbeit.
Die Schwestern wirken in Deutschland, Italien, Nord- und Südamerika und auf den Philippinen (Generalat in Rom, Provinzhaus der deutschen Ordensprovinz in Paderborn).

Die Grabstätte der Ordensgründerin befindet sich in der Conraduskapelle im Garten des Mutterhauses.

Mit dem Mutterhaus verbunden ist das Exerzitien- und Bildungshaus »Maria Immaculata« (Mallinckrodtstraße 1, 33098 Paderborn, Tel. 0 52 51/6 97-154). Für dieses und das Haus der Stille »Pauline von Mallinckrodt«, Am Stemmel 10, 59929 Brilon-Thülen, Tel. 0 29 63/90 87 57 sind ein Jahresprospekt und Sonderprospekte erhältlich.

A Unsere Adresse

Mutterhaus der Schwestern der Christlichen Liebe
Warburger Straße 2
33098 Paderborn
Tel. 0 52 51/6 97-0
Fax 0 52 51/6 97-135.

So finden Sie uns

Mit der DB: Hbf Paderborn, 20 Minuten Fußweg oder Busverbindung; vom Bahnhof Paderborn-Kasseler Tor eine Minute Fußweg.

Das Haus der Stille in Brilon-Thülen ist über den Bahnhof Brilon-Wald, dann mit dem Bus bis Thülen/Kirche erreichbar.

Was wir Ihnen anbieten

- Exerzitien (siehe Prospekt)
- Tage der Stille
- Geistliche Begleitung in Einzelgesprächen
- Mitfeier von Stundengebet und Eucharistie
- *Weitere Angebote:* Auf Anfrage bzw. Prospekt

Wir haben ein Programm für Sie!

Was wir von Ihnen erwarten

Kostenerstattung wie im Prospekt angegeben oder nach Absprache.

Schwestern der heiligen Maria Magdalena Postel (SMMP), Bestwig

⑥ Wir über uns

Die 1756 in Barfleur/Frankreich geborene Julie Postel eröffnete 18-jährig eine Schule mit Internat für arme und verwaiste Kinder. Während der Französischen Revolution übernahm sie unter Lebensgefahr pastorale Aufgaben. 1807 gründete sie in Cherbourg eine religiöse Gemeinschaft, die sie als Sr. Maria Magdalena bis zu ihrem Tod 1846 leitet. Als spirituelle Ausrichtung formulierte sie: Gottes barmherzige Liebe unter den Menschen erfahrbar werden lassen durch einen Lebensstil, der gekennzeichnet ist durch eine am Evangelium ausgerichtete Einfachheit und Geradheit des Herzens.

Heute leben und arbeiten Schwestern der Ordensgemeinschaft in Deutschland, den Niederlanden, in Rumänien, Bolivien, Brasilien und Mosambik. Sie engagieren sich in der Gemeindepastoral, der Exerzitienseelsorge, der Jugend- und Erwachsenenbildung und der Hospizbewegung. Darüber hinaus unterhalten sie Schulen, Kindertagesstätten, Krankenhäuser, ambulante Dienste, therapeutische Praxen, Einrichtungen der Altenhilfe sowie ein Bildungswerk.

Die Klosteranlage des Bergklosters Bestwig, dem Mutterhaus der Gemeinschaft, wurde – in Anlehnung an mittelalterliche Vorbilder – im Baustil der Neuzeit (1965-1971) errichtet. Innenarchitektonische Gestaltung von Kirche und Krypta von H. G. Bücker aus Vellern; Konzertorgel von R. Seifert, Kevelaer. Ikebanakunst als Blumenschmuck von Krypta und Kirche, die durch unsere Ikebanameisterin nach dem Lehrplan der Sogetsu-Schule in Fortbildungskursen vermittelt wird.

Klosterladen mit klostereigenen Produkten.

Das Kloster beherbergt eine Montessori-Akademie sowie Ausbildungsbetriebe in Hauswirtschaft, Holzverarbeitung und Gärtnerei. Angeschlossen ist eine Berufskolleg.

Große Frauengestalten prägen die Entstehung unserer Gemeinschaft: die heilige Maria Magdalena Postel, die selige Placida Viel und die selige Martha le Bouteiller.

A Unsere Adresse

Schwestern der heiligen Maria Magdalena Postel SMMP
Bergkloster
59909 Bestwig
Tel. 0 29 04/8 08-0
Fax 0 29 04/8 08-125
E-mail: sr.gratia@smmp.de
Internet: http://www.smmp.de

So finden Sie uns

Mit der DB: Bestwig ist Bahnstation auf der Strecke Ruhrgebiet-Hagen-Kassel. Direktverbindungen bestehen ins Ruhrgebiet ab Essen und Duisburg.

Mit dem Auto: Aus Dortmund kommend A44, ab Werler Kreuz A445, dann A46 bis Autobahnende Velmede, der B7 folgen in Richtung Bestwig. Am Ortsausgang der Beschilderung folgen. Aus Kassel kommend A44 Ausfahrt Büren; über Rüthen und Nutlar auf die B7 nach Bestwig. Am Ortseingang der Beschilderung folgen.

Was wir Ihnen anbieten

• Exerzitien für Einzelgäste
• Exerzitien für Gruppen
• Tage der Stille
• Einkehrtage

- Geistliche Begleitung in Einzelgesprächen
- Mitfeier von Stundengebet und Eucharistie
- Teilnahme am Gemeinschaftsleben
- Teilnahme an den Hausarbeiten
- *Weitere Angebote:* »Ora-et-labora-Tage«, Urlaub im Gästehaus des Klosters: Durchatmen in einer harmonischen Atmosphäre, in der die reizvolle Natur des Mittelgebirges, Kultur, Liturgie und christlicher Glaube eine lebendige und belebende Einheit eingehen. Das Kloster bietet einen Ort der Begegnung, der Stille und des Schweigen.

Wir haben ein Programm für Sie!

Ihre Ansprechpartnerin bei uns ist
Sr. Gratia Feldmann SMMP.

Schwestern der Katholischen Heimat-mission von Unserer Lieben Frau, Regensburg

Wir über uns
Die Gemeinschaft wurde 1921 in München gegründet zur Mitarbeit in der Seelsorge. Sie sind u.a. als Religionslehrerinnen, Gemeinde- und Pastoralreferentinnen und als Erzieherinnen tätig.

A Unsere Adresse
Schwestern der Katholischen Heimatmission
von Unserer Lieben Frau
Wittelsbacherstraße 7
93040 Regensburg
Tel. 09 41 / 27 69 30
Fax 09 41 / 27 67 317

So finden Sie uns
Mit der DB: Hbf Regensburg,
Abholdienst nach Absprache.

Mit dem Auto: AB-Ausfahrt Regensburg-Prüfening, dann Richtung Stadtmitte zum Platz der Einheit, dort rechts in die Wittelsbacherstraße.

Was wir Ihnen anbieten
• Exerzitien für Einzelgäste
• Geistliche Begleitung in Einzelgesprächen
• Mitfeier von Stundengebet und Eucharistie

Was wir von Ihnen erwarten
Kostenerstattung nach Absprache.

Schwestern der Liebe Christi – Christliche Jugendhilfe, Kempten

Wir über uns
Die Kongregation wurde 1947 gegründet und 1957 kirchlich errichtet. Die Schwestern sind tätig in der pädagogischen Arbeit mit Kindern und Jugendlichen. 1989 wurde das Bildungshaus St. Raphael angeschlossen.
Die Hauskapelle lädt ein zu Gottesdienst, persönlichem Gebet und Meditation nach dem Motto: Innehalten und Kraft schöpfen – aufatmen und weitergehen.

A Unsere Adresse
Christliche Jugendhilfe – Schwestern der Liebe Christi
Bischof-Freundorfer-Weg 24
87439 Kempten/Allgäu
Tel. 08 31/54 04 33-0
Fax 08 31/54 04 33-200
Internet: www.bildungshaus-st-raphael.de

So finden Sie uns
Mit dem Auto: Von München B12 oder von Ulm A7 kommend, Ausfahrt Kempten, den Adenauerring entlang, rechts abbiegen in Richtung »Robert-Weixler-Klinik«, sofort wieder rechts bis zum Ende des Bischof-Freundorfer-Weges zum Bildungshaus.

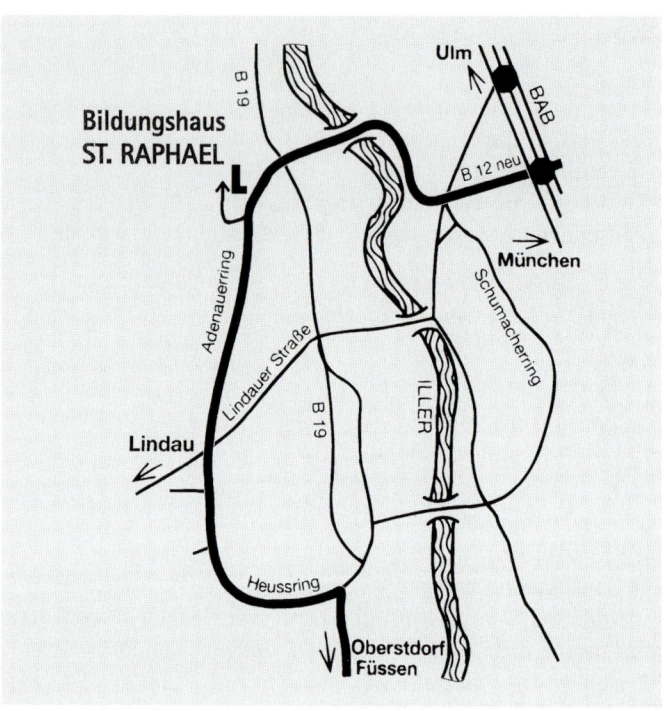

◆ Was wir Ihnen anbieten

• Exerzitien für Einzelgäste
• Exerzitien für Gruppen
• Mitfeier Eucharistie
• *Weitere Angebote:* Einkehrtage für Einzelpersonen und
  Gruppen, Fastenwochen, Intensivkurse, Fort- und Weiter-
  bildung, Seniorenfreizeiten, Sing- und Tanzwochen

Wir haben einen Prospekt für Sie!

◆ Was wir von Ihnen erwarten

Kostenerstattung nach Absprache.

◆ Ihre Ansprechpartnerin bei uns ist

Sr. Johanna Schedl, Leiterin des Bildungshauses.

Schwestern der Liebe vom Kostbaren Blut, Kloster St. Luitgard, Bad Rippoldsau

⦿ Wir über uns

Die Gründung unserer Gemeinschaft geht in die Mitte des 19. Jahrhunderts zurück. Große wirtschaftliche Not treibt viele Menschen in die Verelendung. Die Armut wächst. Die Jugend verwahrlost – auch die Ordensgemeinschaft der Borromäerinnen steht vor dem finanziellen »Aus«, kann die Station in Sittard/ Niederlande nicht länger halten. Das ganze Dorf protestiert. Die Menschen fordern: »Bleibt hier! Wir brauchen Euch!« Mit dem Bischof wird entschieden, dass die wenigen Schwestern bleiben sollen und das »In nomine Domini!«. Unter Mutter Seraphine Spikermann aus Rheinbach bei Bonn kam es zur Gründung der Kongregation der Liebe vom Kostbaren Blut. Mutter Seraphine nahm sich mit ihren Mitschwestern der Ärmsten der Armen an, für die Christus am Kreuz sein Blut vergossen hat, und war offen für die Zeichen der Zeit. Wie sie in ihrer Zeit wollen wir uns heute einsetzen für die Ausbreitung des Gottesreiches und da sein für die Ärmsten der Armen in unserer Gesellschaft. Seit 1948 sind wir Schwestern in Bad Rippoldsau. Die ersten 25 Jahre nach dem Krieg waren vom Aufbau geprägt. Der Dienst galt vor allem kranken und erholungsbedürftigen Kindern und Erwachsenen. Nach dem II. Vatikanischen Konzil (1962-1965) kam das neue Aufgabenfeld der Mission auf Sumba/Indonesien dazu. Im Laufe der Jahre wurden in unserem Haus die verschiedenen Arbeitsbereiche umstrukturiert. Mit dem Eintritt einer ersten jungen Frau nach 33 Jahren und weiteren, die folgten, begann ein Neuanfang. Mit neun älteren und vier jüngeren Schwestern versuchen wir, Gemeinschaft zu leben zusammen, nehmen dabei Rücksicht auf die unterschied- lichen Bedürfnisse nach Lebensgestaltung, gestalten aber auch bewusst Gemeinsames. Unsere Aufgaben erwachsen aus dem neu gewonnenen Verständnis von Ordensleben, den Erfordernissen der Menschen unserer Zeit und den Fähigkeiten der Schwestern.

Die junge Gemeinschaft bemüht sich um einen neuen Weg authentischen Ordenslebens. Neue Elemente der Gottesdienstgestaltung, verschiedene Formen der täglichen Bibelarbeit und der Meditation haben ihren Platz.

Unser Mutterhaus liegt in den Niederlanden; in Deutschland haben wir Niederlassungen in Würselen-Broichweiden und in Bad Rippoldsau.

A Unsere Adresse
Kloster St. Luitgard
Fürstenbergstraße 40
77776 Bad Rippoldsau
Tel. 0 74 40 / 9 13 95-0
Fax 0 74 40 / 91 39-60
E-mail: schwestern-bad-rippoldsau@t-online.de

So finden Sie uns
Mit der DB: Hbf Freudenstadt, von dort mit dem Bus in Richtung Bad Rippoldsau-Schapbach bis Klinik Bad Rippoldsau.
Mit dem Auto: Über Freudenstadt, über Achern und Kniebis und über Wolfach.

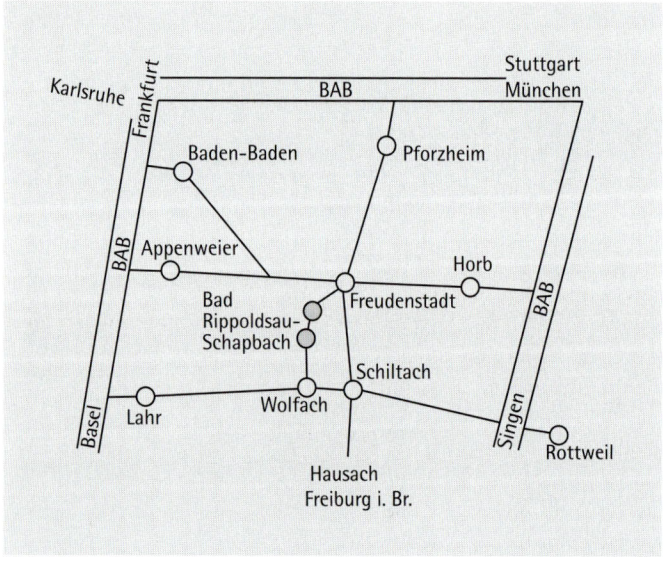

☞ Was wir Ihnen anbieten

- Einzel und Gruppenexerzitien
- Tage der Stille
- Geistliche Begleitung
- Mitfeier von Stundengebet und Eucharistie
- Beteiligung an den Hausarbeiten
- *Weitere Angebote:* Die junge Gemeinschaft ist eine Ausbildungsgemeinschaft. Ein Mitleben ist daher nur begrenzt möglich (nach Absprache).

Wir haben ein Programm für Sie!

◤ Was wir von Ihnen erwarten

Kostenerstattung DM 50 (Vollpension).

⋙ Ihre Ansprechpartnerinnen bei uns sind

Sr. Cäcilia Büscher (Oberin); Sr. Mathilde Franke (Noviziatsleiterin).

Schwestern Unserer Lieben Frau, Coesfeld

⟲ Wir über uns

Die Gemeinschaft wurde 1850 von zwei Lehrerinnen in Coesfeld gegründet, um verwahrlosten Kindern ein Zuhause, Erziehung und Bildung zu geben. Spirituelles Vorbild der Gemeinschaft war die Französin Julie Billiart (1751-1816), die von der tiefen Erfahrung der Güte Gottes geprägt war. Leitwort des gemeinsamen Lebens der Schwestern ist die Einfachheit und der immer neue, oft auch stachelige, unbequeme Ruf an die Seite der Benachteiligten. Das Engagement der international arbeitenden Gemeinschaft erstreckt sich auf Orte der Ausgrenzung, wobei auch neue Formen der Armut wahrgenommen werden.

Im Kloster Annenthal als Provinzhaus und Altenheim leben viele alte Schwestern, die als lebende Zeitzeuginnen des 20. Jahrhunderts gerne und anschaulich über ihr (Glaubens-)Leben sprechen. Sie lassen etwas aufleuchten von Gottes Kraft und

Güte. Ihr Leben spricht von einem lebendigen »Ja« zu sich und zu anderen Menschen. In den Töchterhäusern wirken die Schwestern in Schule, Kindergarten, Heim, arbeiten in der Gemeinde und Frauenbewegungen mit und engagieren sich u.a. für Asylanten, Obdachlose, Sinti und Behinderte.

A Unsere Adresse

Kloster Annenthal
Gerlever Weg 33
48653 Coesfeld
Tel. 0 25 41/72 08-0
Fax 0 25 41/72 08-160
E-mail: schwester.luzilla@coesfeld.net

So finden Sie uns

Mit der DB: Der Hbf Coesfeld ist mit der DB und mit Bussen aus Münster und Bocholt erreichbar. Mit dem Bus aus Münster bis zur Haltestelle »Klinke« fahren, von dort sind es fünf Minuten zu Fuß. Abholdienst ab Bahnhof nach Absprache.
Mit dem Auto: A43 Ausfahrt Nottuln, Richtung Coesfeld. Nach der Benediktinerabtei Gerleve fährt man die erste Kreuzung rechts, an der nächsten Ampel rechts und folgt der Straße ca. 200 m. In der Kurve rechts liegt Annenthal.

Was wir Ihnen anbieten

• Tage der Stille
• Mitfeier von Stundengebet und Eucharistie
• Teilnahme am Gemeinschaftsleben
• Teilnahme an den Hausarbeiten
• *Weitere Angebote:* Weitervermittlung an eine kleinere, altersmäßig jüngere Kommunität; Teilnahme an Exerzitien der Schwestern im Haus, soweit noch Plätze frei sind.

Was wir von Ihnen erwarten

Kostenerstattung dem Einkommen entsprechend.

Ihre Ansprechpartnerin bei uns ist

Sr. M. Luzilla, Tel. 0 25 41/72 08-0;
in Münster: Sr. Petra Maria, Tel. 02 51/4 42 49;
in Vreden: Sr. Almuth, Tel. 0 25 64/39 85 20.

Schwestern Unserer Lieben Frau, Grefrath-Mülhausen

Wir über uns

Der 1850 in Coesfeld (Westfalen) gegründete deutsche Zweig der Schwestern Unserer Lieben Frau wurde 1874 durch den Kulturkampf nach Nordamerika vertrieben und kam 1888 nach Mülhausen (Niederrhein) zurück. Die Kongregation ist heute weltweit verbreitet.

Die Schwestern wollen einander in Leben und Glauben stützen, sich den Nöten und Sorgen der Zeit stellen, Menschen auf ihrem Weg begleiten und mit ihnen den Weg zum Leben suchen.

Unsere Adresse

Provinzhaus der Schwestern Unserer Lieben Frau
Hauptstraße 87
47929 Grefrath
Tel. 0 21 58/9 17-0
Fax 0 21 58/9 17-160
E-mail: muelhausen.sr.birgitt@t-online.de

So finden Sie uns

Mit der DB: Hbf Kempen (Niederrhein), weiter mit den Bussen SB 85 oder 093 bis Haltestelle Mülhausen.
Mit dem Auto: A40 Ausfahrt Kempen, Richtung Kempen, Ausschilderung Nettetal/Grefrath oder A61 Ausfahrt Süchteln, dann Richtung Süchteln-Grefrath, B509 Richtung Kempen bis Abfahrt Mülhausen.

Was wir Ihnen anbieten

• Tage der Stille
• Einkehrtage
• Geistliche Begleitung in Einzelgesprächen
• Mitfeier von Stundengebet und Eucharistie
• Teilnahme am Gemeinschaftsleben
• Teilnahme an den Hausarbeiten

Wir haben ein Programm für Sie!

Ihre Ansprechpartnerinnen bei uns sind

Sr. Birgitt Maria Adelfang SND; Sr. Lucia Maria Bergrath SND.

Schwestern Unserer Lieben Frau, Kempen (Niederrhein) »Halte-Stelle« – Haus für Besinnung und Begegnung

Wir über uns
Seit 1998 laden drei Schwestern Unserer Lieben Frau in der »Halte-Stelle« Mitschwestern und andere Menschen zu Besinnung und Begegnung ein, um
* unterwegs innezuhalten,
* sich selbst zu begegnen,
* mit Gott und anderen ins Gespräch zu kommen,
* sich neu zu orientieren hin auf ein ganzheitliches, sinnerfülltes christliches Leben.

A Unsere Adresse
»Halte-Stelle«
Sr. Petra Maria Hothum SND
Buttermarkt 4
47906 Kempen
Tel. 0 21 52 / 51 07 67
Fax 0 21 52 / 55 75 73

So finden Sie uns
Mit der DB: Auf der Verbindung Düsseldorf–Kleve Bahnhof Kempen (Niederrhein), 10 Minuten Fußweg Richtung Innenstadt.
Mit dem Auto: A40 Ausfahrt Kempen oder A61 Ausfahrt Süchteln Richtung Süchteln-Grefrath-Kempen oder A52 und A44 bis Ausfahrt Neersen, Richtung Neersen-Anrath-Vorst-Kempen.

Was wir Ihnen anbieten
* Exerzitien für Einzelgäste
* Exerzitien für Kleingruppen (4 Einzelzimmer)
* Tage der Stille
* Einkehrtage
* Geistliche Begleitung in Einzelgesprächen

- Teilnahme an Gebetszeiten der Gemeinschaft
- Teilnahme am Gemeinschaftsleben
- *Weitere Angebote:* Sabbat-Zeiten

Wir haben ein Programm für Sie!

Was wir von Ihnen erwarten
Kostenerstattung Tagessatz EZ/VP DM. 50; Sonderregelungen sind nach Absprache möglich. Die Kursgebühr ist der jeweiligen Ausschreibung zu entnehmen.

Ihre Ansprechpartnerin bei uns ist
Sr. Petra Maria Hothum SND.

Schwestern Unserer Lieben Frau, Lingen-Biene

Wir über uns
Das kleine Dorf Biene liegt 7 km von der Stadt Lingen/Ems entfernt. Seit 1997 bewohnt eine kleine Schwesterngemeinschaft das Pfarrhaus und verrichtet verschiedene Dienste in der Gemeinde. Sie versteht sich als offene Gemeinschaft, die Tage der Stille und der Besinnung ermöglicht. In unmittelbarer Nähe lädt die Vielfalt der Natur – Wälder und Wiesen, Felder und Gewässer – ein, von der Hektik des Alltags Abstand zu gewinnen.

A Unsere Adresse
Schwestern Unserer Lieben Frau
Biener Straße 94
49808 Lingen-Biene
Tel. 0 59 07/9 20 33

So finden Sie uns
Mit der DB: Auf der Strecke 395 Emden – Rheine – Münster zum Hbf Lingen, von dort (fast stündlich) mit dem Bus Linie 171 zur Haltestelle Kirche.

Was wir Ihnen anbieten
- Tage der Stille für Einzelgäste
- Geistliche Begleitung in Einzelgesprächen

• Teilnahme an gemeinsamen Gebets- und Mahlzeiten

Was wir von Ihnen erwarten
Kostenerstattung nach Absprache.

Ihre Ansprechpartnerin bei uns ist
Sr. Maria Regina Pelzel.

Schwestern Unserer Lieben Frau – Provinzhaus Marienhain, Vechta

Wir über uns
Im Jahre 1850 wurde die Gemeinschaft in Coesfeld zur Erziehung armer Kinder gegründet. Heute leben und arbeiten Schwestern in allen Kontinenten vielfach mit Frauen und Kindern, aber auch in anderen Bereichen, die sich aus den Herausforderungen von Ort und Zeit ergeben. Das Kloster ist die Zentrale der oldenburgischen Ordensprovinz und beherbergt außerdem ein Kinderheim und eine Berufsbildende Schule.

A Unsere Adresse
Provinzhaus Marienhain
Landwehrstraße 2
Postfach 1452
49363 Vechta
Tel. 0 44 41 / 9 47-0
Fax 0 44 41 / 75 62
E-mail: marienhain.drees@nwn.de

So finden Sie uns
Mit der DB: Bahnhof Diepholz oder Bahnhof Vechta. Von dort Abholdienst nach Absprache.
Mit dem Auto: A1 Ausfahrt Lohne, von dort nach Vechta (ca. 10 km), kurz vor dem Ortseingangsschild weist die Beschilderung nach rechts zu Kloster und Schule.

Was wir Ihnen anbieten
• Exerzitien für Einzelgäste
• Tage der Stille

- Geistliche Begleitung in Einzelgesprächen
- Mitfeier von Stundengebet und Eucharistie
- Teilnahme am Gemeinschaftsleben
- Teilnahme an den Hausarbeiten

Was wir von Ihnen erwarten
Tagessatz DM 30 (Selbstkostenpreis).

Ihre Ansprechpartnerin bei uns ist
Gemeinschaft Alt-Marienhain, Tel.-Durchwahl -170.

Schwestern vom armen Kinde Jesus, Aachen

Wir über uns
Am 2. Februar 1844 gründete Clara Fey die Kongregation der
Schwestern vom armen Kinde Jesus. Anstoß dazu waren die
sozialen Probleme als Folge der Industrialisierung in ihrer
Heimatstadt Aachen, vor allem das Elend der unbeheimateten
Kinder. Sie gab ihnen mit ihren Gefährtinnen ein Zuhause,
Erziehung und Unterricht.
Heute leben und arbeiten die Schwestern in drei Erdteilen und
in 12 Ländern. Sie versuchen als Gemeinschaft von Frauen
gemäß dem Leitwort der Gründerin »Bleibt in mir« (Joh 15) eine
lebendige Gottesbeziehung zu leben und aus dieser
Gottesbeziehung heraus Menschen, vor allem Kindern und
Jugendlichen, zu helfen in leiblich-seelischer, moralischer und
religiöser Not.

Das Kloster mit seinem schönen Kreuzgang ist von einem großen Garten umgeben. Kleine Gemeinschaften leben in
Monschau und in Krefeld-Uerdingen.

A Unsere Adressen
Sr. Petra Flöck PIJ
Kurfürstenstraße 69
47829 Krefeld-Uerdingen
Tel.: 0 21 51/4 52-582

Sr. Pia Bender
Eschbachstraße 35
52156 Monschau
Tel. 0 24 72 / 70 20

So finden Sie uns
Wegbeschreibung wird bei Anfrage je nach Ort zugeschickt.

Was wir Ihnen anbieten
- Tage der Stille
- Geistliche Begleitung in Einzelgesprächen
- Mitfeier von Stundengebet und Eucharistie
- Teilnahme am Gemeinschaftsleben
- Teilnahme an den Hausarbeiten

Was wir von Ihnen erwarten
Kostenerstattung nach Absprache.

Ihre Ansprechpartnerinnen bei uns sind
Sr. Petra Flöck PIJ für Aachen und Krefeld-Uerdingen;
Sr. Pia Bender für Monschau.

Schwestern vom Göttlichen Erlöser (Niederbronner Schwestern) Provinzhaus Bühl

Wir über uns
Mit der Ordensgründung in Bad Niederbronn 1849 wollte
Elisabeth Eppinger (Mutter Alphons Maria) auf die mit
Frühkapitalismus und Industrialisierung verbundenen Nöte eine
christliche Antwort geben. Heute wirken die Schwestern in
neun Ländern: Deutschland, Frankreich, Belgien, Niederlande,
Österreich, Angola, Kamerun, Indien und Argentinien gemäß
dem Leitwort »Schöpfet mit Freuden aus den Quellen des Heils«
(Jes 12,3). Das Generalat ist in Oberbronn/Elsass. 1919 wurde
das Provinzhaus Bühl gegründet.

Die Tätigkeit der Schwestern umfasst sozialpflegerische und sozialpädagogische Dienste in Krankenhäusern, Alten-, Kur- und Erholungsheimen, in Kindergärten und Heimen für Kinder und Jugendliche, Unterricht und Erziehung in Schulen, Dienste im Haushalt, in Wirtschaft und Verwaltung, Obdachlosenbetreuung und Hilfe für Menschen in Not.

A Unsere Adresse

Provinzhaus der Schwestern von Göttlichen Erlöser
Kloster Maria Hilf
Carl-Netter-Straße 7
77815 Bühl
Tel. 0 72 23 / 8 02-0
Fax 0 72 23 / 8 02-100
E-mail: Kloster.buehl.sekretariat@t-online.de

So finden Sie uns

Mit der DB: Bahnhof Bühl, Baden.
Mit dem Auto: A Karlsruhe oder Basel Ausfahrt Bühl, auf dem Autobahnzubringer immer der Beschilderung Bühl folgen, nach dem Ortsschild Bühl die erste Straße links in die Carl-Netter-Straße, Parkmöglichkeit im Klostergelände oder auf dem Parkplatz.

Was wir Ihnen anbieten

- Mitfeier von Stundengebet und Eucharistie
- Teilnahme am Gemeinschaftsleben (nach Vereinbarung)
- Teilnahme an den Hausarbeiten (nach Vereinbarung)
- *Weitere Angebote:* Klosterführung mit Video der Kongregation, Gesprächsrunde nach Wunsch.

Wir haben für Jugendliche und junge Erwachsene ein Programm!

Was wir von Ihnen erwarten

Kostenerstattung auf Spendenbasis. Rücksicht auf verschiedene Gepflogenheiten, z.B. feststehende Tageszeiten.

Ihre Ansprechpartnerin bei uns ist

Vermittlung über das Sekretariat.

Schwestern vom Göttlichen Erlöser – Provinz Pfalz, Esthal

⑥ Wir über uns

Elisabeth Eppinger (Mutter Alfons Maria) gründete die Kongregation am 28. August 1849 in Niederbronn/Elsass. Am 1. Januar 1951 kam es zur Verselbständigung der Provinz Pfalz mit Provinzmutterhaus Kloster St. Maria in Esthal. In der Provinz leben heute 146 Schwestern. Sie sorgen sich um Arme und Kranke und sind in der Erziehungs-und Bildungsarbeit sowie in pastoral-seelsorglichen Diensten tätig.

A Unsere Adresse

Kloster St. Maria
Klosterstraße 60
67472 Esthal/Pfalz
Tel. 0 63 25 / 95 42-0
Fax 0 63 25 / 95 42-50

⋔ So finden Sie uns

Mit der DB: Bahnstation Neustadt/Weinstraße oder Lambrecht/Pfalz. Von dort fährt ein Bus nach Esthal.

⟲ Was wir Ihnen anbieten

- Exerzitien für Einzelgäste
- Tage der Stille
- Geistliche Begleitung in Einzelgesprächen
- Mitfeier von Stundengebet und Eucharistie

⬏ Was wir von Ihnen erwarten

Der Tagessatz ist vorgegeben. Die Stille des Hauses soll gewahrt bleiben.

⋘ Ihre Ansprechpartnerin bei uns ist

Sr. Judith Velten.

Schwestern vom Göttlichen Erlöser
Kloster St. Josef – Provinzhaus Neumarkt

ⓖ Wir über uns

Die Kongregation der Schwestern vom Göttlichen Erlöser wurde 1849 von Elisabeth Eppinger – später Mutter Alfons Maria – aus Bad Niederbronn (daher »Niederbronner Schwestern) im Elsass gegründet. Ihr Anliegen war es – und ist es bis heute -, alle Menschen, besonders die Armen und Benachteiligten, Gottes erlösende Liebe erfahren zu lassen.

Auf Grund der raschen Ausbreitung der Gemeinschaft teilten die Schwestern die Gemeinschaft in Provinzen auf und erwarben 1920 das ehemalig Kurhaus in Neumarkt /Opf., das heute Sitz der bayerischen Provinzleitung ist. Es dient als Exerzitien- und Bildungshaus der Schwestern und für verschiedene Personengruppen, die das Kloster kennen lernen wollen. Junge Leute finden Angebote im dazu gehörenden Haus Emmaus. Zum Kloster gehört auch ein Alten- und Pflegeheim mit Park.

Das Quellwasser des früheren Kurhauses »Wildbad« sprudelt bis heute und erinnert an den Wahlspruch der Kongregation »Schöpft mit Freuden aus den Quellen des Heils« (vgl. Jes 12,3).

A Unsere Adresse

Provinzhaus Kloster St. Josef
Wildbad 1
92318 Neumarkt i.d. Opf.
Tel. 0 91 81 / 45 00-0
Fax 0 91 81 / 45 00-285

♢ So finden Sie uns

Mit der DB: Bahnlinie Regensburg–Nürnberg, Bahnhof Neumarkt.
Mit dem Auto A3 Nürnberg–Regensburg Ausfahrt Neumarkt. Das Kloster liegt am Fuß des Mariahilfberges und ist von der Stadt aus in Richtung Schmidmühlen oder Badstraße erreichbar.

Was wir Ihnen anbieten

Allgemeine Angebote für suchende und fragende Menschen
• Tage der Stille
• Geistliche Begleitung in Einzelgesprächen
• Mitfeier von Stundengebet und Eucharistie in der
  Vorbereitung auf »heiligen Zeiten«;
• Teilnahme am Gemeinschaftsleben und an unserem
  alltäglichen Beten und Arbeiten
Spezielle Angebote – vor allem für junge Leute – zu Besinnung,
Begegnung und Austausch.

Wir haben ein Programm für Sie!
Es erscheint 1–2-mal jährlich. Auf Wunsch schicken wir
es Ihnen gerne zu.

Was wir von Ihnen erwarten

Offenheit und Bereitschaft, sich auf Neues und auf
Begegnungen einzulassen.
Der Unkostenbeitrag ist bei den verschiedenen Angeboten
jeweils angegeben, sonst nach Vereinbarung.

Ihre Ansprechpartnerinnen bei uns sind

Sr. Maria Scharpfenecker; Sr. Odila Göller.

Schwestern vom heiligen Josef – Kloster St. Trudpert, Münstertal

Wir über uns

Abbé Paul Blanck gründete die Gemeinschaft 1845 in St.
Marx/Elsass als kontemplativen Orden mit angeschlossenem
Waisenhaus. Ab 1868 wurden mehr caritative Tätigkeiten
begonnen. Nach 1918 entstand die Provinz St. Trudpert im
ehemaligen Benediktinerkloster St. Trudpert, dem ältesten
Benediktinerkloster rechts des Rheins. Es kam zur Gründung
neuer Stationen und Krankenhäuser. 1970 wurde St. Trudpert
selbständiges Generalmutterhaus. 1976 begann die Mission in
Indien; Schwestern von dort kamen bereits 1960 zum Konvent.
Wesentlich für die Spiritualität der Gemeinschaft ist die eucharistische Anbetung.

Die barocke Klosterkirche des Baumeisters Peter Thumb ist heute Pfarrkirche der Gemeinde Münstertal, die von einer schönen Landschaft umgeben ist.

A Unsere Adresse

Kloster St. Trudpert
St. Trudpert 6
79244 Münstertal
Tel. 0 76 36 / 78 02-0
Fax 0 76 36 / 78 02-190

So finden Sie uns

Mit der DB: Nach Bad Krozingen, umsteigen in die Nebenbahn nach Münstertal oder direkt von Freiburg nach Münstertal; dort fährt ein Bus nach St. Trudpert (ggf. Abholdienst).
Mit dem Auto: A5 Freiburg – Basel Ausfahrt Bad Krozingen, dort über Staufen nach Münstertal.

Was wir Ihnen anbieten

- Exerzitien für Gruppen (feste Termine)
- Tage der Stille
- Einkehrtage
- Geistliche Begleitung in Einzelgesprächen
- Mitfeier von Stundengebet und Eucharistie
- Teilnahme am Gemeinschaftsleben nach Vereinbarung
- Teilnahme an den Hausarbeiten

Wir haben ein Programm für Sie!

Was wir von Ihnen erwarten

Kostenerstattung je nach Unterbringung, Ermäßigung für Jugendliche. Rauchverbot in den Zimmern; die Kleidung soll der klösterlichen Umgebung entsprechen.

Ihre Ansprechpartnerin bei uns ist

Tel. 0 76 36 / 78 02-106, je nach Wunsch entsprechende Weitervermittlung.

Schwestern vom Heiligen Kreuz – Provinzhaus Altötting

⑤ Wir über uns

P. Theodosius Florentini OFMCap und Mutter Theresia
Heimgartner gründeten die Kongregation 1844 in
Menzingen/Schweiz.
1896 Gründung des Missions- und Anbetungsklosters
in Altötting.
Heute leben 2250 Schwestern in vier Kontinenten in
13 Provinzen – in der Schweiz, Italien, England, Deutschland,
Südafrika, Kap-Provinz, Lesotho, Zambia, Süd-, Zentral- und
Nordindien, Sri Lanka und Chile.
In der Deutschen Provinz sind 16 Niederlassungen mit sozial-
caritativen, pastoralen und hauswirtschaftlichen Aufgaben.
Im Provinzhaus ist täglich Eucharistische Anbetung von
7.00 – 18.00 Uhr.

A Unsere Adresse

Provinz- und Missionshaus vom Heiligen Kreuz
Kreszentiaheimstraße 43
84503 Altötting
Tel. 0 86 71 / 1 20 51
Fax 0 86 71 / 8 52 84
E-mail: Provinzhaus.Hl.Kreuz@t-online.de
Internet: www.schwestern-hl-Kreuz.de

♫ So finden Sie uns

Mit der DB: Bahnhof Altötting – rechts Innerer Ring – nach der
zweiten Ampel rechts.
Mit dem Auto: Aus München kommend A94, B12 über
Mühldorf, Ausfahrt Altötting, Kreisverkehr Ausfahrt Stadtmitte,
erste Ampel rechts, zweite Ampel links = Innerer Ring, dritte
Ampel geradeaus, vierte Ampel rechts.
Aus Passau kommend: B12 Ausfahrt Altötting/Neuötting, erste
Ausfahrt rechts, dann links (Neuöttinger Straße) bis zur ampel-
geregelten Kreuzung – Linksabbieger –, dann erste Ampel
rechts, zweite Ampel links.

Was wir Ihnen anbieten
- Exerzitien für Gruppen
- Tage der Stille
- Einkehrtage
- Geistliche Begleitung – Einzelgespräche
- Mitfeier von Stundengebet und Eucharistie
- Teilnahme am Gemeinschaftsleben
- *Weitere Angebote:* Schweigeexerzitien für junge Erwachsene, Oasentage, Franziskanischer Jugendtag

Was wir von Ihnen erwarten
Kostenerstattung und Mitarbeit nach Absprache

Ihre Ansprechpartnerinnen bei uns sind
Sr. Franziska Mitterer (für interessierte junge Frauen bis 40 Jahre);
Sr. Hedwig Cichy (für interessierte Frauen über 40 Jahre).

Schwestern von der Göttlichen Vorsehung Provinzhaus Kevelaer

Wir über uns
Der Priester Eduard Michelis gründete die Ordensgemeinschaft der Schwestern von der Göttlichen Vorsehung 1842 in Münster/ Westfalen, um Kindern und Waisen aus den armen Bevölkerungsschichten Heim und Erziehung zu geben.
Heute wirken die Schwestern in Deutschland, Holland, Brasilien, Bolivien, Paraguay, Malawi, Mosambik und Indonesien.
Die Rheinische Ordensprovinz mit dem Provinzhaus in Kevelaer wurde 1950 gegründet. Die 180 Schwestern arbeiten in Erziehung und Pastoral, Altenpflege, Hauswirtschaft und im sozial-caritativen Bereich, oft auch ehrenamtlich.

A Unsere Adresse
Provinzhaus der Schwestern von der Göttlichen Vorsehung
Friedensstraße 45
47623 Kevelaer
Tel. 0 28 32 / 95 43-0

Fax 0 28 32 / 64 30
E-mail: Sr.Gertraud@t-online.de

 So finden Sie uns

Mit der DB: Hbf Kevelaer. Von dort sind es etwa
10 Gehminuten.
Mit dem Auto: A57 Ausfahrt Sonsbeck, dort in Richtung
Kevelaer über Winnekendonk, in Kevelaer an der Ampel rechts
auf die B9, an der ersten Ampel links in die Lindenstraße, über
die Bahngleise, erste Straße links.

Was wir Ihnen anbieten
• Tage der Stille
• *Weitere Angebote:* Teilnahme an den Gottesdiensten und den
  Angeboten des Wallfahrtsortes Kevelaer, 5 Minuten Gehweg
  zur Gnadenkapelle

Was wir von Ihnen erwarten
Tagessatz DM 50.

Ihre Ansprechpartnerin bei uns ist
Sr. Bertgunda Herickhoff.

Schwestern von der Göttlichen Vorsehung, Münster

Wir über uns
Die 1842 in Münster gegründete Gemeinschaft zählt heute ca.
1800 Schwestern in drei europäischen Provinzen sowie in
Brasilien, Indonesien und Malawi. Aus der ursprünglichen Sorge
für Waisenkinder erwuchsen Aufgaben in Kinderheimen und
Kindergärten, in Schulen, in Näh- und Kochschulen für
Erwachsene, in Krankenhäusern und Sozialstationen und heute
vorwiegend in Altenheimen sowie in Heimen für chronisch
kranke und behinderte Kinder, im pastoralen Bereich, in
Begleitung und Beratung.
Das Provinzhaus ist ruhig nahe dem Aasee gelegen. Das
Eduard-Michaelis-Haus ist ein Begegnungshaus in einem
Wohngebiet.

A Unsere Adressen

Provinzhaus Friedrichsburg
Hoppendamm 33
48151 Münster
Tel. 02 51 / 53 51-0 oder Durchwahl -216
Fax 02 51 / 53 51-101
E-mail: provinzhaus.sr-agatha@muenster.de.

Eduard-Michelis-Haus
Thomas-Morus-Weg 20
48147 Münster
Tel. 02 51 / 39 90 50

So finden Sie uns

Mit der DB: Hbf Münster Bus Linie 10 (Bussteig C3) oder
34 (Bussteig D1) zum Hoppendamm.
Mit dem Auto: A43 Ausfahrt Münster-Süd über Weseler Straße
– Koldering – Scharnhorststraße zum Hoppendamm. A1
Ausfahrt Münster-Nord, B54 zunächst rechts in Richtung
Coesfeld, dann aber auf dem Ring bleiben. Am Ende der
Aaseebrücke links in die Scharnhorststraße-Hoppendamm.
Route zum Eduard-Michaelis-Haus auf Anfrage.

Was wir Ihnen anbieten

• Exerzitien für Einzelgäste
• Tage der Stille
• Einkehrtage
• Geistliche Begleitung in Einzelgesprächen
• Mitfeier von Stundengebet und Eucharistie
• Teilnahme am Gemeinschaftsleben
• Teilnahme an den Hausarbeiten
• *Weitere Angebote:* Gemeinschaft auf Zeit für einzelne Frauen

Was wir von Ihnen erwarten

Kostenerstattung nach Absprache.

Ihre Ansprechpartnerinnen bei uns sind

Sr. Rita Krey, Eduard-Michelis-Haus;
Sr. Elisabeth Kampelmann, Provinzhaus Friedrichsburg.

Schwestern von der hl. Elisabeth CssE
Geistliches Zentrum Haus Broich

Wir über uns
1842 wurde die Gemeinschaft in Neisse/OS gegründet. Der Wahlspruch der Ordenspatronin, der heiligen Elisabeth von Thüringen, lautet: »Wir müssen die Menschen froh machen«. Willich-Anrath war von 1946-1951 eine Bildungsstätte des Bistums Aachen, von 1951-1986 ein Kinderheim und von 1986-1993 ein Heim für Kurzzeitpflege. Seit 1995 ist es Geistliches Zentrum.

Das historische Gebäude ist 1247 als Rittergut Schloss Broich urkundlich bezeugt und steht unter Denkmalschutz.

A Unsere Adresse
Geistliches Zentrum Haus Broich
Haus-Broicher-Straße 222
47877 Willich-Anrath
Tel. 0 21 56/10 41
Fax 0 21 56/18 22

So finden Sie uns
Mit der DB: Bis Anrath oder Viersen, von dort mit dem Taxi 3 bzw. 7 km. Abholdienst nach Absprache.
Mit dem Auto: A44 Ausfahrt Münchheide/Anrath/Tönisvorst, zunächst in Richtung Anrath, an der Ampelkreuzung jedoch links in Richtung Neersen, nach 500 m rechts in die Haus-Broicher-Straße.

Was wir Ihnen anbieten
• Exerzitien für Einzelgäste
• Exerzitien für Gruppen
• Tage der Stille
• Einkehrtage
• Mitfeier von Stundengebet und Eucharistie
• *Weitere Angebote:* Ikonenmalkurse für Anfänger/innen und Fortgeschrittene.
Radfahrwoche »In und mit der Schöpfung unterwegs sein«.

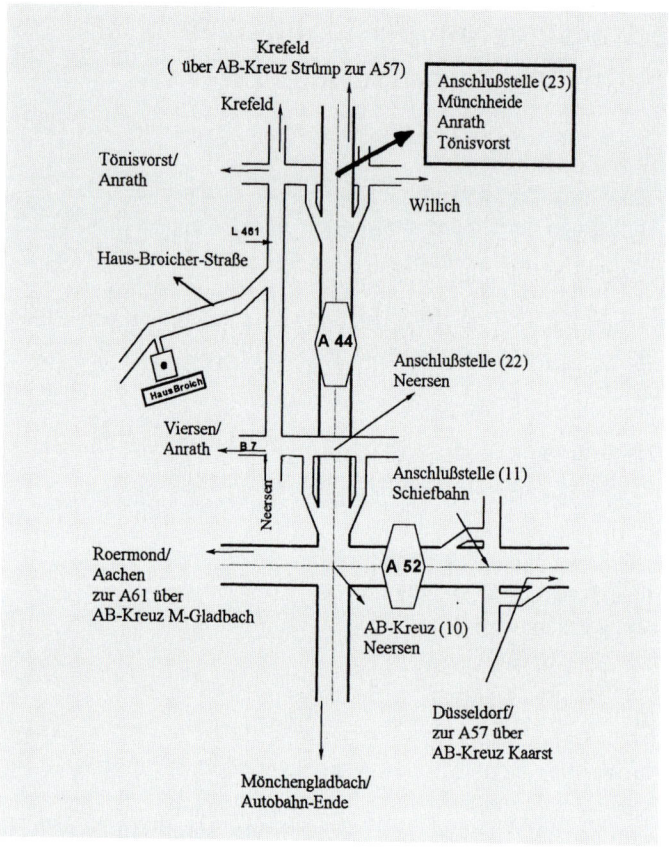

Krefeld
(über AB-Kreuz Strümp zur A57)

Krefeld

Anschlußstelle (23)
Münchheide
Anrath
Tönisvorst

Tönisvorst/
Anrath

Willich

L 461

Haus-Broicher-Straße

Haus Broich

A 44

Anschlußstelle (22)
Neersen

Viersen/
Anrath

B 7

Neersen

Anschlußstelle (11)
Schiefbahn

Roermond/
Aachen
zur A61 über
AB-Kreuz M-Gladbach

A 52

AB-Kreuz (10)
Neersen

Düsseldorf/
zur A57 über
AB-Kreuz Kaarst

Mönchengladbach/
Autobahn-Ende

Wir haben ein Programm für Sie!

🔖 Was wir von Ihnen erwarten

Kostenerstattung EZ DM 66, DZ DM 56, für Jugendliche DM 45; Preise für Nichtverdienende, Student/innen und Ordensleute auf Anfrage. Alle Zimmer haben Dusche/WC. Das gesamte Haus ist rauchfreie Zone.

〰️ Ihre Ansprechpartnerinnen bei uns sind

Sr. M. Petra Hübler;
Sr. M. Ingrid Wilczek;
Sr. M. Hermana Behrla;
Sr. M. Elisabeth Nölken.

Schwestern von der heiligen Jungfrau und Martyrin Katharina – Katharinenschwestern, Münster

 Wir über uns

Die Schwestern verstehen sich als eine internationale religiöse Gemeinschaft katholischer Frauen, die einfach und bewusst leben wollen. Den Anfang machte die seligen Regina Protmann (1552–1613) in Braunsberg/Ostpreußen. Mit der ersten Lebensregel (1583) gab sie der Gemeinschaft Fundament und soziale Ausrichtung: gemeinsames Leben in Armut, Keuschheit und Gehorsam, Dienste an Alten und Kranken, in Familien sowie in Gemeinde- und Krankenhausseelsorge. Damit rief sie die erste ambulant tätige Ordensgemeinschaft ins Leben, die bereits 1602 die Päpstliche Approbation erhielt.

Reliquien der 1999 selig gesprochenen Gründerin Regina Protmann befinden sich in der Mutterhaus-Kapelle.

A Unsere Adresse

Katharinenschwestern
Ermlandweg 11
48159 Münster
Tel. 02 51/26 31-0
Fax 02 51/26 31-399
E-mail: KatharinenschwesternMS@t-online.de

So finden Sie uns

Mit der DB: Hbf Münster, Bus Linie 6 oder 16.
Mit dem Auto: AB-Ausfahrt Münster Nord.

Was wir Ihnen anbieten

• Tage der Stille
• Geistliche Begleitung in Einzelgesprächen
• Mitfeier von Stundengebet und Eucharistie
• Teilnahme am Gemeinschaftsleben

Was wir von Ihnen erwarten

Kostenerstattung nach vorheriger Vereinbarung. Beim Mitleben in der Gemeinschaft Einfügung in die Tagesordnung.

Ihre Ansprechpartnerin bei uns ist

Sr. M. Christina Clemens.

Schwestern von der Heimsuchung Mariä (Salesianerinnen), Dietramszell

Wir über uns

Abt Udalschack von Tegernsee gründete 1099 das Kloster Dietramszell. In der ersten Hälfte des 18. Jahrhundert wurde es unter den Pröpsten Petrus Offner aus Beuerberg und Dietram II. aus Weilheim zu einem Barockjuwel umgestaltet. Trotz der Säkularisation ist noch viel vom alten Inventar erhalten, da das Kloster Aussterbekloster der Klarissen von St. Jakob am Anger in München war. Die Salesianerinnen wurden 1610 von Franz von Sales, Bischof von Genf, und der jungen Witwe Johanna Franziska von Chantal in Annecy/Savoyen als Orden der Heimsuchung gegründet. 1667 kamen sie nach München zur Erziehung der weiblichen Jugend. 1783 wurden sie nach Indersdorf verlegt, wo sie eine Musterschule errichteten. 1831 ließen sie sich in Dietramszell nieder. Das Kloster baut ein Zentrum für Spiritualität und Lebensfreude. Die Spiritualität des begleitenden Teams ist vom theresianisch-salesianischen Denken und von Elementen der Mystik geprägt. Auch anderen spirituellen Wegen steht das Zentrum offen gegenüber, sofern sie sich mit dem Christentum vereinbaren lassen.
Das Kloster versteht sich als »Zeitoase«, in der Hektik keinen Platz hat.

Das Kloster weist wertvolle Kunstschätze wie Gemälde, sakrale Gegenstände, Mobiliar. Es besteht eine Sammlung von Klosterarbeiten aus dem 18. Jahrhundert.

Eine große Frauengestalt ist Caroline von Spreti, Leiterin der 1783 errichteten Musterschule von Indersdorf.

Ein Klosterladen bietet Klosterarbeiten (Golddrahtarbeiten nach alten Mustern), verzierte Kerzen, Fatschenkindel, Karten und Naturprodukte (u.a. Ayurveda-Produkte) an.

A Unsere Adresse

Kloster der Salesianerinnen
Klosterplatz 1
83623 Dietramszell
Tel. 0 80 27 / 801
Fax 0 80 27 / 830
Internet: www.erzbistum-muenchen.de/klosterdietramszell
E-mail: kloster.dietramszell@t-online.de

So finden Sie uns

Mit der DB: München-Holzkirchen S2 und BOB (täglich), von dort fahren werktags ein RVO-Bus oder das Taxi (13 km). Täglich verkehren RVO-Busse von Bad Tölz und von München–Höllriegelskreuth Bus Linie 271 sowie werktags von Deisenhofen Linie 381.
Mit dem Auto: München – Grünwald – Ascholding – Dietramszell (ca. 35 km) oder über die AB München – Salzburg, Ausfahrt Holzkirchen, Bad Tölz, Dietramszell (ca. 13 km).

Was wir Ihnen anbieten

- Exerzitien für Einzelgäste
- Tage der Stille
- Geistliche Begleitung in Einzelgesprächen
- Mitfeier Eucharistie
- *Weitere Angebote:* Vorträge, Kongresse, Klosterführungen, Ausstellungen. Liederabende, Empfänge, Seminare, Institut für salesianische Forschung, Präsenzbibliothek mit Werken zur Spiritualität (18.-20. Jhd.), Archiv mit Stichen und Stadtplänen aus dem 17. und 18. Jahrhundert zu Franz von Sales und Johanna Franziska von Chantal und zur Geschichte der Heimsuchung in Frankreich, Schweiz, Italien, Österreich und Bayern.

Wir haben ein Programm für Sie!

Was wir von Ihnen erwarten

Übernachtung und Verpflegung ist in Dietramszell und Umgebung preiswert möglich. Auskünfte erteilt das Kloster. Eine Teeküche für Gäste ist vorhanden. Im Kloster besteht Rauchverbot.

Ihre Ansprechpartnerin bei uns ist

Mutter M. Kiliana Raps, Oberin.

Schwestern vom Orden der Heimsuchung Mariä, Uedem

Wir über uns

Die Gemeinschaft besteht in Uedem am Niederrhein seit 1895. Sie lebt rein beschaulich in Stillschweigen und strenger Klausur. Ziel und Aufgabe ist es, nach den Lehren der heiligen Stifter Franz von Sales und Johanna Franziska von Chantal die innigste Vereinigung mit Gott; ein Herz und eine Seele mit ihm zu werden. In Uedem leben acht Schwestern.

Verehrung des Herzens Jesu (nach Margareta M. Alacoque); Direktion der Ehrenwache des heiligsten Herzens Jesu; einmal monatlich Heilige Stunde.

Die Gästezimmer für Einkehrtage, Exerzitien, Zeiten der Stille und Gottsuche liegen außerhalb der Klausur. Frauen, die das Klosterleben ernsthaft kennen lernen oder Einkehr bzw. Exerzitien halten wollen, können mit den Schwestern für kürzere oder längere Zeit innerhalb der Klausur leben.

A Unsere Adresse

Kloster der Heimsuchung Mariä
Ostwall 5
47589 Uedem
Tel. 0 28 25/4 03
Fax 0 28 25/73 41

So finden Sie uns

Mit der DB: Bis Goch, dort mit dem Bus bis Uedem oder Abholdienst.

Mit dem Auto: Von Norden über Münster – Bocholt – Rees oder von Süden auf der Autobahn 57 Köln-Venlo Richtung Nijmwegen bis zur Ausfahrt Uedem.

Was wir Ihnen anbieten

- Exerzitien für Einzelgäste
- Tage der Stille
- Einkehrtage
- Mitfeier von Stundengebet und Eucharistie
- Teilnahme am Gemeinschaftsleben auf Wunsch
- Teilnahme an den Hausarbeiten auf Wunsch
- *Weitere Angebote:* Unterweisung in die Lehren des heiligen Franz von Sales
- Zeit für persönliche Gespräche und Aussprachen

Was wir von Ihnen erwarten

Kostenerstattung nach Absprache. Spät abends möglichst keine Ausgänge.

Ihre Ansprechpartnerin bei uns ist

Sr. Maria Margareta.

Schwestern von der Heimsuchung Mariae Kloster St. Josef, Zangberg

Wir über uns

»Heimsuchung« meint die Begegnung zwischen Maria und Elisabeth. Aus der Begegnung der heiligen Johanna Franziska von Chantal mit dem heiligen Franz von Sales ging der Orden am 6. Juni 1610 hervor. Weltweit vermittelt der ansonsten kontemplative Orden, der in Deutschland mit apostolischen Aufgaben betraut ist, salesianische Spiritualität in Gesprächen, Einzelbegleitung und Meditationsangeboten.

In Zangberg leben 23 Schwestern.

Das ehemalige Schloss, das 1862 in ein Kloster umgewandelt wurde, liegt eine Autostunde von München entfernt und ist von sanften Hügeln, stillen Wäldern und weiten Wiesen umgeben. Es ist ein Ort der Ruhe, der Kontemplation und der Begegnung.

A Unsere Adresse

Kloster Zangberg
Haus der Begegnung
Hofmarkt 1
84539 Zangberg
Tel. 0 86 36/98 36-0
Fax 0 86 36/98 36-50
E-mail: info@kloster-zangberg.de

So finden Sie uns

Mit der DB: Auf der Strecke München–Simbach zum Bahnhof. Ampfing, von dort mit dem Taxi 2 km zum Kloster.
Mit dem Auto: B12 München–Passau Abfahrt Neumarkt-St. Veit, oder A3 Nürnberg–Regensburg, in Regensburg Abfahrt München, auf der A93 bis Siegenburg, von dort über die B299 in Richtung Landshut–Altötting bis Neumarkt-St. Veit. Auf der Staatsstraße 2091 in Richtung Ampfing noch 12 km bis Zangberg.

Was wir Ihnen anbieten

• Tage der Stille
• Mitfeier von Stundengebet und Eucharistie
• Teilnahme am Gemeinschaftsleben
• Teilnahme an den Hausarbeiten
• *Weitere Angebote:* »Kloster auf Zeit« nach persönlicher Vereinbarung; Tage der Besinnung und Erholung. Das Haus steht Gastkursen zur Verfügung. Rechtzeitige Anmeldung ist erforderlich.

Wir haben ein Programm für Sie!

Was wir von Ihnen erwarten

Tagessatz auf Anfrage.

Töchter des heiligen Kamillus (Kamillianerinnen), Asbach

⟲ Wir über uns

Die Kamillianerinnen wurden 1892 von dem Kamillianerpater Alois Tezza und von Josefina Vannini gegründet. Sie leben nach dem Vorbild des heiligen Kamillus von Lellis (1550-1614) und sehen ihre Aufgabe weltweit im vorbehaltlosen Dienst an den Kranken und Armen. Dies geschieht in 16 Ländern: Italien, Deutschland, Spanien, Portugal, Polen, Ungarn, Georgien, Brasilien, Argentinien, Peru, Kolumbien, Indien, Philippinen, Burkina Faso, Benin und Elfenbeinküste.

Die Gästezimmer der Gemeinschaft sind an die Kamillusklinik mit ihrer großen neurologischen und der Abteilung für Innere Medizin angeschlossen. Die Klinik verfügt über eine umfangreiche Physiologische Abteilung und ein Schwimmbad. Besonderen Wert legen die Schwestern darauf, dass der ganze Mensch im Mittelpunkt steht. Neben der medizinischen Betreuung und den Therapien sollen den Bedürfnissen nach Spiritualität, Festen und Feiern, nach Gespräch und Kreativität Raum gegeben werden.

A Unsere Adresse

Töchter des heiligen Kamillus
Kamillus-Klinik
Hospitalstraße 6
53567 Asbach/Westerwald
Tel. 0 26 83 / 5 90
Fax 0 26 83 / 5 96 74
E-mail: info@kamillus.org
Internet: http://kamillus.org

ℝ So finden Sie uns

Mit der DB: Bahnhof Hennef/Sieg oder Bahnhof Bad Honnef oder Linz/Rh., von dort verkehren Busse nach Asbach.
Mit dem Auto: Von Norden A3 Ausfahrt Bad Honnef, Linz, Asbach, dann der Beschilderung Asbach folgen.

Von Süden A3 Ausfahrt Neustadt/Wied, dort der Beschilderung Asbach folgen.

⊘ Was wir Ihnen anbieten

- Mitfeier Eucharistie
- *Weitere Angebote:* Wöchentliche Angebote im spirituellen und kreativen Bereich.

Wir haben ein Programm für Sie!
Bitte fordern Sie das aktuelle Programm an.

◈ Was wir von Ihnen erwarten
Kostenerstattung EZ mit VP DM 50-55

〰 Ihre Ansprechpartnerin bei uns ist
Sr. Oberin M. Gabriela Kreienbaum.

Töchter Mariä Hilfe der Christen (Don Bosco Schwestern)

◉ Wir über uns
Die Heiligen Don Bosco und Maria Mazzarello gründeten 1872 das Institut der Töchter Mariä Hilfe der Christen, deren erste Generaloberin Maria Mazzarello wurde. Ihr Grundsatz lautete: »Alles soll Anlass zur Freude sein und Grund, Gott zu loben«. Der heute in 88 Ländern tätige, mit über 16.000 Mitgliedern weltweit größte Frauenorden (in Deutschland: 110 Don Bosco Schwestern in 12 Gemeinschaften) engagiert sich in vielen Einrichtungen für Kinder, Jugendliche und junge Frauen: von Heimen und Tagesstätten, Jugendzentren und -herbergen bis zur Fachakademie für Sozialpädagogik und Missionsarbeit.

Die Filiale St. Josef in Rottenbuch (Sr. Agnes Langenkamp, Tel 0 88 67 / 10 71) bietet Tage der Stille für Selbstversorgung für Einzelpersonen und kleinere Gruppen an.
Im Heim Maria Auxilium mit angeschlossener Fachakademie für Sozialpädagogik, Berufsfachschule für Kinderpflege, Internat für berufsbildende Schulen, Förderschule zur individuellen

Lebensbewältigung, Heilpädagogische Tagesstätte mit Internat und Jugendtreff in Rottenbuch können junge Frauen in der Gemeinschaft tageweise oder für einzelne Wochen mitleben und -arbeiten (Sr. Lucia Thölking, Tel. 0 88 67/9 11 20).
Die Schwestern in Eschelbach (Sr. Katharina Schmid, Tel. 0 84 42/96 38 90) bieten Besinnungstage für Mädchen und Frauen an. Eine Begleitung kann mitgebracht oder von den Schwestern gestellt werden.
In Ingolstadt (Sr. Renata Borghesi, Tel. 08 41/5 14 99) können junge Frauen in der Gemeinschaft mitleben und -arbeiten.
In allen Einrichtungen besteht die Möglichkeit, an Stundengebet und Eucharistiefeier teilzunehmen.

A Unsere Adresse
Provinzialat der Don Bosco Schwestern
Kaulbachstraße 63a
80539 München
Tel. 0 89/38 15 80-26
Fax 0 89/38 15 80-28
E-mail: fma-muenchen@t-online.de
Internet: www.donboscoschwestern.de

So finden Sie uns
Mit der DB: Hbf München; dort mit der U4/5 eine Station zum Odeonsplatz, dann mit der U3/6 eine Station bis zur Universität. Zu Fuß in Fahrtrichtung rechts in Richtung Englischer Garten zur Kaulbachstraße (10 Minuten).
Mit dem Auto: Vom Stadtzentrum in nördlicher Richtung auf die Ludwigstraße, dort ab Universität wie oben.

Was wir Ihnen anbieten
Siehe oben

Was wir von Ihnen erwarten
Kostenerstattung auf Anfrage.

Ihre Ansprechpartnerin bei uns ist
Sr. Petra Egeling.

Töchter vom Heiligen Kreuz, Rees

⌾ Wir über uns

Die 1991 selig gesprochene Maria Theresia Haze, gründete die
internationale Gemeinschaft der Töchter vom Heiligen Kreuz
1833 in Belgien. Sie wollte auf die Probleme ihrer Zeit durch
tätige Nächstenliebe in der Nachfolge Christi antworten. Sie
vertraute darauf, dass Gott durch die Kraft des Kreuzes zu
Auferstehung, Heil und neuem Leben führt.
Die erste deutsche Niederlassung wurde 1851 in Haus Aspel
gegründet. Heute leben ca. 1000 Schwestern in 105
Niederlassungen in neun Ländern, davon 135 in zehn
Niederlassungen in der deutschen Provinz. Neben Exerzitien und
religiösen Bildungsangeboten sind die Schwestern in ambulan-
ter und stationärer Alten- und Krankenpflege tätig, arbeiten im
Kindergarten, in der Behindertenarbeit sowie in der Seelsorge.
Die Schwestern sind ehrenamtlich tätig in der Sozialarbeit, im
Sozialen Brennpunkt, in der Hospizarbeit und in der Alten- und
Krankenpastoral.

2001 wurde der Wohn- und Pflegebereich der alten Schwestern
neu gebaut zusammen mit fünf Wohneinheiten für ältere
Menschen, die in Verbindung mit dem Kloster leben möchten.

Das Haus liegt auf dem Gelände der ehemaligen Burg Aspel,
umgeben von gepflegten Parkanlagen an einem alten Rheinarm,
dem Aspeler Meer. Hier in der Stille und Weite der niederrheini-
schen Landschaft lebte im 11. Jh. die hl. Irmgard von Aspel, bis
sie sich von allem weltlichen Leben zurückzog, um für Gott
allein zu leben und ihm im Nächsten zu dienen (Namenstag: 4.
September). Zukunftsweisend ist das Zusammenwirken der
Schwestern mit weltlichen Mitarbeiter/innen auf der
Leitungsebene.

Es gibt Kunstkarten aus eigener Werkstatt und eine
Bücherstube.

A Unsere Adressen

Töchter v. Heiligen Kreuz
Provinzialat Haus Aspel
Aspel 1
46459 Rees
Tel. 0 28 50/18-0
Fax 0 28 50/18-111.

Geistliches Zentrum
Haus Aspel
Aspel 1
46459 Rees
Tel. 0 28 50/18-201
Fax 0 28 50/18-202

So finden Sie uns

Mit der DB: Hbf Oberhausen, dann mit dem Regionalverkehr
Richtung Emmerich, über Wesel bis zum Halt Haldern oder ab
Bahnhof Emmerich Richtung Oberhausen bis Haldern. Ab dort
Busverbindung bis Haus Aspel oder 2 km Fußweg.
Mit dem Auto: Rechtsrheinisch (Oberhausen-Arnheim) A3,
Ausfahrt Nr. 4 Rees/Isselburg zur B67 Richtung Rees, am
Kreisverkehr links zur B8 Richtung Wesel, nach 4 km liegt rechts
Haus Aspel.
Linksrheinisch
(Köln-Nijmwegen)
A57, Ausfahrt Nr. 36
Alpen, B58 Richtung
Wesel bis hinter Alpen,
links B57 Richtung
Kleve, Xanten,
Marienbaum, Kehrum,
bei Kehrum rechts auf
die B67 nach Rees, über
die Rheinbrücke bis
zum Kreisverkehr
zur B8 Richtung
Wesel, weiter
wie oben.

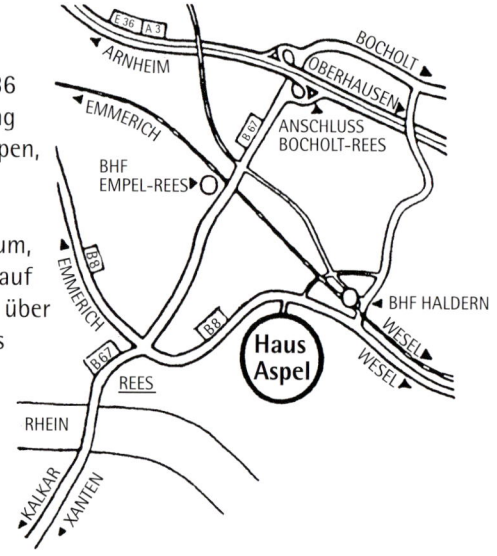

☞ Was wir Ihnen anbieten

- Exerzitien für Einzelgäste
- Exerzitien für Gruppen
- Tage der Stille
- Einkehrtage
- Geistliche Begleitung in Einzelgesprächen
- Mitfeier von Stundengebet und Eucharistie
- Teilnahme am Gemeinschaftsleben
- *Weitere Angebote:* Pastorale, pflegerische oder hauswirt-schaftliche Mithilfe im Irmgardisstift (Wohn- und Pflegebereich der älteren Schwestern)

Wir haben ein Programm für Sie!

Was wir von Ihnen erwarten

Bei Teilnahme an Veranstaltungen im Geistlichen Zentrum entsprechende Kursgebühren;
bei Aufenthalt im Haus Aspel, Kloster, Kostenerstattung nach Absprache.

Ihre Ansprechpartnerin bei uns ist

Sr. Maria Beate Reifenberg.

Trappistinnen-Abtei Maria Frieden, Dahlem (Zisterzienserinnen strenger Observanz)

Wir über uns

Auf der »Dahlemer Binz« in der Hocheifel hatte die NS-Volkswohlfahrt 1935 eine Musterschäferei errichtet; 1938 kam ein Fachwerkbau hinzu, der als NS-Ordensburg zu Ferienlagern für Kinder und Jugendliche diente. Nach dem Krieg wurden Gelände und Gebäudes von der katholischen Jugend der Diözese Aachen benutzt, bis die Abtei Mariawald es 1952 im Hinblick auf die Gründung eines kontemplativen Frauenklosters kaufte. 1953 zogen Schwestern aus der holländischen Abtei Koningsoord (Berkel bei Tilburg) ein und schufen eine Stätte des Gebets um Frieden und Völkerverständigung. 1958 wurde die Kirche geweiht, 1968 der Klosterbau beendet. Heute sind wir 24 Schwestern.

In der Feier der Liturgie (Stundengebet und Eucharistiefeier im gregorianischen Choral) loben wir Gott und treten fürbittend ein für Kirche und Welt.

Unseren Lebensunterhalt erarbeiten wir durch die Herstellung von (teils handgewebten) Paramenten, Kräuterlikör, Hautöl und Kastanienextrakt.

A Unsere Adresse

Abtei Maria Frieden
Ursprungsstraße 40
53949 Dahlem/Eifel
Tel. 0 24 47/14 74
Fax 0 24 47/4 79

So finden Sie uns

Mit der DB: An der Bahnstrecke Köln – Euskirchen – Gerolstein – Trier bis Bahnhof Dahlem oder Schmidtheim bzw. Blankenheim/Wald oder Jünkerath.

Mit dem Auto: Auf der Eifel-Autobahn Ausfahrt Blankenheim-Tondorf, B51, Abfahrt Dahlem, Abzweigung von der Durchgangsstraße in die Ursprungsstraße am östlichen Ortsende.

Was wir Ihnen anbieten

• Mitfeier von Stundengebet und Eucharistie in der Gästekapelle: 4.05 Vigilien; 7.00 Laudes und Heilige Messe; (Sonntags 7.30 und 10.00); 9.00. Terz; (Sonntags 9.45); 12.15 Sext; 14.20 Non; 17.15 Vesper (Sonntags 17.00); 19.25 Komplet.

• *Weitere Angebote:* Gästehaus (10 Zimmer) und Priesterhaus (5 Zimmer) stehen neben den Angehörigen der Schwestern auch jenen offen, die einige Tage der Stille verbringen möchten. Nach telefonischer Anmeldung können Gruppen (höchstens 30 Personen) zu einem Gespräch und/oder Lichtbildvortrag kommen. Weitere Informationen auf Anfrage.

Ihre Ansprechpartnerinnen bei uns sind

für Einzelpersonen: die Gästeschwester oder die Äbtissin; für Gruppen: Sr. M. Magdalena; für Paramente: Sr. M. Hildegard, für Likör: Sr. Sabine.

Zisterzienserinnen strenger Observanz (Trappistinnen) Kloster Gethsemani, Dannenfels

⑥ Wir über uns
Das Kloster wurde 1985 in der Nordpfalz, einem Diasporagebiet der Diözese Speyer, gegründet. Es liegt am Hang des Donnersberges über der Ortschaft Dannenfels. Der Tagesablauf der streng kontemplativen Gemeinschaft ist geprägt von Gebet, geistlicher Lesung und Arbeit. Am Gebet können gerne auch Gäste teilnehmen. Der Lebensunterhalt wird mit Werkstattarbeiten – u.a. in der Paramentenstickerei und der Buchbinderei – verdient.

Ein kleines Gästehaus ist vorhanden. Im Klosterladen finden sich viele Geschenkartikel, selbstentworfene Karten (Batikmalerei, Ikonenkarten) und Kunstkarten, Kerzen, Bronzen, Bücher, Klosterlikör und Elixier, Tischdecken, Kissen usw.

A Unsere Adresse
Kloster Gethsemani
Donnersbergstraße 19
67814 Dannenfels
Tel. 0 63 57/2 56
Fax 0 63 57/98 96 24

℟ So finden Sie uns
Mit der DB: Bahnstation Rockenhausen, dort weiter mit Bus oder Taxi.
Mit dem Auto: Über die A6 zur Ausfahrt Wattenheim, dann über Grünstadt, Eisenberg, Weitersweiler und Bennhausen nach Dannenfels. Oder über die A61 oder 63 bis zur Ausfahrt Kirchheimbolanden, dort am Ortsanfang an der Tankstelle links, an der nächsten Ampel rechts in Richtung Dannenfels.
In Dannenfels biegt man an der alten Kastanie ab und folgt dann den Schildern zum Kloster (über die Donnersberg-Höhenstraße).

☞ Was wir Ihnen anbieten

• Tage der Stille
• Einkehrtage
• Geistliche Begleitung in Einzelgesprächen
• Mitfeier von Stundengebet und Eucharistie

☙ Was wir von Ihnen erwarten

Kostenerstattung bei VP nach Vereinbarung.
Verständnis für die Lebensform, besonders für die Stille;
Einhalten der Tagesordnung (z.B. Essenszeiten, Anreise, Abfahrt).

⋙ Ihre Ansprechpartnerin bei uns ist

Priorin Sr. Praxedis Dalpke.

Ursulinenkongregation Calvarienberg, Ahrweiler

⑥ Wir über uns

Seit dem 15. Jahrhundert ist der Calvarienberg Wallfahrtsort.
1630 errichteten Franziskaner aus Brühl hier ein Kloster zur
Betreuung der zahlreichen Pilgerinnen und Pilger. Die Kirche
wurde 1678 vollendet. 1803 mussten die Franziskaner im Zuge
der Säkularisation den Calvarienberg verlassen. Am 28. August
1838 übersiedelte der Ursulinenkonvent aus Monschau, der auf
Grund der ungesunden Lage des eigenen Klosters einen anderen
Ort der Niederlassung suchte, ins verwaiste Kloster Ahrweiler.
Die Schwestern gründeten eine Elementarschule und eine höhe-
re Schule mit Pensionat für Mädchen. 1897 mussten die alten
Gebäude der Franziskaner einem Neubau weichen. Von
Calvarienberg aus wurden neue Klöster gegründet: 1848
Aachen, 1853 Trier, 1867 Kempen, 1868 Boppard, 1895
Saarbrücken, 1896 Krefeld, 1902 Koblenz. Diese Klöster wurden
keine selbständigen Monasterien, sondern blieben dem
Mutterhaus als Kongregation verbunden. Der
Ursulinenkongregation Calvarienberg-Ahrweiler sind heute die
Konvente Aachen, Krefeld und Trier angeschlossen.
Zum Calvarienberg in Ahrweiler gehören ein Gymnasium für
Mädchen und Jungen, eine Realschule für Mädchen, ein

Internat und ein Tagesinternat. Außerdem befinden sich hier ein Geistliches Zentrum und das Blandinen-Archiv. In Aachen führen die Ursulinen das Mädchengymnasium St. Ursula, in Krefeld die koedukative Marienschule, in Trier die Blandine-Merten-Realschule für Mädchen und ein Tagesinternat. In der Nähe der Kirche St. Paulin in Trier befinden sich die Blandine-Merten-Kapelle mit dem Sarkophag der 1987 seliggesprochenen Blandine Merten, Ursuline von Calvarienberg, und das Blandine-Merten-Haus.

Viele Pilger kommen täglich zur Verehrung der seligen Schwester Blandine Merten in die Blandine-Kapelle. Auch auf dem Calvarienberg werden täglich Menschen begrüßt, die Schwester Blandine verehren. Außerdem kommen seit Jahrhunderten Wallfahrer und Wallfahrerinnen – vornehmlich aus dem Köln/Bonner-Raum und dem Ahrtal – zum Calvarienberg, um das Kreuz zu verehren, das sich seit 1505 in der Klosterkirche befindet.

Mitte unseres Gemeinschaftslebens ist die tägliche Eucharistiefeier. Laudes und Vesper beten wir nach dem »Stundenbuch« der Kirche. Unverzichtbar sind für uns die Zeiten persönlichen Betens. Unsere apostolische Aufgabe sehen wir vor allem in der Bildung und Erziehung junger Menschen in unseren Schulen, in der Seelsorgearbeit an allen, die zur Verehrung der Seligen Schwester Blandine und als Pilgernde zu uns kommen, oder die die Angebote des Geistlichen Zentrums wahrnehmen.

A Unsere Adresse
Ursulinenkloster Calvarienberg
Kalvarienbergstraße 50
53474 Bad Neuenahr-Ahrweiler
Tel. 0 26 41/3 83-0 (Zentrale); 0 26 41/3 83-307 (Durchwahl)
Fax 0 26 41/3 83-111
E-mail: info@ursulinen-calvarienberg.de

So finden Sie uns
Mit der DB: Aus Köln oder Koblenz kommend in Remagen nach Ahrweiler umsteigen. Von dort mit dem Taxi zum Calvarienberg. Fußgänger fahren eine Station weiter bis Ahrweiler Markt und gehen dann durch das Adenbachtor, die

Ahrhutstraße, das Ahrtor und rechts über die Ahrbrücke zur Kalvarienbergstraße.

Mit dem Auto: A61 Ausfahrt Bad Neuenahr-Ahrweiler, dort in Richtung Ahrweiler-Zentrum, Wilhelmstraße, Friedrichstraße am zweiten Stadttor vorbei über die Ahrbrücke zur Kalvarienbergstraße.

Was wir Ihnen anbieten
- Exerzitien für Einzelgäste
- Exerzitien für Gruppen
- Tage der Stille
- Einkehrtage
- Geistliche Begleitung in Einzelgesprächen
- Mitfeier von Stundengebet und Eucharistie
- *Weitere Angebote:* »Kloster auf Zeit«, Jugendpastoral.

Wir haben ein Programm für Sie!

Was wir von Ihnen erwarten
Kostenerstattung Erwachsene Tagessatz DM 50, Jugendliche DM 30.
Für Exerzitien und Besinnungstage wird eine Kursgebühr erhoben.

Ihre Ansprechpartnerinnen bei uns sind
Sr. Christina Quarz, Tel. 0 26 41/383-307, Fax 0 26 41/383-111; für Jugendliche und junge Erwachsene: Sr. Roswitha Maria Schmitz, Tel. 0 26 41/3 83-142, E-mail: Srm-cberg@web.de

Ursulinenkloster Hersel, Bornheim-Hersel
Wir über uns
Die »Gesellschaft der hl. Ursula« wurde 1535 von Angela Merici gegründet. Sie gab vielen Menschen, besonders Frauen, Orientierung nach innen und außen.
In Unterricht und Erziehung, in der Hinführung zu menschlichem und spirituellem Wachsen und in der Befähigung, für sich und die Gesellschaft Verantwortung zu übernehmen, wurde Angelas Anliegen im Lauf der Geschichte weitergeführt.

Das Kloster Hersel wurde 1852 von Köln aus gegründet. Die Schwestern lassen fragende Menschen an ihrem geistlichen Leben teilhaben. Die Tradition von Bildung, Besinnung und Begegnung hat im Tagungshaus, dem Angela-Merici-Haus, einen neuen Akzent erhalten.

Das Kloster liegt 2 km nördlich von Bonn am Rheinufer in einem Park mit schönen alten Bäumen.

A Unsere Adresse

Ursulinenkloster Hersel
Rheinstraße 182
53332 Bornheim-Hersel
Tel. 0 22 22 / 96 47-0
Fax 0 22 22 / 81 01 11

So finden Sie uns

Mit der DB: Hbf Köln oder Hbf Bonn, dort in die U16 (in den Hauptverkehrszeiten im 20-Minuten-Takt). Vom Bahnhof Hersel aus erreicht man das Kloster in 5 Gehminuten.
Mit dem Auto: A555 Köln – Bonn, Ausfahrt Wesseling/Bornheim oder über die A61/A565 Koblenz – Meckenheimer Kreuz, Ausfahrt Bonn-Tannenbusch, oder über die A3/A365 Frankfurt – Siegburg, Ausfahrt Bonn-Nord, auf die B9 nach Hersel.

Was wir Ihnen anbieten

• Exerzitien für Einzelgäste
• Exerzitien für Gruppen
• Tage der Stille
• Einkehrtage
• Geistliche Begleitung in Einzelgesprächen
• Mitfeier von Stundengebet und Eucharistie
• Teilnahme am Gemeinschaftsleben
• Teilnahme an den Hausarbeiten
• *Weitere Angebote:* Bibliodrama, Kontemplation, Exerzitien im Alltag, Kreatives Tun, Gesprächskreise z.B. zu biblischen Themen, Gesprächsführung, Konfliktbewältigung lernen

Wir haben ein Programm für Sie!

◈ Was wir von Ihnen erwarten

Kostenerstattung auf Anfrage, da sie für die verschiedenen
Gruppen unterschiedlich sind.

⋙ Ihre Ansprechpartnerinnen bei uns sind

Sr. Lioba Michler; Sr. Lucia Schäckel.

Ursulinenkloster Duderstadt

ⓖ Wir über uns

Das Kloster wurde vor 300 Jahren in Duderstadt gegründet.
Heute bilden 28 Schwestern den Konvent, von denen 16 in
Duderstadt leben. Das gemeinsame Leben ist geprägt von der
täglichen Eucharistiefeier und dem Stundengebet, den persön-
lichen Gebetszeiten, dem Dienst füreinander und an den Gästen.
Unterricht und Erziehung an Schulen und Internaten waren
bis vor wenigen Jahren unsere Hauptaufgabe. Jetzt sind
Schwestern von uns vor allem noch in Hildesheim und in
Hannover in der Schule tätig.
Sie leben dort in kleinen Kommunitäten. Andere Schwestern
arbeiten in der Seelsorge.

In Duderstadt leben wir in einem alten Fachwerkhaus, das
kürzlich restauriert wurde und nun auch Gästen (Frauen und
Männern) offen steht, die einen religiösen Raum suchen, um
Ruhe und Erholung zu finden und den Fragen des Lebens
nachzugehen.

A Unsere Adresse

Konvent der Ursulinen
Neutorstraße 9
37115 Duderstadt
Tel. 0 55 27 / 30 62

ℳ So finden Sie uns

Mit der DB: per ICE nach Göttingen oder per Interregio
nach Leinefelde. Von dort kommt man im regionalen
Personennahverkehr mit privaten Linienbussen weiter
(Info im Kloster).

Mit dem Auto: A7 Ausfahrt Göttingen Nord, Northeim oder Seesen; aus Richtung Halle und Erfurt nimmt man die B80/247.

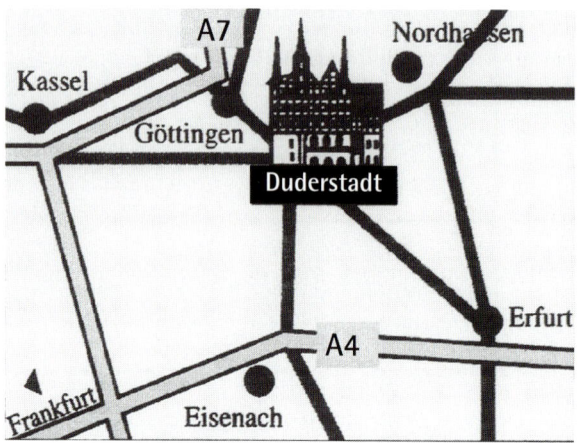

⟲ Was wir Ihnen anbieten

- Exerzitien für Einzelgäste
- Exerzitien für Gruppen
- Tage der Stille
- Einkehrtage
- Geistliche Begleitung in Einzelgesprächen
- Mitfeier von Stundengebet und Eucharistie
- Aufenthalt ohne »Programm«
- *Weitere Angebote:* »Kloster auf Zeit«; in diesem Rahmen Teilnahme an Hausarbeiten

Wir haben ein Programm für Sie!

▧ Was wir von Ihnen erwarten

Interesse am religiösen Leben;
Kostenerstattung je nach Veranstaltung und nach Möglichkeiten der Gäste.

⁓ Ihre Ansprechpartnerinnen bei uns sind

Sr. Genovefa Heptner; Sr. Marianne Heiße.

Ursulinenkloster Erfurt

⟲ Wir über uns

Die Gemeinschaft der Ursulinen wurde 1535 in Brescia/Italien gegründet und ist seit 1667 in Erfurt. Das Klostergebäude ist z.T. aus dem 12. Jahrhundert. Die Hauptaufgabe der Schwestern war – mit kurzer Unterbrechung im Kulturkampf 1879 – 1887 – Schule und Internat. 1868 kamen ein Kindergarten und 1912 ein Hort dazu. Letztere konnten 1945 wieder vom Kloster übernommen werden. Von 1954 – 1998 wurden »Erzieherinnen im kirchlichen Dienst« ausgebildet, die 1990 auch die staatliche Anerkennung bekamen. Derzeit bemühen sich 20 Schwestern auf vielfältige Weise, den Menschen unserer Zeit, besonders Kindern und Jugendlichen, Orientierung für ihr Leben zu geben und zu bezeugen, welche Hoffnung sie trägt.

Das Kloster gehört zur Altstadt von Erfurt und birgt Kunstschätze, die zum großen Teil aus dem Mittelalter sind.

A Unsere Adresse

Ursulinenkloster
Anger 5
99007 Erfurt
Postanschrift:
PF 100728
99007 Erfurt
Tel. 03 61 / 56 55 02-0
Fax 03 61 / 56 55 02-19

⺤ So finden Sie uns

Mit der DB: Hbf Erfurt, 10 Gehminuten durch die Bahnhofstraße oder eine Station mit der Tram Linie 3,4,5 oder 6 bis Anger.
Mit dem Auto: A4 aus Eisenach über Erfurter Kreuz Ausfahrt Erfurt-West; aus Hermsdorfer Kreuz zur Ausfahrt Erfurt-Ost, dann jeweils ins Zentrum.

⟳ Was wir Ihnen anbieten

• Tage der Stille
• Lebensbegleitung in Einzelgesprächen

- Mitfeier von Stundengebet und Eucharistie
- Teilnahme an den Hausarbeiten

▨ Was wir von Ihnen erwarten
Kostenerstattung je nach Möglichkeit bis DM 40 bei VP.
Sicheinlassen auf die ruhige Atmosphäre des Klosters,
kein TV, keine laute Musik.

〰 Ihre Ansprechpartnerinnen bei uns sind
Sr. Katharina Wenselowski; Sr. Chlothilde Müller.

Geistliches Zentrum – Ursulinenkloster St. Angela in Königstein i. Ts.

◉ Wir über uns
Das Ursulinenkloster St. Angela wurde 1884 in Königstein
gegründet. Es liegt im Hochtaunus, 25 km von Frankfurt/M.
Nachdem die Schule abgegeben wurde, richteten die Schwestern ein Geistliches Zentrum ein. Hier können Menschen Tage
der Stille, der Besinnung und des Gebets verbringen, glaubens-
vertiefende Kurse und Seminare in der »Bibelschule Königstein«
besuchen, an der Eucharistiefeier und am Chorgebet teilnehmen
und mit den Schwestern über ihre Fragen, Sorgen und Probleme
sprechen.

Königstein ist ein heilklimatischer Höhenluftkurort. Das Kloster
ist durch seine landschaftlich schöne und ruhige Lage am Fuß
des Burgberges, umgeben von einem Park, an dem sich das
weite Woogtal anschließt, ein Ort der Stille und Besinnung, fern
von Lärm und Hektik, damit Menschen zu sich und zu Gott finden.

A Unsere Adresse
Ursulinenkloster St. Angela
Gerichtsstraße 19
61462 Königstein
Tel. 0 61 74/93 81-0
Fax 0 61 74/93 81-55

So finden Sie uns

Mit der DB: Hbf Frankfurt/M. über Frankfurt-Höchst nach Königstein oder mit der S4 ab Frankfurt nach Kronberg, vom dortigen Bahnhof mit Bus Linie 917 (Richtung Falkenstein) oder 801 (Richtung Königstein) nach Königstein. Vom Parkplatz 5 Gehminuten die Klosterstraße hinunter zur Gerichtsstraße
Mit dem Auto: Von Süden oder Osten auf der AB Richtung Westkreuz, Ausfahrt FfM.-Höchst, dort in Richtung Wiesbaden bis Abfahrt Königstein.
Oder aus Köln bis zur Ausfahrt Bad Camberg, dann der Beschilderung folgen.
Von Norden bei Bad Homburg A661 Richtung Oberursel nach Königstein, Richtung »St. Josef Krankenhaus«, das sich oberhalb des Klosters befindet.

Was wir Ihnen anbieten

- Tage der Stille
- Einkehrtage
- Geistliche Begleitung in Einzelgesprächen
- Mitfeier von Stundengebet und Eucharistie
- Teilnahme an den Hausarbeiten
- *Weitere Angebote:* Bibelkurse und -seminare

Wir haben ein Programm für Sie!

Was wir von Ihnen erwarten

Tagessatz EZ DM 56, DZ DM 50; bei Teilnahme an Hausarbeiten DM 30. Bettwäsche einmalig DM 10. Absolutes Rauchverbot im Haus.

Ihre Ansprechpartnerinnen bei uns sind

Sr. Maria Regina Habekost; Sr. Maria Gertrud Reus.

Ursulinen St. Angela, Osnabrück

Wir über uns

Seit 1865 leben Ursulinen in Osnabrück, seit 1903 im Kloster St. Angela. Von Anfang an gehörte eine Schule zum Kloster, die bis 1977 als Mädchenschule geführt wurde. In der Schule wie auch in der Gemeinde, in pastoralen und sozialen Bereichen stellen sich die Schwestern den jeweiligen Erfordernissen der Zeit. Weiterer Schwerpunkt ihrer Arbeit ist die Sorge für die älteren Mitschwestern. Im Umgang miteinander und mit den Menschen, denen die Schwestern begegnen, wollen sie die Offenheit und Warmherzigkeit ihrer Gründerin einüben.

Der »Schatz« des Klosters liegt in seinen Wurzeln. Am Anfang seiner Geschichte – in den Umbrüchen des 16. Jahrhundert – steht eine bemerkenswerte Frau: Angela Merici.

A Unsere Adresse
Ursulinen St. Angela
Bramstraße 41
49090 Osnabrück
Tel. 05 41 / 6 30 21
Fax 05 41 / 68 48 48

So finden Sie uns
Mit der DB: Zum Hbf Osnabrück, dort mit allen Bussen ab Bahnhofvorplatz nach Neumarkt. Dann mit der Bus Linie 4 (Haster Berg) bis zur Haltestelle St. Angela direkt vor dem Kloster.
Mit dem Auto: A1 Ausfahrt Osnabrück-Nord in Richtung Osnabrück. Die Bramstraße liegt am Ortseingang hinter der zweiten Ampel links.

Was wir Ihnen anbieten
• Tage der Stille
• Mitfeier von Stundengebet und Eucharistie
• Teilnahme am Gemeinschaftsleben nach Absprache

Was wir von Ihnen erwarten
Mitleben im Tagesrhythmus der Gemeinschaft.

Ihre Ansprechpartnerin bei uns ist
Sr. Angela Antoni.

Ursulinenkloster St. Angela, Wipperfürth

⑤ Wir über uns

1925–1940 leiteten Ursulinen aus Hersel in Wipperfürth ein Lyzeum mit Internat. Nach der gewaltsamen Schließung durch die NSDAP eröffnete 1945 der aus Danzig vertriebene Ursulinenkonvent auf gleichem Gelände ein Mädchengymnasium. Die Gründung des Danziger Konventes geht auf das Jahr 1927 zurück. Damals übernahmen Ursulinen die private Höhere Mädchenschule zu Danzig in ihre Trägerschaft. Von 1952–1963 wurden Kloster, Internat, Gymnasium und Kirche in Wipperfürth neu gebaut.

Die Schul- und Internatsarbeit ist mittlerweile abgegeben. Die Schwestern wollen durch ihr Leben Christus bezeugen. Zu ihren Aufgaben zählen das Lob Gottes in Stundengebet und Eucharistiefeier. Sie nehmen Gäste auf, Einzelpersonen und kleine Gruppen, betreuen die Schulkirche, versorgen die alten Schwestern, sind in Erziehung, Unterricht und im seit 1992 »Erzbischöflichen« St. Angela-Gymnasium tätig und arbeiten in der Pfarrgemeinde mit.

Reliquien der Ordensgründerin, der heiligen Angela Merici, der seligen Blandine Merten, Ursuline von Ahrweiler, und des seligen Konrad von Parzham sind vorhanden.

A Unsere Adresse

Ursulinenkloster St. Angela
Auf dem Silberberg 3–4
51688 Wipperfürth
Tel. 0 22 67/8 81 89-0
Fax 0 22 67/8 81 89-12

ⱪ So finden Sie uns

Mit der DB: Nach Bergisch-Gladbach, Remscheid-Lennep oder Gummersbach; von diesen Orten verkehren Busse nach Wipperfürth.
Mit dem Auto: Von Süden kommend A4 Ausfahrt Moitzfeld, über Spitze zur B506 bis Wipperfürth.

Von Norden her A1, Ausfahrt Remscheid-Lennep, dort in
Richtung Lennep auf der B51, in Richtung Bergisch-Born,
dort auf die B237 über Hückeswagen nach Wipperfürth.

Was wir Ihnen anbieten
- Tage der Stille
- Mitfeier von Stundengebet und Eucharistie
- Teilnahme am Gemeinschaftsleben
- Teilnahme an den Hausarbeiten
- *Weitere Angebote:* Geistliche Begleitung in Einzelgesprächen
  oder Gespräche in Kleingruppen; Meditationen im Haus;
  meditative Wanderungen; Teilnahme an den Jahresexerzitien
  der Schwestern.

Was wir von Ihnen erwarten
Kostenerstattung nach Vereinbarung.
Offenheit und Verständnis für die Gegebenheiten der
Gemeinschaft, Bereitschaft zu kreativer Mitarbeit und
konstruktiver Auseinandersetzung.

Ihre Ansprechpartnerinnen bei uns sind
Sr. Veronika Klauke OSU;
Sr. Agnes Wächtersbach OSU;
Sr. Theresia Schütz OSU.

Zisterzienserinnen-Abtei Oberschönenfeld, Gessertshausen

Wir über uns
Der Überlieferung nach schlossen sich um 1186 Gott suchende
Frauen in Oberhofen im Schwarzachtal südwestlich von
Augsburg zu einer Beginengemeinschaft zusammen. 1211 sie-
delten sie nach Schönenfeld um, dem heute noch bestehenden
Ort der Kommunität. 1220 schloss sich die Gemeinschaft dem
Zisterzienserorden an. Die erste urkundliche Bestätigung der
Privilegien des Zisterzienserordens erfolgte 1248 durch Papst
Innozenz.

Als Zisterzienserinnen leben die Schwestern nach der Regel des heiligen Benedikt. Ihre erste Aufgabe ist der Lobpreis Gottes im feierlichen Chorgebet, das sie im Auftrag der Kirche und in Verbundenheit mit allen Menschen beten. In Gebet und Arbeit suchen sie Gott und hören auf ihn. Sie arbeiten in Haus und Garten, in der Holzofenbäckerei, in der Buch- und Kunsthandlung und in der Gästebetreuung.

Der Vorarlberger Barockbaumeister Franz Beer errichtete 1718–1723 die heutige Klosteranlage mit Kirche. Diese wurde von Künstlern wie Mages, Huber, Feichtmayr, Verhelst und Göz 1752–1769 im Stil des Spätrokoko ausgestaltet. Das Chorgestühl (1612) stammt noch aus der alten Kirche. Wie in allen Kirchen des Zisterzienserordens ist das Patrozinium das Hochfest der Aufnahme Mariens in den Himmel am 15. August. Das feierliche Chorgebet wird teilweise im Zisterzienserchoral, teilweise in Deutsch gebetet und gesungen.

A Unsere Adresse

Abtei Oberschönenfeld
86459 Gessertshausen
Tel. 0 82 38 / 96 25-0
Fax 0 82 38 / 6 00 65
E-mail: abtei-oberschoenenfeld@t-online.de

So finden Sie uns

Mit der DB: Ab Augsburg oder Ulm bis zur Station Gessertshausen, dann per Taxi (Tel. 0 82 38 / 22 52) oder 2,5 km zu Fuß.
Mit dem Auto: Auf der B300 aus Richtung Augsburg oder Ulm bis Gessertshausen, dort südlich abzweigen in Richtung »Volkskundemuseum«.

Was wir Ihnen anbieten

- Exerzitien für Einzelgäste
- Tage der Stille
- Geistliche Begleitung in Einzelgesprächen
- Mitfeier von Stundengebet und Eucharistie
- Teilnahme an den Hausarbeiten
- Diese und weitere Angebote auf Anfrage

Wir haben ein Programm für Sie!

⬧ Was wir von Ihnen erwarten

VP DM 50 pro Tag; Ermäßigung für Nichtverdienende und Mitarbeitende auf Anfrage.

⟁ Ihre Ansprechpartnerin bei uns ist

Sr. Mechthild, Tel. 08238/9625-27.

Zisterzienserinnen-Abtei St. Marienstern, Panschwitz-Kuchau

⦿ Wir über uns

Seit 1248, gegründet von den Herren von Kamenz in der Oberlausitz, besteht St. Marienstern seither ohne Unterbrechung.

Das Kloster liegt mitten in der sorbischen Oberlausitz (Sorben – eine nationale Minderheit mit eigener Sprache und Kultur). Derzeit leben hier 21 Schwestern nach der Ordensregel des heiligen Benedikt mit täglichem Stundengebet und täglicher Eucharistiefeier.

Die Schwestern unterhalten zwei kleine Gästehäuser mit maximal 25 Betten, einen Klosterladen und seit 1973 ein Wohnheim, eine Werkstatt und eine Schule für geistig behinderte Frauen mit 90 Plätzen. Im Kloster unterhält das Christlich-soziale Bildungswerk einen Umwelt- und Lehrgarten (Projekttage werden angeboten). 1998 diente das Kloster als Ausstellungsort der 1. Sächsischen Landesausstellung. Die »Schatzkammer« ist eine Dauerausstellung mit klösterlichen Schätzen (Handschriften, Plastiken, Reliquien aus dem 14. Jahrhundert).

Der Klosterladen verkauft Devotionalien, selbst verzierte Kerzen, Bücher und Handarbeiten. Bücher werden von den Schwestern repariert. Das Klosterstübel lädt zu Speis' und Trank ein.

A Unsere Adresse

Zisterzienserinnen-Abtei St. Marienstern
Cisinskistraße 35
01920 Panschwitz-Kuckau

268

Tel. 03 57 96/9 94-31
Fax 03 57 96/9 94-33 oder –44
E-mail: kloster@marienstern.de

So finden Sie uns

Mit der DB: Bautzen Hbf oder Kamenz Hbf; von dort fährt ein
Bus nach Panschwitz-Kuckau.
Mit dem Auto: Auf der A4 in Richtung Görlitz bis zur Ausfahrt
Uyst am Taucher, dort in Richtung Kamenz.

Was wir Ihnen anbieten

• Tage der Stille
• Geistliche Begleitung in Einzelgesprächen nach Rücksprache
  mit den Schwestern
• Mitfeier von Stundengebet und Eucharistie
• *Weitere Angebote:* Jugendvespern und Projekttage für
  Schulklassen und Jugendgruppen; Gespräche mit den
  Schwestern; Führungen durch das Kloster (ausgenommen
  Klausur) und Schatzkammer.

Sie können ein Faltblatt über das Kloster bei uns erhalten.

Was wir von Ihnen erwarten

Eintritt für Führungen, Lehrgarten und Schatzkammer

Ihre Ansprechpartnerin bei uns ist

Klosterpforte (von Schwestern besetzt) Tel. 03 57 96/9 94 31;
Klosterinformation und Schatzkammer
Tel/Fax 03 57 96/9 94-44.

Zisterzienserinnen-Abtei Waldsassen

Wir über uns

In entlegener Waldeinsamkeit ließen sich im Jahr 1133 am
Flüsschen Wondreb Zisterziensermönche nieder. Sie kultivierten
das »Stiftland« und betrieben Landbau. Die Klöster Sedletz und
Ossek in Tschechien gehen auf Waldsassen zurück. In der
Reformation wurde das Kloster aufgehoben. Zwischen 1690 bis
zur Aufhebung 1803 wurde die Abtei geistliches und kulturelles

Zentrum in der Oberpfalz. Nach der Säkularisation siedelten sich 1863 zum ersten Mal Zisterzienserinnen aus Seligenthal an. Sie führen bis heute eine Mädchenschule mit Tagesheim. Ab Schuljahr 2001/2002 als sechsstufige Mädchenrealschule.

Das barocke Klostergebäude birgt eine Bibliothek aus der Barockzeit von internationaler Bedeutung. Es werden Paramente, handverzierte Kerzen und Likör hergestellt.

Vor allem aber suchen die Schwestern in Stille, Meditation und Arbeit den Dialog mit Gott.

Ein Haus der Stille, ein Klosterladen und ein Zentrum der Musik sind in Planung.

A Unsere Adresse

Zisterzienserinnen-Abtei
Basilikaplatz 2
95652 Waldsassen
Tel. 0 96 32/92 00-0
Fax 0 96 32/92 00-28
Internet: www.pirabel.de/kloster
E-mail: MRSWaldsassen@t-online.de

So finden Sie uns

Mit der DB: Auf der Strecke München–Berlin nach Wiesau oder auf der Strecke Nürnberg–Hof nach Marktredwitz, dort weiter mit dem Bus oder per Abholdienst.
Mit dem Auto: Auf der A93 von München–Regensburg über Weiden bis Ausfahrt Mitterteich-Süd, auf der B209 über die Orte Mitterteich und Kontrau nach Waldsassen.

Was wir Ihnen anbieten

- Tage der Stille
- Geistliche Begleitung in Einzelgesprächen nach persönlicher Vereinbarung
- Mitfeier von Stundengebet und Eucharistie
- Teilnahme am Gemeinschaftsleben und an den Hausarbeiten für Klosterinteressentinnen, als Angebot »Kloster auf Zeit«
- *Weitere Angebote:* Klosterführung; Hinführung zum »Oblatenkreis« und zum »Klosterfreundeskreis«.

Was wir von Ihnen erwarten

VP DM 45.

Wahrung der Atmosphäre der Ruhe und Stille.

Suche nach Sinngebung für das eigene Leben.

Ihre Ansprechpartnerin bei uns ist

Äbtissin Sr. M. Laetitia Fech O.Cist., Tel. 0 96 32 / 92 00-28.

Adressen, die Sie interessieren könnten

Geistliche Berufe

Zentrum für Berufungspastoral
Arbeitsstelle der Deutschen
Bischofskonferenz
für die Pastoral der Geistlichen
Berufe und Pastoralen Dienste
Schoferstr. 1
79098 Freiburg

Bistum Aachen
Diözesanstelle Berufe der Kirche
Klosterplatz 7
52062 Aachen

Bistum Augsburg
Diözesanstelle Berufe der Kirche
Peutingerstr. 5
86030 Augsburg

Erzbistum Bamberg
Diözesanstelle Berufe der Kirche
Domplatz 2
96049 Bamberg

Erzbistum Berlin
Diözesanstelle Berufe der Kirche
Lindenthaler Allee 3
14163 Berlin

Bistum Dresden-Meißen
Diözesanstelle Berufe der Kirche
Herrmannstr. 27b
01558 Großenhain

Bistum Eichstätt
Diözesanstelle Berufe der Kirche
Leonrodplatz3
85072 Eichstätt

Bistum Erfurt
Diözesanstelle Berufe der Kirche
Friedensstr. 33
37308 Geismar

Bistum Essen
Diözesanstelle Berufe der Kirche
Zwölfling 12
45127 Essen

Bistum Fulda
Diözesanstelle Berufe der Kirche
Domplatz 5
36037 Fulda

Bistum Görlitz
Diözesanstelle Berufe der Kirche
Wilhelmstr. 50
15890 Eisenhüttenstadt

Erzbistum Hamburg
Pastorale Dienststelle
Danziger Str. 52a
20099 Hamburg

Bistum Hildesheim
Diözesanstelle Berufe der Kirche
Domhof 18-21
31102 Hildesheim

Erzbistum Köln
Diözesanstelle Berufe der Kirche
Domkloster 3
50667 Köln

Bistum Limburg
Diözesanstelle Berufe der Kirche
Weilburger Str. 16
65549 Limburg

Bistum Magdeburg
Diözesanstelle Berufe der Kirche
Bahnhofstr. 15
06369 Görzig

Bistum Mainz
Diözesanstelle Berufe der Kirche
Heringsbrunnengasse 4
55116 Mainz

Erzbistum München und Freising
Diözesanstelle Berufe der Kirche
Schrammerstr. 3/II
80333 München

Bistum Münster
Diözesanstelle Berufe der Kirche
Domplatz 9
48135 Münster

Bistum Osnabrück
Diözesanstelle Berufe der Kirche
Große Domsfreiheit 5
49074 Osnabrück

Erzbistum Paderborn
Diözesanstelle Berufe der Kirche
Leostr. 21
33098 Paderborn

Bistum Passau
Diözesanstelle Berufe der Kirche
Steinweg
94032 Passau

Bistum Regensburg
Diözesanstelle Berufe der Kirche
Obermünsterplatz 7
93047 Regensburg

Bistum Rottenburg-Stuttgart
Diözesanstelle Berufe der Kirche
Sprollstr. 20
72108 Rottenburg

Bistum Speyer
Diözesanstelle Berufe der Kirche
Am Germansberg 60
67322 Speyer

Bistum Trier
Mail an Diözesanstelle Berufe
der Kirche
Dietrichstr. 30
54290 Trier

Bistum Würzburg
Diözesanstelle Berufe der Kirche
Ottostr. 1a
97070 Würzburg

Arbeitsstelle Information Kirchliche
Berufe
Hofackerstr.19
8032 Zürich

Canisiuswerk Wien
Stephansplatz 6
1010 Wien.

Frauenorden

Vereinigung der Ordensoberinnen
Deutschlands e.V. (VOD)
Generalsekretariat
Pf 1318
56564 Neuwied

Frauenseelsorge-stellen und -ämter

Arbeitsstelle für Frauenseelsorge der
Deutschen Bischofskonferenz
Prinz-Georg-Straße 44
40477 Düsseldorf

Geschäftsstelle der
Arbeitsgemeinschaft Frauenseelsorge
Bayern
Dachauerstraße 50
80335 München

Bischöfliches Generalvikariat Aachen
Referat Frauenarbeit
Klosterplatz 7
52062 Aachen

Bischöfliches Seelsorgeamt
der Diözese Augsburg
Referat Frauenseelsorge
Kappelberg 1
86150 Augsburg

Bischöfliches Ordinariat Bamberg
Referat Frauenseelsorge
Domplatz 3
96049 Bamberg

Erzbischöfliches Ordinariat Berlin
Referat Frauenseelsorge
Wundtstraße 48–50
14057 Berlin

Ordinariat Dresden-Meißen
Referat Frauenseelsorge
Käthe-Kollwitz-Ufer 84
01309 Dresden

Diözese Eichstätt
Referat Frauenseelsorge/-bildung
Luitpoldstraße 2
85072 Eichstätt

Bischöfliches Ordinariat Erfurt
Referat Erwachsenenseelsorge
Hermannsplatz 9
99084 Erfurt

Bischöfliches Ordinariat Essen
Referat Frauenseelsorge
Zwölfling 16
45127 Essen

Erzbischöfliches Ordinariat Freiburg
Referat Frauenseelsorge und -bildung
Okenstraße 15
79108 Freiburg

Referat für Frauenseelsorge
in der Diözese Fulda
Paulustor 5
36037 Fulda

Referat für Frauenseelsorge
im Bistum Görlitz,
Carl-von-Ossietzky-Straße 41/43
02826 Görlitz

Erzbistum Hamburg
Pastorale Dienststelle
Referat Frauenseelsorge
Danziger Straße 52a
20099 Hamburg

Bischöfliches Generalvikariat
Hildesheim
Referat für Frauenseelsorge
Domhof 18-21
31134 Hildesheim

Erzbistum Köln
Referat Frauenseelsorge
Marzellenstraße 32
50668 Köln

Bischöfliches Ordinariat Limburg
Referat Frauenarbeit
Rossmarkt 4
65549 Limburg

Bischöfliches Ordinariat Magdeburg
Referat Frauenseelsorge und -bildung
Max-Josef-Metzger-Straße 12/13
39104 Magdeburg

Bischöfliches Ordinariat Mainz
Frauenreferat
Bischofsplatz 2
55116 Mainz

Erzdiözese München und Freising
Fachbereich Frauenseelsorge
Rochusstraße 5-7
80333 München

Bischöfliches Generalvikariat Münster
Referat Frauenseelsorge/-bildung
Rosenstraße 17
PF 1366
48134 Münster

Seelsorgeamt Osnabrück
Referat Frauenseelsorge
Domhof 12
49074 Osnabrück

Erzbischöfliches Generalvikariat
Paderborn
Referat Frauenseelsorge
Domplatz 3
3308898 Paderborn
Tel. 05251/125373.

Bischöfliches Ordinariat
Seelsorgeamt Passau
Referat Frauenseelsorge
Residenzplatz 8
94032 Passau

Diözese Regensburg
Referat Frauenseelsorge
Obermünsterplatz 7
93047 Regensburg

Bischöfliches Ordinariat
in der Diözese Rottenburg-Stuttgart
Fachbereich Frauen
Eugen-Bolz-Platz 1
72108 Stuttgart

Bistum Speyer
Diözesanstelle für Frauenseelsorge
und –bildung
Kleine Pfaffengasse 16
67346 Speyer

Bischöfliches Generalvikariat Trier
Referat für Frauen
Hinter dem Dom 6
54290 Trier

Diözese Würzburg
Referat Frauenseelsorge
Domerschulstraße 2
97070 Würzburg

Frauenverbände

Arbeitsgemeinschaft katholischer
Frauenverbände
Kaesenstraße 18
50677 Köln,

Katholischer Deutscher Frauenbund
e.V. KDFB
Kaesenstraße 18
50677 Köln,

Katholische Frauengemeinschaft
Deutschlands (kfd)
Bundesverband e.V.
Prinz-Georg-Straße 44
PF 320640
40421 Düsseldorf

Frauen und Ämterfrage

Netzwerk Diakonat der Frau
Katholischer Deutscher Frauenbund
Mauritz-Linden-Weg 65
48145 Münster
Tel/Fax 0251/393391
E-mail kdfb@muenster.de

»Aktion Lila Stola« für Deutschland
Angelika Fromm
Fritz-Kohl-Straße 7
55122 Mainz

Maria von Magdala,
Initiative Gleichberechtigung
für Frauen in der Kirche
Sigrid Baer
Fichtestraße 5
59071 Hamm
Tel. 02381/8404

Theologische Arbeit von Frauen

AGENDA - Forum Katholischer Theologinnen e.V.
Prof. Dr. Marianne Heimbach-Steins
Lehrstuhl für Christliche Soziallehre und Allgemeine Religionssoziologie
An der Universität 2
96051 Bamberg

Europäische Gesellschaft für theologische Forschung von Frauen,
Gerlinde Baumann
Hofstatt 1a
35037 Marburg
Tel. 06421/163880
E-mail baumann@mailer. uni-marburg.de

Freund/innen der Helen Straumann - Stiftung für Feministische Theologie e.V.,
Schwedenweg 13c
34127 Kassel
Tel. 0561/85507.

GRENZGÄNGERIN; Verein zur Förderung feministischer Theologie e.V.
Luise Schottroff
Im Rosental 6
34132 Kassel.

Literatur

Allgemeines

Hans Urs von Balthasar:
Die großen Ordensregeln
Basilius, Augustinus, Benedikt, Franziskus, Ignatius von Loyola
Einsiedeln, 7. Auflage 1994

Kulturgeschichte der christlichen Orden
In Einzeldarstellungen, hg. von Peter Dinzelbacher und James Lester Hogg
Stuttgart, 1997

Suso Frank:
Geschichte des christlichen Mönchtums
5. verbesserte und ergänzte Auflage
Darmstadt 1993

James Hoog:
Die geheimnisvolle Welt der Klöster
Augsburg 1998

Johanna Lanczkowski:
Kleines Lexikon des Mönchtums und der Orden
Stuttgart, 1993

Walter Nigg (Hg.):
Sie lebten Jesu Botschaft
Die großen Ordensgründer
Mainz, 1981

Ordensleben heute

Joan Chittister:
Unter der Asche ein heimliches Feuer
Spiritueller Aufbruch heute
Mit einem Vorwort zur deutschen Ausgabe von
Benedikta Hintersberger OP / Stefanie Aurelia Spendel OP
München 2000

Anselm Grün/Christiane Sartorius:
Dem Himmel zur Ehre – Der Erde zum Zeichen
Menschliches Reifen im Ordensleben
Freiburg-Basel-Wien, 1996

Kurt Koch:
Gottes Schönheit leben
Zur unverwelkten Aktualität der Orden
Freiburg/Schweiz 2000

Jean Baptist Metz:
Zeit der Orden?
Zur Mystik und Politik der Nachfolge
Freiburg – Basel – Wien, 1977

Jean Baptist Metz/Tiemo Rainer Peters:
Gottespassion
Zur Ordensexistenz heute
Freiburg – Basel – Wien 1991

Kirchliche Dokumente (mit Kommentaren)

Vatikanum II, Dekret über die zeitgemäße Erneuerung des
Ordenslebens *»Perfectae caritatis«*
In: Karl Rahner/Herbert Vorgrimler:
Kleines Konzilskompendium
Freiburg – Basel – Wien, 1966

Friedrich Wulf:
Einführung und Kommentar zum
Dekret über die zeitgemäße Erneuerung des Ordenslebens
In: Lexikon für Theologie und Kirche
Bd 13 (= Bd 2 der Ergänzungsbände
»Das Zweite Vatikanische Konzil«)
Freiburg – Basel – Wien, 1967, 250-265

Gemeinsame Synode der Bistümer
in der Bundesrepublik Deutschland:
Die Orden und andere geistliche Gemeinschaften
Auftrag und pastorale Dienste heute
Offizielle Gesamtausgabe, Bd. I, 7. Auflage 1976

Nachfolge als Zeichen:
Kommentarbeiträge zum Beschluss der Synode der Bistümer in
der Bundesrepublik Deutschland über die Orden und andere
geistliche Gemeinschaften, hg. von Friedrich Wulf/Corona
Bamberg/Anselm Schulz
Würzburg 1978

Darstellungen einzelner Orden

Günter Benker (Hg.):
Die Gemeinschaften des Karmel
Stehen vor Gott – Engagement für die Menschen
Mainz, 1994

Horst von der Bey/Johannes Baptist Freyer (Hg.):
Die franziskanische Bewegung
Mainz 1996, 2 Bände

Thomas Eggensperger/Ulrich Engel:
Frauen und Männer im Dominikanerorden
Geschichte – Spiritualität – aktuelle Projekte
Mainz 1992

Stefan Kiechle/Clemens Maaß:
Der Jesuitenorden heute
Mainz 2000

Christian Schütz/Philippa Rath (Hg.):
Der Benediktinerorden
Mainz 1997

Einige dieser Bücher sind nicht mehr über den Handel zu bekommen. Sie können sie ggf. ausleihen in öffentlichen Bibliotheken, in den Katholischen Öffentlichen Bücherein der katholischen Pfarrgemeinden und u.U. in den Klöstern, die Sie besuchen. Dort finden Sie, auch in den klostereigenen Buchhandlungen, weitere Literatur zu Orden, Ordengründerinnen und -gründern, Ordensgeschichte und Ordensleben heute.

Klöster – geordnet nach Orden und Gemeinschaften

Klöster – geordnet nach Namen der Einrichtungen und Orte

Klöster – geordnet nach Postleitzahlen

01728	Goppeln-Freital 156		49808	Lingen-Biene 223
01920	Panschwitz-Kuckau 268		50676	Köln 177
12249	Berlin 191		50999	Köln 153
13627	Berlin 172		51688	Wipperfürth 265
31139	Hildesheim-Marienrode 67		52074	Aachen 91
33034	Brakel 33		52076	Aachen 116
33098	Paderborn 39,52,209		52156	Monschau 225
33100	Paderborn 201		52351	Düren 175
33154	Salzkotten 164		53332	Bornheim 257
33397	Rietberg 75		53424	Remagen 144
36037	Fulda 50,65		53474	Bad Neuenahr-
37115	Duderstadt 259			Ahrweiler 254
37688	Beverungen 60		53567	Asbach/Westerwald 246
40215	Düsseldorf 202		53894	Mechernich-Kommern 114
40489	Düsseldorf 102		53925	Kall-Steinfeld 69
41310	Nettetal 94		53949	Dahlem 251
41366	Schwalmtal – Waldniel 104		54290	Trier 41,167
41464	Neuss 40		54295	Trier 84
41472	Neuss 81		55116	Mainz 190
45147	Essen 35		55411	Bingen 184
45359	Essen 152		55758	Langweiler 192
46286	Dorsten-Lembeck 174		56077	Koblenz 96
46459	Rees 249		56428	Dernbach 28
47589	Uedem 243		56588	Waldbreitbach 138
47623	Kevelaer 234		56599	Leutesdorf 166
47829	Krefeld-Uerdingen 225		56626	Andernach 141
47877	Willich-Anrath 237		56705	Mayen 149
47906	Kempen 70,222		56766	Auderath 169
47929	Grefrath 221		57462	Olpe 146
48145	Münster 155		59909	Bestwig 211
48147	Münster 235		59969	Hallenberg 193
48151	Münster 235		61389	Schmitten-
48159	Münster 239			Oberreifenberg 29
48165	Münster-Hiltrup 198		61462	Königstein 262
48231	Warendorf 85		63674	Altenstadt 55
48653	Coesfeld 219		65344	Eltville-Martinsthal 30
49076	Osnabrück 82		66346	Püttlingen 204
49090	Osnabrück 195,263		67346	Speyer 106
49363	Vechta 224		67472	Esthal 229

67814	Dannenfels 253		86459	Gessertshausen 266
70191	Stuttgart 159		86513	Ursberg 163
72070	Tübingen 180		87439	Kempten 215
72108	Rottenburg 207		88276	Berg 57
73479	Ellwangen 159		88339	Bad Waldsee 131
73525	Schwäbisch-Gmünd 148		88348	Saulgau 128
77652	Offenburg 37		88356	Ostrach 74
77723	Gengenbach 140		88450	Berkheim 133
77776	Bad Rippoldsau 217		88471	Laupheim 93
77815	Bühl 226		89358	Kammeltal 99
78476	Allensbach 43		89407	Dillingen 121
78713	Schramberg 136		89426	Mödingen 123
79100	Freiburg 86		89617	Untermarchtal 53
79104	Freiburg i.Br. 48		90478	Nürnberg 202
79244	Münstertal 231		91056	Erlangen 176
79286	Glottertal 49		91183	Abenberg 151
80539	München 247		92318	Neumarkt 230
80639	München 89		93040	Regensburg 214
82335	Berg 170		93047	Regensburg 100
82347	Bernried 90		93426	Roding 109
82444	Schlehdorf 111		94034	Passau 189
83256	Frauenchiemsee 64		94167	Tettenweis 77
83546	Au 126		94330	Aiterhofen 124
83567	Unterreit 196		94496	Ortenburg 80
83623	Dietramszell 240		95644	Waldsassen 269
84036	Landshut 158		96049	Bamberg 120
84066	Mallersdorf-		96199	Zapfendorf 78
	Pfaffenberg 112		96231	Staffelstein 161
84503	Altötting 233		97072	Würzburg 205
84539	Zangberg 244		97299	Zell 118
85072	Eichstätt 62		97618	Rödelmaier 179
85244	Röhrmoos 135		97737	Gemünden 44
86150	Augsburg 97,127		97845	Neustadt 108
86152	Augsburg 186		99007	Erfurt 261
86199	Augsburg 47		99427	Weimar 182

Dank

Wir danken herzlich allen
Ordensgemeinschaften,
die uns Informationen zur Verfügung stellten,
Formulare ausfüllten und korrigierten,
uns bei der Arbeit berieten und begleiteten.

Der *Vereinigung der Ordensoberinnen Deutschlands* (VOD)
ist zu danken, weil sie prompt und positiv
auf unsere Anregung reagierte,
einen *Frauenklosterführer*
herauszugeben.

Don Bosco Verlag